일본어학과 일본어교육

日本語学・日本語教育

7 일본어 교육(日本語教育)

韓美卿 編

J&C
Publishing Company

머리말

어느덧 우리나라 대학의 정규교육에 일본어가 도입된 지도 반세기가 넘었다. 그 동안 한국과 일본은 정치적으로는 우여곡절을 겪으면서도 경제적으로는 동북아는 물론 세계 경제를 움직이는 중요한 존재가 되었으며 세계의 번영과 평화를 위한 협력자로서의 역할을 다 해야 한다는 책임감을 공유하고 이를 더욱 발전시켜야 할 단계에 와 있다. 이러한 가운데 일본관련 학문 연구도 장족의 발전을 거듭하였으며 일본어학과 일본어교육의 연구는 괄목할 만한 성과를 보이고 있다.

그동안 국내의 일본관련 연구를 중심으로 하는 학회도 많이 설립되었고 수준 높은 학술지도 다수 발행되고 있다. 이러한 학회와 학술지들의 등장과 양적 팽창은 한일간의 인적 교류의 필요성을 증명하는 것으로 한국 사회의 일본관을 보다 객관화하는 데 크게 기여했다. 현재에도 국내외 대학원에서 일본관련 학문을 전문적으로 연구하는 전공자들이 상당한 수에 달하고 있으며 이들에 의한 연구 성과 또한 대단한 것이다.

그동안 일본관련 대학과 연구는 학문을 쉽게 전달하여 이해를 넓히고자 하는 초기 단계를 거치며 관련 연구자와 일본어학에 관심을 갖는 일반인의 양적 팽창을 이루었다. 이를 바탕으로 현재 질적으로 수준 높은 연구들이 나오게 되었다. 그러나 이러한 연구들이 심화되면 될수록 연구자들은 각자의 분야에만 깊이 천착하여 서로간의 교류가 소홀해져 결국에는 소통이 단절되는 경우도 많았으나 이제는 일본어학 연구의 정제된 성과를 서로 공유하고 활발한 토론을 통한 새로운 학문 발전의 토대를 마련하는 것이 시대적 요청이 되었다. 이러한 시점에서 이제까지 논문이나 각 개인의 저술을 통해 소수에게만, 또는 개별 전공 영역

의 연구자들에게만 공유되었던 전문가들의 연구 성과를 모아 일본어학 연구총서를 간행하는 것은 전문분야간의 활발한 소통과 발전을 위해 반드시 필요한 일이며 의미 있는 일이라고 생각된다.

이 총서는 심도 있는 내용을 전제로 하면서도 개별 전문분야간의 활발한 소통을 위해 다른 분야 연구자는 물론 앞으로의 연구자들에게 쉽게 다가갈 수 있도록 노력하였다. 또한 일본어학과 일본어교육뿐 아니라 한국어학, 언어학은 물론 다른 언어를 전공하는 전공자와의 교류와 소통을 위해 일본어로 작성된 원고를 모두 한국어로 번역하였다. 이러한 점에서 이 총서는 기존의 기획에는 없는 새로운 시도라고 할 수 있다.

이 총서는 일본어학·일본어교육이라는 큰 테두리 안에서 일본어문법, 음운음성, 어휘, 경어, 담화, 일본어사 그리고 일본어교육이라는 7개의 분야로 나누어 국내와 해외 연구자의 연구를 아우름으로써 우리나라에서의 일본어학 연구의 수준을 한 단계 향상시키는 역할을 하리라 기대한다. 이 총서의 구성은 다음과 같다.

1권 문법(文法)
2권 음운·음성(音韻·音聲)
3권 어휘(語彙)
4권 경어(敬語)
5권 담화(談話)
6권 일본어사(日本語史)
7권 일본어교육(日本語教育)

이 총서의 특징의 하나는 그동안의 국제적 학문 교류의 성과를 보여주는 저서라는 점이다. 그동안 양적으로 많은 연구가 이루어지면서도 선행연구에서는 주로 일본 학자들의 이론이 인용되었던 것도 사실이다. 그러나 이제는 이 총서 여러 곳에서 확인할 수 있는 것처럼 국내와 국외 연구자들의 그동안의 활발한 교류의 흔적이 녹아든 내용이 많다는 사실에서 서로가 필요한 존재임을 여실히 보여주고 있다. 하나의 언어를 갖고 이론을 만들어내는 시대는 저물고 있다. 한국과 일본에서 이루어진 연구 결과를 서로 공유함으로써 각각의 언어의 객관화된 사실과 이론화가 가능한 시대가 되었다. 이 책은 이런 시대적 변화를 반영함과 동시에 앞으로의 공동연구를 위한 출발점이라는 의미도 담고 있다.

이 총서는 국내외의 해당 분야를 대표하는 연구자들이 함께 만든 책이다. 처음에 집필을 약속하였으나 건강상의 이유로, 개인적인 사정으로 아쉽게도 집필에 참여를 못하신 분들이 있다. 그러나 기획 초기 단계에서 모든 분들이 집필 의도에 대해 아낌없는 찬사와 격려의 말씀을 주셨다. 이 총서의 집필에 참여해 주신 국내외 모든 저자들께 이 자리를 빌려 심심한 감사의 마음을 표하고 싶다. 해외에서 집필에 참여해 주신 외국 연구자들은 다음과 같다.(경칭 생략)

文法 : 早津恵美子(東京外国語大学), 益岡隆志(神戸市外国語大学)

音韻・音声 : 田中真一(神戸大学), 高山知明(金沢大学),

　　　　　Pintér Gábor(神戸大学)

語彙：安部清哉(学習院大学), 影浦峡(東京大学),
　　　神崎享子(豊橋技術科学大学), 金水敏(大阪大学),
　　　笹原宏之(早稲田大学), 塩田雄大(ＮＨＫ放送文化研究所),
　　　田中牧郎(国立国語研究所), 横山詔一(国立国語研究所)

敬語：蒲谷宏(早稲田大学), 坂本惠(東京外国語大学),
　　　佐竹秀雄(武庫川女子大学), 滝浦真人(放送大学),
　　　吉川香緒子(早稲田大学)

談話：宇佐美まゆみ(東京外国語大学), 生越直樹(東京大学),
　　　岸本千秋(武庫川女子大学)

日本語史：齋藤文俊(名古屋大学), 白井純(信州大学),
　　　　　沖森卓也(立教大学), 池田証寿(北海道大学)

日本語教育：川口義一(早稲田大学), 小林ミナ(早稲田大学),
　　　　　　館岡洋子(早稲田大学), 戸田貴子(早稲田大学)

　또한 이 기획의 구상부터 완성에 이르기까지 모든 과정을 함께 하며 적극적으로 참여해 주신 간행위원 선생님들께도 감사의 마음을 전하고 싶다. 나아가 편집위원 선생님들의 노고에도 감사의 말씀을 드리고 싶다. 각 권마다 어떤 구성으로 집필자를 배치할지부터 국내외 선생님들의 섭외와 들어오는 원고의 번역은 물론 여러 차례에 걸친 교정까지 모든 분들의 세심하고 적극적인 노력이 없었더라면 이 책은 완성될 수 없었을 것이다. 간행위원과 편집위원은 다음과 같다.

간행 및 편집위원장 : 한미경(한국외대)

간행위원 : 고수만(인하대)　　　김광태(한서대)　　　김준숙(백석예술대)

　　　　　송영빈(이화여대)　　　윤상실(명지대)　　　윤호숙(사이버한국외대)

　　　　　정상철(한국외대)　　　정수현(동국대)　　　최창완(가톨릭대)

　　　　　황미옥(인천대)

편집위원 : 권경애(한국외대)　　　김동규(한국외대)　박민영(한국외대)

　　　　　송정식(인하공전)　　　오미영(숭실대)　　　이우제(백석예술대)

　　　　　이은미(명지대)　　　　정상미(신라대)

　마지막으로 이 책의 기획이 갖는 의미에 공감하고 출판을 기꺼이 맡아주신 제이앤씨 윤석현 대표이사님과 결코 쉽지 않은 이런 종류의 총서에 대해 헌신적으로 교정을 맡아주신 최인노님께 감사의 뜻을 전하고 싶다.

2013년 5월

간행 및 편집위원장

한 미 경

차 례

일본어학과 일본어교육

日本語学·日本語教育

7 일본어 교육(日本語教育)

일본어학과 일본어교육

日本語学·日本語教育

7 일본어 교육(日本語教育)

일본어학과 일본어교육

日本語学·日本語教育

7 일본어 교육(日本語教育)

새로운 시대의 일본어 교수법
-표현지도의 「문맥화」와 「개인화」에 관한 제언-

가와구치 요시카즈 *
와세다대학교 교수

I 머리말

본고는 먼저 해외에서의 일본어 교육의 의의와 목적에 대해 논하며, 그 목적을 제대로 달성하기 위해서는 어떠한 교수법이 필요한지에 대해 필자의 최신 연구 및 교육실천 성과를 소개한다. 아울러, 한국의 중등·고등교육기관에서의 일본어 교육의 심화·발전에 참고가 될만한 아이디어와 자료를 제공하고자 한다.

본고는 전체적으로 여섯 장으로 구성되며, 제2장에서 제4장까지는 「일본어 교육의 목적과 표현지도의 교수법 이념」에 대해 이론적 측면에서 논하고, 제5장에서는 이 이론을 활용한 문법·문형 지도의 실제를

구체적으로 소개한다. 그리고, 마지막으로 제6장에서는 내용을 정리하고 앞으로의 과제에 대해 기술한다.

Ⅱ 일본어 교육의 목적

　일본어 교육, 특히 고등·중등교육에서 교육과목으로서 제공되는 일본어 교육의 목적은 무엇인가. 이 질문에 대해 가장 명확한 해답을 명시하고 있는 것이 누이베 요시노리(縫部義憲, 2001)이다. 외국어 교수법의 흐름을 보면 최근에는 커뮤니커티브 어프로치의 '전달능력중시'라는 패러다임에서 '학습자주체'라는 인간 중심의 교육 패러다임으로 전환되고 있으나, 누이베(縫部, 2001)에서는 최근의 상황에서의 연구과제를 학습의 인지 영역(제2언어습득과정·오답분석)·정서적 영역(자존감의 발달)·사회＝상호작용 영역(피드백 행위·대인관계의 발달)을 통합한 교수법을 이끌어내는 것이라고(누이베(縫部, 2001:55-57)) 기술하고 있다. 이 의견에 필자는 전적으로 동의하는 바이다. 특히, '커뮤니케이션'을 커뮤니커티브 어프로치에서 말하는 사회언어학적 능력획득 문제만으로 한정하지 않고, '인터액션'으로서 이해하는 것, 즉 '지금 여기서' 생겨난 것을 목표언어로 표현하고, 타인으로부터 피드백을 받는 상호교류로 파악하는 것이 중요하다(누이베(縫部, 2001:47))는 논지, 그리고 그와 같은 상호교류는 서로를 존중하는 협동적 활동에서 효과적이며, 그러한 효과적인 인터액션을 통해 학습자는 목표언어로 「자존감」「자기수용」「타인수용」을 발달시키고, 불안감을 감소시켜 목표언어를 사용하는데 자신감을 키운다(누이베(縫部, 2001:47-48))고 하는 논지는 일본어 교육의 목적과 현대적인 의의를 명시한 것으로 높이 평가한다.

좀 더 상세히 누이베의 견해를 해설하면 다음과 같다. 즉, 커뮤니커티브 어프로치에서는 '커뮤니케이션이란 말하고자 하는 내용을 적절히 전달하는 수단이다'라는 생각에서 그 이전의 오디오 링걸형의 교수법이 지향해 온 '문법과 어휘를 언어지식으로서 정확히 운용하는 것뿐만 아니라 이들을 사용할 때 사회언어학적인 룰도 염두에 두고 학습해야 한다'고 주장하고 그를 위해 언어 지식과 '언어기능'이 결합되게 되었다. 예를 들면 [동사연용형+ましょうか]는 「荷物、持ちましょうか」라는 형식으로 '제안'이라는 기능을 하기 위해 사용되지만, 상대의 짐이 너무 무거워 보일 때는 「荷物、持ちますよ」라고 '선언'의 형식으로 말하는 것이 보다 적절하다거나, [동사+접속조사テ+さしあげましょうか]는 형식상 정중한 '제안'으로 보이지만, 직속 상사나 대학의 지도교수에게 사용하면 「お荷物、持ってさしあげましょうか」처럼 '생색을 내는 듯한' 어감으로 들리므로, 「お持ちしましょうか」와 같은 형식으로 표현해야 한다거나, 그와 같은 언어의 '기능'과 사회적으로 사용될 때의 장면 제약(사회언어학 측면에서의 룰)이 일본어 교육에서 가르치는 대상이 되었다는 점이다. 그러나, 이러한 '실용주의'적인 언어 사용법은 언어사용의 일부에 지나지 않는다. 만일 이것이 일본어 교육의 목적이라고 한다면 극단적인 이야기가 되겠지만 정성껏 편집된 회화 교재에 '제안' '의뢰' '허락구하기' 등 '기능' 항목별로 표현이 배열되어 있고, 사용법 해설이나 모델 대화의 영상교재가 있다면, 그것만으로 충분하며 굳이 학교에 가서 공부할 필요는 없어질 것이다.

이 문제에 대해 '실용적인 요구를 만족시키는' 것만이 언어의 작용이 아니라는 생각은 이미 1970년대 무렵부터 제창되어 왔지만, 21세기 들어 이 논의는 더욱 활발해졌다. 이러한 논의에서는 인간의 커뮤니케이션을 '무언가를 부탁한다'거나 '타인에게 무언가를 제안한다'거나 하는 '실용적인 필요'의 만족을 위해 행하는 측면 외에 "자신을 표

현하고 타인을 이해시키며, 타인의 표현을 듣고 그 타인을 이해한다"
는 '자기표현·타인이해'를 위해 행하는 것이라는 학습자의 주체적인
사회참여 측면에 주목하여 그 중요성을 지적하고 있다. 이는 외국어
교육의 목표를 자신의 모어가 아닌 언어 학습을 통한 '인격수양'과
'이문화 이해'에 두는 경우가 많은 고등·중등교육의 외국어(외국어로
서의 일본어교육)교육에서는 필수적인 관점일 것이다. 이러한 관점에
서 보면 외국어 학습의 목적은 모스코비츠(Moskowitz, G.)의 주장 (누
이베(縫部, 2001:103))대로, '목표언어의 리얼한 커뮤니케이션을 통해
자기 성장·발달에 대해 말하고, 자신에게 있어서 중요한 것을 서로 공
유하며, 자기 확립을 촉진하는 타인과의 상호작용에 능동적·자발적으
로 참여하는 것'이라고 이해해야 할 것이다. 이것이야말로 글로벌시대
국가·민족간의 상호이해와 평화유지가 진정으로 요구되는 현대사회에
서, 교육기관에서의 외국어 학습 그리고 그 일부인 일본어 학습의 현
대적 의의일 것이다.

▥ 표현의 '개인화' 지도

앞 장에서 기술한 바와 같이 '자기 표현과 타인이해', 즉 자신과 타
인과의 상호작용·상호교류를 목적으로 일본어를 학습하는데는 어떠한
교수법 이념을 도입하면 좋을까? 우선 중요한 것은 학습활동의 중심
을 '표현활동'에 두는 것이다. '자기표현'도 '타인이해'도 '표현'된 내
용을 통해 비로소 가능해지는 것이며, 아울러 그 '표현된' 내용은 학습
자 개개인에게 있어서 진실이어야만 한다. 거짓이나 과장을 가지고는
진정한 의미의 '자기표현'도 '타인이해'도 불가능하기 때문이다. 그러
므로 필자가 일본어 교육에서 가장 중요시하는 이념은 '어학교육은 표

현의 교육이다'라는 것이다. 또한 그 표현은 충분히 '개인화(個人化)'
되어야 한다. 즉, 필자는 '개인화된 표현'을 지도하는 것을 일본어 교
육의 기본이념으로 삼고자 한다. 그렇다면 표현의 '개인화'란 무엇인
가? 이 개념은 필자가 오마지오 하들리 앨리스(Omaggio, 1986)에서 힌
트를 얻은 것이다. 오마지오(Omaggio, 1986)는 이 개념을 'personalized
activities' (Omaggio, 1986 : 111), 'personalized learning'(Omaggio, 1986 :
113), 'personalized questions'(Omaggio, 1986 : 246)라고 해설하고 있으며,
회화 연습을 위한 주제나 교사가 학습자에게 혹은 학습자끼리의 질
문은, 가능한한 그 학습자 개인에 대한 것을 화제로 하도록 권하고
있다. 그러나, 오마지오 자신은 이 개념에 대해 일반적인 정의를 내
리고 있지 않다[1]. 그러므로, 필자는 이러한 생각을 일반적으로 '개인화
(personalization)'라고 명명하고, 가와구치 요시카즈(川口義一, 2004 ;
2005a)는 이를 다음과 같이 정의했다.

> 정의 : 학습항목을 사용하여 표현 연습을 할 때, 모두 학습자 개인에 대
> 해 이야기하도록 하거나 쓰도록 하는 것

학습항목 도입 후에 수업에서는 그 항목의 습득·정착을 위해 회화
연습 또는 단문을 작성하는 등의 교실활동을 하는 것이 일반적이지만,
'개인화'란 이들을 모두 개개의 학습자 자신에 대한 것, 즉 '자신'에
대해 이야기하고 쓰는 것을 철칙으로 하는 것이다. '자신에 관한 것'이
란 학습자 자신의 감정·경험·사상 등으로, 이러한 것들이 학습항목을
사용하여 표현 속에서 자연스럽게 나오도록 대화를 만들거나 작문의
토픽을 엄선하는 것이다. 예를 들면 접속조사 「ト」의 연습에서는 '자

---

[1]   오마지오(Omaggio, 2001)에서는 색인에 'personalized activities' 또는 'personalized
    questions'이 보이지 않으며, 본문에서도 찾을 수 없다. 결국, 오마지오 자신은 이
    개념의 현대적인 의의 부여에 의미를 두지 않은 것 같다.

신이 어렸을 때 보호자나 교사로부터 충고를 받은 것'에 대해, 예를 들면 「私がこどものころ、母は私に食べてすぐに寝ると、ヘビになるよと言いました」(태국인 학습자의 작문예)처럼 말하거나 쓰게 하는 것이다. 혹은 '가능형'에 대해 연습할 경우 '예전에는 할 수 있었지만 지금은 못 하는 것' '자신이 누구보다 잘 할 수 있는 것' 등의 토픽으로 작문을 하면 「昔は、オートバイの一輪乗りができたけれど、今はできません」(캄보디아인 학습자의 작문예) 「ワタシはだれよりもじょうずに、サンバを踊りながら料理ができます」(브라질인 학습자의 작문예)등, 학습자 한 사람 한 사람이 매우 다른 내용을 쓰게 되며, 클래스의 인원수가 많을수록 내용이 다채로워져 교사도 놀랄 정도로 풍성한 표현이 전개된다. 또한 '사역'이 학습항목일 때는 '내가 아이에게 시키고 싶은 것 / 시키고 싶지 않은 것'을, '사역수동'이라면 '부모·형제·선생님 때문에 싫어도 어쩔 수 없이 했던 것'등을 각각 쓰도록 하면 이것도 「子どもにはフランス人と結婚させたくない」(네덜란드인 학습자의 작문예) 「させられていやだったことは、(犠牲祭のときに)父親にヒツジの脳みそを食べさせられたことです」(터키인 학습자의 작문예)처럼, 개개인이 다양하고도 개성적인 글을 쓰게 된다. 즉, 이와 같은 활동은 학습자 스스로가 타인에게 전달해서 의미있는 것을 찾아 형태화한다는 뜻에서 '학습자주체(learner-oriented)'이며, 학습자 개성을 존중하는 21세기 교육 이념에 부합되는 것이다.

'개인화' 활동의 더욱 중요한 역할은 이같은 활동의 성과를 공개함으로써 즉, 대화문을 만들었다면 앞에 나와 연기해 보게 하거나 작문이라면 클래스 전원에게 읽어주거나 판서하게 하여 클래스 전체가 낭독하도록 함으로써 그 학습자의 '자기표현'이 자연스럽게 진행된다는 것이다. 그것을 보거나 들은 학습자는, 연기하거나 읽은 학습자 개인으로서의 감정·경험·사상 등을 이해하게 되고, 그만큼 '타인이해'가

가능해진다. 이 활동을 매일 클래스 전체가 하면 그 구성원인 학습자 한 사람 한 사람의 주체성·독자성이 인정되어, 구성원 상호간에 유연하고 기능적이며 심리적으로 밀접한 관계를 갖는 '내집단화'(누이베(縫部, 2001:190-191))가 일어난다. 이와 같은 집단내에서는 구성원인 학습자간의 '원조적 관계형성(라포)'을 촉진하는 '지지적 풍토'가 양성되어 (누이베(縫部, 2001:179-204)), 클래스 내에 레벨차가 있어도 그것이 인간관계에 균열이 생기는 원인이 되지 않는다. 그 때문에 학습자는 정서적으로 안정되어 상호교류가 가능해지며, 일본어 능력이 신장되어 습득과정이 진행된다. 이와 같이 자신에게 있어서 진실(real)되고 유의미(meaningful)한 것은 무엇인가, 그것을 자기 스스로 생각하고, 우선 자신에 대해 표현하며 목표언어로 서로 교환하는 '리얼 커뮤니케이션'(누이베(縫部, 2001: 188))은 클래스 내부의 자기표현과 타인이해를 촉진하고, 학습자인 인간으로서의 성장을 돕는 것이다.

Ⅳ 문형·문법의 '문맥화' 지도

앞 장에서 '학습자 주체'의 현대적인 외국어 교육을 위해서는 그것이 '표현의 지도'여야 한다는 것과 그를 위해서는 그 표현이 '개인화'될 수 있도록 교사는 교실활동을 디자인해야 한다고 기술했다. 그러나 '개인화'하여 학습자 개개의 감정·경험·사상을 서술하게 하려고 해도 그 표현을 가능하게 하는 문법이나 어휘의 이해가 불충분하다면 표현은 성립하지 않는다. 그러므로 '표현을 가능하게 하는' 문법이나 어휘를 가르치게 되는데, 실제 교육현장에서는 이것이 철저하게 실천할 수 없는 것이 현실이다. 그것은 많은 교과서가 문법의 언어학적인 의미를 해설하고는 있지만 그 표현상의 '기능'을 가르치지 않고 있기 때문이

다. 이 문제에 관해서는 제5장에서 상세히 기술하기로 하고, 이 '문법과 표현을 연결하는' 즉 '표현에 도움이 되도록 문법을 가르치기' 위해² 필자가 고안한 교수법적 이념이 '문맥화(contextualization)'이다. '개인화'개념과 마찬가지로 필자가 '문맥화'라는 개념과 처음 만난 것도 오마지오(Omaggio, 1986)였다. 필자는 1980년대 후반부터 초급에서의 문법항목의 지도가 오디오 링걸만으로는 충분하지 않으며, 마찬가지로 커뮤니커티브 어프로치의 롤 플레이 기법 등에 의존해도 여전히 만족스럽지 않다는 문제의식을 가지고 있었다. 그 시기에 대학의 일본어교사 양성과정에서 교재로 사용했던 것이 오마지오(Omaggio, 1986)였다. 그 내용 중에 어학교육 시에 구체적인 문맥(context)을 통해 학습항목을 가르치는 것이 얼마만큼 중요한지 미국 내 외국어 교육의 풍부한 교재예와 함께 제시되었다. 예를 들면 학교내의 시설(도서관, 식당, 교실, 운동장)에서 연상되는 단어에 대해 학습자끼리 또는 학습자와 목표언어의 모어화자와의 차이에 대해 이야기를 나누는 연습 (Omaggio, 1986:243), '먹는 것이 인생'이라는 프랑스 신사의 하루를 시간과 식사를 나타내는 동사와 연결하여 소개하고, 학습자에게도 자신의 하루 행동을 설명하도록 하는 활동(Omaggio, 1986:247) 등은 매우 흥미로웠으며, 그 '적절한 문맥을 제공하여 표현을 지도한다'는 개념에 깊이 공감했지만, 원저자인 오마지오 자신은 교재나 연습예의 분석은 하면서도, 문맥을 고려하는 것에 대해서는 이것도 '개인화'와 마찬가지로 추상화하여 정의하지 않았다³. 그러므로, 필자는 문맥을

---

2 실제로는 어휘 교육도 '문맥화'될 필요가 있지만, 논지를 알기 쉽게 하기 위해 본고에서는 주로 문법, 특히 '문형'의 형태로 도입되고, 연습되는 문법의 '문맥화'에 대해 검토한다.

3 색인이나 본문의 기술로 미루어 짐작할 수 있으나, 오마지오가 말하는 문맥은 '이해과정에서의 문맥의 중요성' '문맥으로부터의 유추'와 같은 견해에 등장하는 경우가 많아, 표현교육의 시점보다 문장론 또는 담화분석의 시점에서 논한 것이라고 이해해야 할 것 같다.

의식하는 것을 '문맥화(contextualization)'라고 명명하고, 가와구치(川口, 2002 ; 2004)에서 이를 다음과 같이 정의했다.

정의 : 특정한 문법·어휘항목을 지도할 때, 그 항목이 '누가, 누구에게, 무엇을 위하여' 사용되는 것인지를 명시하여 지도하는 것

이는 예를 들면 앞 장에도 등장한 접속조사 「ト」를 도입할 때 이를 [전건과 후건의 항시적인 인과관계를 나타낸다]라는 식의 언어학의 의미론적 설명에서 끝내는 것이 아니라, 특정 상황에서의 「ト」가 '누가, 누구에게, 무엇을 위해' 사용되는지를 나타내는 것이다. 예를 들면 필자는 어렸을 때 어머니에게 「食べてからすぐ寝ると、牛になるよ」라고 자주 주의를 들었는데, 이 예에서 보는 바와 같이 「ト」라는 접속조사는 '아이에게 예의를 가르치려는 어머니가 행실이 바르지 않은 아이에게 현재모습을 고치지 않을 경우에 일어날 바람직하지 않은 상황을 설명하면서 충고를 하기 위해' 사용되는 경우가 있다는 것을 알 수 있도록 지도하는 것이다. 이 '문맥화'가 있음으로써 비로소 앞 장에서 소개한 '개인화' 작문의 작품인 「私がこどものころ、母は私に食べてすぐに寝ると、ヘビになるよと言いました」가 가능해지는 것이다. 아울러 「あのそろそろ失礼しないと…(終電に乗り遅れますので、帰ってもいいでしょうか / 帰らせていただきます)」라는 돌아갈 때의 인사를 예로 들면 이는 '귀가해야 하는 손님이 / 집주인에게 / 명시된 '허락구하기' 표현과 '선언' 표현을 이해하기 쉽고, 기대하는 대답을 이끌어내기 쉽도록 하기 위해' 「ト」가 사용된 예라는 것을 알 수 있게 설명하고, 유사한 「ト」의 사용법으로 '누가 / 누구에게 / 무엇을 위해' 행해지는지 명확한 예문이나 연습을 제공하는 것이다. 이 두가지 예 모두 「ト」가 가지는 '어떤 상황을 상정할 때 그 다음에 어떤 일이 일어나는 경우가

많은지 자신의 경험이나 사회적인 공통지식을 바탕으로 제시되기 때문에, 그 정보를 자신이 다음 언행에 참고하라'는 표현상의 역할로 자주 사용되므로, 같은 접속조사 「バ」나 「タラ」로는 바꿔 말하기 어려운 「ト」의 특징을 잘 나타내고 있다고 할 수 있다. 한편, 「水は100度になると沸騰する」와 같은 물리적인 사실을 나타내는 예문에서는 「ト」대신에 「バ」나 「タラ」를 사용해도 커뮤니케이션 상에 그다지 어색함은 없다. 이 세 표현 사이에 약간의 뉘앙스 차가 있다고 해도 그것은 문장 안에서는 나타나지 않거나, 모어화자도 신경쓰이지 않을 정도의 차이이므로, 학습자에게 그 차이를 이해시키는 것은 매우 어려운 작업이다. 혹시 가능하다 할지라도 표현상 아무런 도움도 되지 않는다. 따라서 '문맥화' 관점에서 보면, 「水は100度になると沸騰する」「東京では、三月になるとサクラが咲く」라는 문을 가지고 접속조사 「ト」를 도입하거나 연습과제를 설정하는 것은 언어를 가르치는 자로서 교육측면에서의 배려가 부족하다는 결과가 된다.

　오디오 링걸 어프로치가 문법항목지도에 이 같은 시각을 가지고 있지 않다는 점은 이미 비판받은 바 있지만, 실제로는 '장면'과 '기능'을 중시하는 커뮤니커티브 어프로치도 이같은 발상에는 도달하지 못하고 있으며, 접속조사 「ト」의 '기능'이 '가정을 기술하는 것(stating hypothesis)'이라는 레벨 이상으로 기능론이 심화되어 있지 않아[4], 일본어교육 현장에서는 접속조사 「ト」와 「バ」와 「タラ」의 차이를 효과적으로 나타내지 못한 채 학습자가 혼란을 겪고 있는 것이 현실이다. 즉, 교사가 제시하는 학습항목의 사용문맥이 충분히 '문맥화'되어 있지 않으므로 학습자는 교사가 기대하는 만큼의 이해를 하지 못하게 되고, 최악의 경우 그것이 교사에 따라서는 학습자 자신의 노력과 능력의 결여로 평가

4　가와구치(川口, 2005a)는 커뮤니커티브 어프로치의 대표적인 교과서로서 유명한 能登博義의 『コミュニケーションのための日本語入門』(1992·創拓社)의 '기능색인'을 예로 이 문제를 상세히 분석하여 논하고 있다.

받게 된다. 즉, 특정한 문형이나 문법항목이 왜 꼭 거기에 사용되었는지 라는 '문맥'을 제시할 수 없다면 학습자는 학습항목의 이해를 위해 필요한 진정한 의미에서의 기능적 정보를 얻지 못한 채 방치되어 버리는 것이다. 그러한 문제를 방지하고, 학습항목의 표현상 역할을 차별화·명확화하여, 학습자가 그것을 주체적으로 의식화하도록 지원하는 것, 아울러 그를 위한 지도의 전제를 준비하기 위해 행하는 것이 '문맥화'이다.

Ⅴ '문맥화' 지도의 실제

본 장에서는 앞에서 소개한 일본어 교육을 위한 새로운 시대의 이념인 '문맥화'와 '개인화'를 실제 교육현장에서는 어떻게 구체화하면 좋을지에 대해 '존재표현'을 예로 들어 기술한다. 이들 논지는 '문맥화'와 '개인화'를 기초로 한 필자의 교육실천에서 도출된 것이다. 그 실천의 상세한 소개는 본고의 목적은 아니지만, 독자가 앞으로의 논지가 단순히 이론적인 개념조작이 아니라 필자의 교육실천 연구의 성과에 기초한 것이라는 점을 알아주기 바란다.

'존재' 표현은 초급 일본어교육 교재 내에 반드시 등장하는 학습항목이다. 일본어는 무정물의 존재에 「アル」를, 유정물의 존재에 「イル」를 사용한다는 특징이 있지만, 그 기준 외에도 존재 표현에 관한 세가지 다른 문형이 있다.

A. 주체ガ　장소ニ　アル / イル
B. 장소ニハ　주체ガ　アル / イル
C. 주체ハ　장소ニ　アル / イル

그럼, 여기서 이 세 문형에 대해 '문맥화'를 해 보자. 우선 '문형A' 는 주체의 존재 자체를 있는 그대로 알리는 문형이다. 주체제시조사인 「ハ」가 아무데도 없으므로 무언가를 화제로 삼아 이야기하기 위한 표현이 아니라 '어떤 주체가 어느 장소에 존재한다'는 그 자체를 나타내기 위한 문형이다. 여기까지는 문법적인 설명이지만, 이를 '표현' 지도로 유도하기 위해 어떻게 하면 좋을지를 생각하는 것이 '문맥화'이다. 충분한 '문맥화'를 위해서는 우선 실제로 이 '문형A'를 사용할만한 장면을 생각해 봐야 한다. 그러면, 다음과 같은 장면을 쉽게 떠올릴 수 있을 것이다.

1. 귀가한 남편에게 아내가 : 冷蔵庫の中にお刺身があるわよ
2. 비가 그친 길을 걷는 친구끼리의 대화에서 : ちょっと、そこに水溜り があるよ

모두 어떤 사물의 존재를 직접 언어화 함으로써 그 자체의 존재가 그 장면에서 의미하는 것을 암시하는 사용예이다. 즉, '예문1'은, 「オカズトシテ刺身ヲ食ベヨ」라는 '지시·명령', '예문2'는 「踏ミ込ムト濡レルカラ、避ケタホウガイイ」라는 '충고·조언'[5]이다. 이처럼 실제로 표현으로 전달하고자 하는 것은 주체의 존재 그 자체가 아니라 그것을 인식함으로써 환기·요구되는 다양한 메시지이다. 이 '문형A'를 '문맥화'하여, '누가 / 누구에게 / 무엇을 위해' 사용되었는지를 명시하면, 예를 들어 '예문1'에서는 '아내가 귀가한 남편에게 냉장고에 있는 생선회를 꺼내 반찬으로 하도록 전달하기 위해' 사용하는 것이라고 설명할

---

5 '지시·명령' '충고·조언'이라는 기능의 정의는 가바야 히로시 외(蒲谷宏 他, 1998:132-161) 참조

수 있다. 이와 같이 설명하면 교과서에 있는 「___の___に___がありま
す」에 키워드를 대입해 가는 연습을 가지고는 '문형A'를 사용할 수 있
도록 할 수 없다는 것을 알게 될 것이다.

그럼, 이처럼 존재문형인 '문형A'가 '충고·조언'이나 '지시·명령'을
위해 사용할 수 있다[6]는 것이 판명된 후에 어떠한 방식으로 '개인화'
한 표현 연습을 시키면 좋을까. 필자의 실천수업에서는 이를 '어드바
이스'표현으로 연습하도록 했다. 클래스 내에서 점심식사나 저녁식사
등에서의 자신의 식사 기호를 모두 발표한 다음, 각각 개인의 기호에
따라 음식이나 가게에 대한 어드바이스를 하는 것이다. 학습자로부터
는 「××さん、○○駅の前においしいラーメン屋がありますよ」「みなさ
ん、大学の近くのスーパーに安い野菜がありますよ」 등의 정보가 나왔
고, 이를 유용한 정보로 받아들인 학습자는 「ありがとう。行ってみま
す」라고 대답하는 것이다. 개인의 식사 기호와 그와 관련된 정보가 공
개되므로, 좋은 '개인화'표현의 연습이 된다. 종조사 「ヨ」의 사용법과
「ありがとう、~てみます」라는 어드바이스에 대한 감사 응답은 이후의
다른 연습에서도 교실 외의 실생활 장면에서도 도움이 될 수 있다. 접
속조사 「ト·バ·タラ」를 각각 도입할 때는 각각의 기능연습으로 어드
바이스 표현연습을 하는 경우가 많은데 이 때 다시 앞서 기술한 '문형
A'를 '어드바이스' 예로 추가함으로써 초급과정에서 「ト·バ·タラ·ア
ル」에 의한 각기 다른 어드바이스 예[7]를 정리하여 학습할 수 있다는

---

6 예문에는 존재 동사 「アル」만을 들었지만, 「やだ、お兄ちゃん、あそこにゴキブ
   リがいる！」처럼 「イル」를 사용하여 같은 기능(「駆除セヨ」라는 '지시·명령')을 나
   타낼 수 있다.

7 참고로 예를 들어 효과적인 다이어트 방법 등에 대해 다른 학습자에게 어드바이
   스를 하도록 할 때 '유일하고 절대적이므로 이 이외의 이야기는 들을 필요없음'이
   라면 「毎日ジョギングすればいいんですよ」처럼 「バ」를, '좋은 방법이 있는데 할
   지 안 할지는 정하세요'라면 「毎日ジョギングしたらどうですか」와 같이 「タラ」
   를, 그리고 '자신의 경험에서 할 수 있는 말을 상대의 흥미를 끌기 위해 하는 것'
   이라면 「毎日ジョギングすると、いいですよ」라고 「ト」를, 각각 학습자에 따라

점도 이와 같은 '문맥화' '개인화'의 지도이념에 의해 비로소 이해하게
된다.

다음으로 '문형B'를 보자. 이 문형을 사용할 수 있는 경우는 다음과
같은 장면일 것이다.

1. 대학의 교내 투어에서 : このキャンパスには、七つの学部と中央図書
  館があります
2. 지역의 역사유적 해설 : 市内旧街道沿いには、江戸時代の商家や倉庫
  が数多くあり…。

둘 다 특정한 장소에서 특정한 것이 존재한다는 것을 나타냄으로써
그 장소의 특징을 표현하는 문형이다[8]. 그 기능은 그대로 '장소의 특
징·유니크함의 명시' 나아가서는 '그 장소에 대한 관심 유도'가 될 것
이다. 이같은 기능을 '개인화'하는 연습으로는 학습자의 출신국과 지
역이 다양한 클래스에서는 '자신의 고향자랑'을 작문하도록 하거나 스
피치를 시킬 수 있다. 「ボンの町には、ベートーヴェンの生家がありま
す」「水原には、世界遺産の華城があり、名物「水原カルビ」の店も市内
にたくさんあります」 등, 자신의 추억이 있는 장소의 특징에 대해 소
개하는 것은 실제로 '사랑하는 고향에 대한 관심 유도'가 되어, 표현활
동에 대한 강한 동기부여가 된다. 출신지가 같은 학습자가 모여 있는
클래스에서도 「私のうちには」「私の部屋には」라는 식으로 자신의 집이
나 자신의 방에 있는 것, 특별한 물건이나 키우는 반려동물을 소개함
으로써 충분히 '개인화' 표현이 가능하다.

선택해서 표현하도록 할 수 있다. '문맥화'를 하면 한국어로는 대응하는 단어가
없는 이 세가지 접속조사의 차이가 부각된다.
8 「この保護区には120種類の野鳥がいて…」처럼 존재동사로 「イル」를 사용하는 것
  도 가능

마지막으로, '문형C'는 특정한 주체가 존재하는 장소를 나타내는 것이므로 이번에는 '장소'가 아니라 '주체인 사물이나 생물'이 화제가 되고, 그 존재를 명시하여 '상대의 행동과 지식을 보충하는 정보를 준다'는 기능을 한다. 「ギターを習いたいのですが、学校の近くにギター教室はありませんか / ギターの先生はいませんか」처럼 자신의 생활권내에서 필요한 것, 묻고 싶은 사람 등의 소재를 학습자끼리 서로 묻는 활동을 하면 '기타를 배울 수 있는 곳을 알고 싶다'는 희망의 표출과 그 상대의 희망 실현을 돕는 정보를 제공하는 표현의 '개인화'가 충족된다. 앞서 기술한 '문형B'에 맞춰 「水原には、名物「水原カルビ」の店が市内にたくさんあります。いちばんおいしい店は、駅前の××洞にあります」처럼 보다 적극적으로 '특정장소에 대한 관심'을 높이는 표현연습도 가능하다.

이상과 같이 「アル・イル」를 동사로 하는 존재표현은 세 문형이 각각 다른 기능으로 사용되지만, 이를 반영하여 연습기회를 제공하는 교과서는 적다[9]. 일본어 교과서로서 일본 국내외에서 가장 널리 사용되고 있는 『みんなの日本語初級Ⅰ』第二版(2012・スリーエーネットワーク)를 봐도 존재표현을 다루는 제10과의 연습은 '문형A' '문형C'뿐이며, '문형B'는 도입문형의 일람인 '연습A'(『みんなの日本語初級Ⅰ』第二版(2012 : 84)에서조차 다루지 않고 있다. 또한 '연습B'에서의 '문형A'는 주어진 그림을 보고 「例：→あそこにポストがあります」「例：→ドアの右にスイッチがあります」처럼 예에 따라 단지 단문을 만드는 기계적인 '대입연습'이다. 어느 연습문제도 각각 해답문이 '지시・명령'

9　필자가 조사한 바로는 『新文化初級日本語』(2000・文化外国語専門学校)만이 '문형A'를 의식적으로 하나의 문형으로 들고 있다. 같은 과의 첫 페이지 일러스트는 귀가한 남성의 손에 들린 메모에 「冷蔵庫におさしみがあるわ」라고 쓰여 있으며, '문형A'의 기능도 명확하게 의식한 편집으로 구성되어 있다. 단, 이 문형의 기능을 철저히 연습시키는 연습문제가 없는 것이 유감이다.

이나 '충고·조언'등 무엇을 위해 필요한 정보인지 불분명하다. 즉, '문형A'에 어떤 기능이 있는지 명시되지 않은 채 학습이 종료되고, 학습자가 자신의 의미에 연결시키는 연습은 불가능하다. 이처럼 학습하는 문형과 거기에 포함된 문법항목이 '누가/누구에게/무엇을 위해'사용되는지를 명시하지 못한 상태에서 도입이나 연습을 하는 것을 필자는 '文脈不全'이라고 부르며[10], 문법학습상 가장 큰 문제라고 생각한다. 이 문제는 실제 많은 교과서나 교재에 존재하므로, 교사가 특정한 문형·문법이 사용되는 문맥에 대해 의식적으로 생각하지 않으면 학습자를 위해 아무 의미도 없는 연습이 되거나, 그 사실조차 알아차리지 못하게 된다.

VI 정리와 앞으로의 과제

지금까지 커뮤니커티브 어프로치 이후의 새로운 교수법으로서 표현의 '개인화'와 그 '개인화'를 효과적으로 이끌어내기 위한 문형·문법의 '문맥화'의 개념에 대해 설명하고, 그 응용방법에 대해 세 종류의 일본어 '존재표현'의 문형지도를 가지고 필자의 실천예를 들어 구체적으로 설명했다. 이러한 교수법은 일본어 교육과 관련해 21세기에 들어선 후 몇몇 일본어 교육 전문가가 시사·제안을 하고 있으므로[11] 점차 새로운 시대의 일본어 교육의 주요한 조류가 될 것으로 생각된다. 그

---

10 여기서는 '문형A'에 관해서만 기술했지만 '문형C'에 관해서도 동일한 '文脈不全'이 나타난다. 예를 들어 '연습B-4-4'는 남자아이와 여자아이와 강아지가 있는 그림을 보고, 「犬は男の子と女の子の間にいます」라고 대답하는 것이 해답(해답예 ：11)이지만, 이는 어떤 문맥인지, 강아지가 있는 장소를 대답하는 것이라면 「犬小屋の中にいます」나 「車の下にいます」쪽이 자연스럽지 않을까. 「間」라는 위치 명사를 출제하고 싶었는지 모르지만 그렇다면 다른 문맥을 준비했어야 할 것이다.

11 山内(2000)와 鎌田・嶋田(2013:132-153)등 참조

러나 그를 위해서는 처음부터 개인간의 자유로운 교류를 의도한 교육
을 지향하는 표현을 위한 문형·문법 연구가 필요한 것이다. 본 장에서
는 그와 같은 연구를 몇가지 소개하고 독자에게도 이 방면에 관한 연
구과제를 찾아 연구·실천하기를 바란다.

먼저, 특정한 표현의 '문맥화' 교육을 위한 기초연구로, Wang Huijun
(王慧雋, 2012a ; 2012b)의 '사역표현'의 '문맥화'를 분석한 연구가 있다.
전자에서는 소위 '허용', 후자에서는 소위 '강제'용법의 사용예를 TV
드라마 시나리오에서 추출하여, '허용'은 '선언/지시·명령/충고·조언 /
불만 / 비난 / 의지표명 / 의견표명'의 기능을, '강제'는 '불만 / 선언 /
사죄 / 자랑'등 각각의 문맥에서 '기능'을 하고 있다고 증명했다. 이들
연구에 의해 학습자에게 <사역>을 지도 시에 어떤 '문맥'에서 도입하
여 연습시키면 좋을지를 고민하는 기초가 마련되었다고 할 수 있다.

다음으로 Li Ting(李婷, 2012 ; 2013)은 '메타언어표현[12]'의 '문맥화'
에 관한 연구로, TV 드라마 시나리오에서 용례를 수집하여 선행연구
와 차별화한 다양한 표현의 분석이 가능해졌으며, '메타언어표현'이
무엇을 위해 사용되고, 무엇을 표현할 수 있는지에 대한 규명과 그에
바탕한 표현지도를 가능하게 했다.

일본어 학습자와 모어화자가 문형으로부터 연상하는 '문맥'의 차이
에 관한 연구로 엔도 나오코(遠藤直子, 2008)가 있다. 이는 일본어 교
육의 초급 과정에 자주 등장하는 문형「~テモイイデス」에 종조사「ネ」
를 붙인 발화를 포함하는 대화장면을 제시하여, 「~テモイイデスネ」의
사용문맥에 대한 일본어 학습자와 일본어 모어화자의 의식의 차를 조
사한 앙케이트 결과를 분석한 연구이다. 이 연구의 분석 결과에 따르
면, 모어화자는 이 문형으로부터 주로 '제안' 용법을, 학습자는 '허가

---

12 「個人的な意見なんですけど」「まとめて申し上げますと」「例えばですね」와 같이
   '지금부터 행할 언어행동을 예고하는 표현'류를 가리킨다.

요구' 용법을 연상하여, 학습자와 모어화자 사이에 큰 차이가 있음을 알 수 있다. 이 연구 결과를 바탕으로 엔도는 학습자에게 초급문형 용법의 '경직화(硬直化)'가 일어나고 있다고 문제제기하고 있다.

다음으로 학습자와 모어화자가 연상하는 '문맥'에 차이가 있음을 「ハズダ」를 통해 고찰한 오타 요코(太田陽子, 2011)가 있다. 오타는 이 연구의 고찰결과에 따라 교육 현장을 뒷받침하는 문법 기술은 해당 문법항목에 의한 표현이 '무엇인가' 뿐만 아니라 '어떠한 문맥에서, 어떻게 사용하는가'로 그 중점이 옮겨져야 한다고 주장하고 있다. 이를 위해 해당 표현의 '기능'을 중심으로 '공기표현(共起表現)[13]'을 제시함과 동시에 같은 의도를 나타낼 수 있는 '유의표현(類義表現)'중 어느 것을 선택할 것인지, 표현주체가 '지금 말하고 싶은 것'에 부합되는지를 판단할 정보도 제공되어야 한다고 기술하고 있다.

한편, '문맥화'의 지도실천에 대해 논한 것으로, 鄭相美(2008, 2011)가 있다. 전자에서 鄭이 제안한 '문맥구체화'의 개념을 응용하여 학습자 자신에게 자기표현을 위해 필요한 표현(문형)을 학습자 스스로 찾아 문장을 작문하도록 하는 작문지도의 실천연구를 소개했다. 문맥을 의식함으로써 단순한 문형의 응용연습을 위한 작문을 넘어선 자율적인 문장표현의 작성과정이 기술되어 있다. 후자도 작문지도에 관한 연구인데, 이는 문맥의 부재에서 오는 어휘와 표현의 오용을 개선하기 위해, 명확한 문맥을 가진 이해하기 쉬운 스토리를 학습자에게 제공하여 그 요약문을 작성하도록 하는 작문지도를 통해 그 배경에 문맥을 갖는 어휘와 표현의 습득과 그 응용을 실천하고자 한 연구이다.

또한 엔도(遠藤, 2010)는 와세다 대학의 유학생 대상 중급 일본어 클래스에서 실천한 미니 드라마를 활용한 표현교육의 수업분석 결과,

---

13 특정한 표현의 기능을 실현하기 위해 일정한 문법사항과 함께 사용하면 좋은 표현을 가리킨다. 예를 들면 「ハズダ」에는 용법에 따라 「きっと」「確か」「~なのに」「~でしょ？」「どうりで」 등이 함께 나타난다.

문형이 사용된 '문맥'을 일본어학습자가 어떻게 인식하는가에 의해 그들의 표현상 오류가 생기는 이유가 명확해졌다. 또한 '문맥화' 작업이 이루어진 수업이 학습자에게 바람직한 학습효과를 가져온다고 논하고 있다.

이상과 같이 문형·어휘·표현을 문맥에서 파악하여 그 기능을 확인하고 그 의식에 바탕하여 표현을 지도하는 '문맥화'와 '개인화'의 연구는 앞으로도 발전·심화해 갈 것이다. 마지막으로 필자의 '교실문맥'을 이용한 경어지도의 실천연구인 가와구치(川口, 2012)를 그 최전선 업적의 하나로 참조해 주기 바라며 본고를 마무리한다.

┃ 참고 문헌

遠藤直子(2008)「日本語学習者による初級文型~テモイイのとらえ方について―「初級文型の硬直化」の問題から―」『日本語教育』137号 日本語教育学会, pp.21-303

_____(2010)「初級文型を用いた表現教育―中級レベル口頭表現クラスにおける「ミニドラマ」の実践を通して―」『日本語/日本語教育研究』[1], 日本語/日本語教育研究会, pp.31-47

王慧雋(2012a)「<使役>は何のために使うものか―「表現意図」から<許容>の意味に関わる<使役>を捉える―」『待遇コミュニケーション研究』第9号 待遇コミュニケーション学会, pp.17-32

_____(2012b)「使役の「文脈」―《強制》の「意味」を表す使役を中心に―」『日本語/日本語教育研究』3 日本語/日本語教育研究会, pp.189-205

太田陽子(2011)「学習者の産出例から運用のために必要な情報を考える―《ハズダの共起表現と類義表現に着目して―」『日本語教育文法のための多様なアプローチ』(庵功雄・森篤嗣編) ひつじ書房, pp.129-151

川口義一(2012)「初級日本語課程の「教室の文脈」における「待遇コミュニケーション教育」『早稲田日本語教育学』第11号 早稲田大学大学院日本語教育研究科, pp.37-51

_____(2005a)「表現教育への道程 ─ 語る表現はいかにして生まれたか」『講座 日本語教育』41 早稲田大学日本語教育研究センター, pp.1-17

_____(2005b)「文法はいかにして会話に近づくか ─ 働きかける表現と語る表 現のための指導」『フランス日本語教育』2 フランス日本語教師会, pp.110-121

_____(2004)「表現教育と文法指導の融合 ─ 働きかける表現と語る表現から見 た初級文法」『ジャーナルCAJLE』6 カナダ日本語教育振興会, pp.57-70

_____(2002)「「文脈化」による応用日本語研究 ─ 文法項目の提出順再考」『早稲 田日本語研究』11, 57-63.

縫部義憲(2001)『日本語教師のための外国語教育学─ホリスティック・アプローチ とカリキュラム・デザイン─』風間書房

鎌田修・嶋田和子(編著)(2012)『対話とプロフィシェンシー　プロフィシェンシー を育てる2』凡人社

山内博之(2000)『ロールプレイで学ぶ中級から上級への日本語』アルク

李婷(2012)「メタ言語宣言表現の「文脈化」─表現教育の視点から」『日本語/日本語 教育研究』[3] 207-224 日本語/日本語教育研究会

李婷(印刷中)「話題を提示するメタ言語表現─表現教育の視点から」『日語日文学 研究』第84集 韓国日語日文学会

鄭相美(2008)「효과적인 작문지도를 위한 <문맥구체화>의 응용─<문맥구체화> 를 응용한 작문활동의 사례연구 보고─」『日本研究』第36号, 韓国 外国語大学校日本研究所

_____(2011)「효과적인 작문지도를 위한 시안 ─학습자의 오용패턴 분석을 중심 으로─」『日本語教育研究』第20輯,　韓国日語教育学会

Omaggio Hadley, Alice (1986,1993,2001) *Teaching Language in Context*. Boston: Heinle & Heinle

일본어교육을 위한 대조연구

고바야시 미나 *
와세다대학교 교수

I 머리말

본고에서는 일본어교육에서의 대조연구(contrastive linguistics)에 대하여 논하기로 한다.

다음 2절에서 기술할 대조연구는 응용언어학의 한 영역으로서 외국어교육에 공헌하는 것을 목표로 발전해 왔다. 그러나 습득연구가 발전함에 따라 제2언어습득에서 나타나는 여러 가지 현상(事象)을 반드시 모어의 영향만으로는 설명할 수 없다는 지적이 등장한다. 그와 동시에 '동기 부여' '학습 전략' '학습 스타일' 등의 개인적 요인에 대한

* 小林ミナ : 早稲田大学

연구가 진행됨에 따라 외국어교육에서의 대조연구의 의의와 역할을 재고하지 않을 수 없게 되었다.

모어가 같아도 학습자에 따라 학습법이나 취약한 부분이이 같다고는 할 수 없기 때문에, 제2언어습득에서 발견되는 여러 가지현상(事象)을 반드시 모어의 영향으로만 설명할 수 없음은 명백하다. 그러나, 외국어, 제2언어를 배울 때 모어의 영향이 전혀 없다는 것 또한 있을 수 없는 일이다.

이러한 점들을 고려한다면 모어를 제2언어습득에서의 개인요인의 하나로 보고 그러한 관점에서 대조연구를 해야 할 것이다. 이 때 대조연구의 틀이나 방법이 종래의 연구들과 같아서는 안 될 것이다. 그 예로 대조연구의 전제인 '등가(等価)적인 언어요소'를 어떻게 설정할 것인가부터 재고할 필요가 있다.

본고의 구성은 다음과 같다. 우선 2절에서는 대조연구와 외국어교육의 관계를 개관한다. 3절에서는 '학습자가 머릿속에서 독자적으로 만들어 낸 문법'의 일면(一端)을 엿볼 수 있는 세 가지 사례를 소개함과 동시에 그 사례들이 시사하는 점을 고찰한다. 이러한 논의들을 바탕으로 4절에서는 일본어교육에서의 대조연구의 새로운 방향성을 모색하고자 한다.

II 대조연구와 외국어교육

대조연구가 외국어교육과 긴밀한 관계에 있다는 것은 그 발전 경위를 생각하면 그리 놀랄 일은 아니다. 대조연구는 응용언어학의 한 영역으로서 외국어교육에 공헌하는 것을 목표로 발전해 왔다. 대조분석가설(Contrastive Analysis Hypothesis)에 의해서 학습자의 모어와 목표

언어간의 유사점과 차이점을 기술함으로서, 학습상의 어려움(困難点)을 예측할 때에 귀중한 실마리를 제공해준다고 여겨져 왔기 때문이다. 그 후, '오용분석(Error Analysis)'에 있어서도 대조연구의 성과를 바탕으로 '전이(transfer)'나 '간섭(interference)'과 같은 오용의 원인을 해명하는 일이 시도되었다.

한편에서는 모어와 목표언어간의 유사점과 차이점만으로 외국어학습의 모든 것을 다 설명 할 수는 없다는 지적이 나오기 시작했다. 즉 모어가 같은 학습자라도 반드시 같은 부분에서 좌절하거나 같은 과정을 거쳐 능숙해지거나 하지는 않는다는 점, 반대로 모어가 다른 학습자 간, 또는 모어(L1)를 습득하는 유아와 목표언어(L2)의 학습자간에도 같은 오용이나 어려움(困難点)이 보인다는 점 등이 보고되었기 때문이다.

그 후 모어도 목표언어도 아닌 학습자가 목표언어를 학습하는 과정(発達途上)에서 독자적으로 만들어낸 체계인 '중간언어(interlanguage)'(Selinker, 1972)라는 개념이 제창되면서, 모어는 중간언어의 형성에 영향을 끼치는 요소의 하나로서 위치를 정립하게 된다.

그런데 대조연구에서는 다른 언어간에 서로 대응하는 등가(等価)(equivalent)적인 언어요소를 고찰 대상으로 한다. 예를 들면, 한국어의 '달리다'와 일본어의 「走る」는 양쪽 다 '발을 움직여서 빨리 이동한다'와 같은 의미를 가지고 있는 동사라는 점에서, 등가(等価)(equivalent)적인 언어요소로 볼 수 있다. 따라서 이 두 단어는 대조연구의 대상이 될 수 있다. 그러나, 한국어의 '달리다'와 일본어의 「りんご」는 의미적으로도 품사적으로도 공통점은 보이지 않는다. 그러므로 이 두 단어는 일반적인 대조연구의 대상은 될 수가 없다.

그러나 무엇을 기준으로 '등가(等価)'를 판단할 것인가는 그리 간단한 일이 아니다. 가령, '학습자가 의미 파악에 혼란을 겪는 어군' '학습

자가 제대로 구분해서 사용하지 못하는 어군' 이라는 점에서 '등가(等價)'적인 언어요소를 찾고자 한다면, 그 어군이 존재하는 학습자의 머릿속에서 그것을 가져올 수밖에 없기 때문이다. 그러기 위해서는 '학습자가 머릿속에서 독자적으로 만들어 낸 문법'에 주목하여 그 구조를 밝힐 필요가 있을 것이다.

Ⅲ 학습자가 머릿속에서 독자적으로 만든 문법

여기에서는 세 가지 사례를 소개하고자 한다. 모두 일본어교과서나 주위로부터 인풋(input)한 것 등, 학습자가 자기 주변의 리소스(resource)를 받아들여 머릿속에서 자기만의 '문법'을 구축하고 있음을 잘 알 수 있는 사례이다.

1.「中国から来ました(중국에서 왔습니다)」

저자인 고바야시(小林)는 홋카이도대학교(北海道大学)에서 일본어를 가르친 적이 있다. 홋카이도대학교는 삿포로에 있는데, 삿포로는 겨울이 되면 많을 때는 하룻 밤 사이에 눈이 50센티미터나 쌓이는 곳이다. 그런 한겨울 날, 중국인 유학생 한 명과 만날 약속이 있었다. 일본어와 중국어 통역이 필요해서 그 일을 부탁했기 때문이다. 일기예보에서 눈이 많이 내린다고 한 날이었기 때문에 회의장 근처의 빌딩 로비에서 만나기로 하였다. 그 빌딩은 지하철역과 지하도로 연결 되어 있기 때문에 아무리 눈이 많이 내려도 전혀 눈을 맞지 않고 로비까지 갈 수가 있는 곳이었다. 그러나 약속 장소에 나타난 그 학생은 온몸이 눈으로 덮여 있어서 마치 폭설 속을 우산도 쓰지 않고 오랫동안 걸어 온 것처

럼 보였다.

그 모습을 보고 놀란 나는 그녀의 머리와 어깨에 쌓인 눈을 손으로 털어주면서 이렇게 물었다.

「すっごい雪。どこから来たの？(눈을 많이 맞았네. 어디로 왔어？)」

그러자 그 유학생은 다음과 같이 대답하였다.

「<u>中国から来ました</u>(중국에서 왔습니다)」

굳이 설명할 필요도 없겠지만, 그 상황에서 내가 알고 싶었던 것은 그녀의 출신지가 아니었다. 눈을 전혀 맞지 않을 것이라고 생각해 지하철역과 지하도로 연결되어 있는 빌딩의 로비에서 만나기로 했음에도 불구하고 그녀가 눈을 흠뻑 맞은 모습으로 나타났기 때문에 '도대체 어느 길로 온 것일까'라고 이상하게 생각했던 것이다.

다시, '지하철역에서 온 것이 아니냐？'라고 묻자 그녀는 '볼 일이 있어서 친구 집에 가 있었기 때문에 거기에서 걸어서 왔다. 좀 더 가까울 줄 알았는데 지하철로 두 정거장 정도의 거리였기 때문에 30분 가까이 걷게 되었다. 이럴 줄 알았으면 지하철을 타고 올 걸 그랬다'라는 내용을 유창한 일본어로 웃으며 대답했다. 통역 일을 부탁할 정도의 유학생이므로 일본어는 상급자 수준이다. 그러나 그렇게 일본어를 잘하는 그녀가 '중국에서 왔습니다'라고 대답한 것은 왜일까?

생각해 볼 수 있는 원인은 일본어교과서이다.

초급교과서의 제1과에서는 자기소개를 다루는 경우가 많다. 다음과 같은 회화 예시문이 있는데 학생들은 '박민준(パクミンジュン)'이나 '한국(韓国)'의 부분을 자기 이름과 나라로 바꾸어 자기소개를 연습한다.

(1) -제1과 처음 만난 사람과-

파ク : はじめまして。

田中 : はじめまして。

　　　パク：パクミンジュンです。韓国から来ました。どうぞよろしく。
　　　田中：田中です。どうぞよろしく。

　문형이라고 할 수 있는 것은 「〜です」「〜から来ました」 뿐이므로 처음 일본어를 배우는 사람들한테도 별로 어렵지는 않다. 새학기가 갓 시작되었을 무렵이고 학생들 역시 처음 만나는 사이가 많은 시기여서 이러한 자기소개 회화는 학생들에게 있어서도 자주 쓰이는 데다 필요성도 높다. 갓 배운 문형을 사용하면서 교실 안에서는 학생들의 자기소개가 이루어진다.

　그리고 학생들은 이 회화예시문을 통해서 '처음 만났을 때의 인사는 「はじめまして」이다' '이름을 말할 때에는 「〜です」를 쓴다'와 같은 문법을 익힌다. 그와 마찬가지로 「(지명/국명)から来ました。」를, '출신지(출신 국가)를 말할 때의 표현이다'라고 이해했을 가능성이 있다. 그러나, 「(지명/국명)から来ました。」는 사실은 출신지(자기 나라)전용 표현이 아니다.

　자신의 출신지(출신 국가)를 전하고자 할 때에 우리는 다음의 (2) - (6)과 같은 표현 중에서 상황이나 기분에 따라 적절한 것을 골라서 구분하여 사용하고 있다.

　　(2) 出身はソウルです。
　　(3) ソウル出身です。
　　(4) ソウルから来ました。
　　(5) 生まれも育ちもソウルです。
　　(6) ソルで生まれたんですが，幼稚園に入るときに，父の仕事の都合で
　　　　釜山に引っ越しました。

그러면, 「(지명/국명)から来ました」라는 (4)의 문형에서 출신지(출신 국가)를 전할 수 있는 것은 도대체 어떠한 조건을 갖추었을 때일까?

예를 들어, 서울에서 태어난 사람이 진학이나 취직 등으로 부산에 이사가 살았다고 하자. 그 경우 자기소개로 다음과 같이 말할 수 있다.

(7) ソウルから来ました, パクミンジュンです。

그러나 이 박민준 씨가 부산에서 다시 대구로 이사했다고 하자. 그러면 자기소개에서(7)과 같이 말할 수는 없다. 왜냐하면 (7)과 같이 말하면 대구에 오기 직전에는 서울에 살고 있었던 것이 되기 때문이다. 따라서 대구에서 자기 소개할 때에는 예를 들면 다음과 같이 말하지 않으면 안된다.

(8) 釜山から来ましたパクミンジュンです。出身はソウルで, そのあと釜山で3年ほど仕事をしていました。

위의 예에서 알 수 있는 것은 「(지명/국명)から来ました」라고 하는 것은 출신지(출신 국가)를 전하는 전형적인 문형이 아니고, '이동하기 전에 있었던 장소'를 나타내는 문형이라는 것이다. 일본어로 「(지명/국명)から来ました」로 출신지(출신 국가)를 말하는 경우에는 그 직전까지 출신지(출신 국가)에 있었다는 것이 빠질 수 없는 조건이다.

평범해 보이는 자기소개 회화 예시문이기는 하지만 각각의 문형이 갖는 이러한 제한을 알지 못하면, 학습자는, 일본어의 「(지명/국명)から来ました」는 항상 출신지(출신 국가)를 전할 때 사용할 수 있는 표현 이라고 이해하고 있을 가능성이 있다. 이와 관련하여 흥미로운 것은 「~から来ました」에 해당하는 '~에서 왔습니다'(한국어)와 '从~来

到'(중국어)를 위의 (8)과 같은 상황에서 사용할 수 있을지의 여부는
다를 수도 있다는 점이다. 이에 대한 상세한 고찰은 다음 기회로 미루
기로 한다.

2. 「どうぞよろしくお願いします。(아무쪼록 잘 부탁드립니다.)」

다음은 전자메일 사례이다.

어느 날, 그리스에서 일본어를 배우고 있다는 대학생으로부터 저자
의 메일 주소로 메일이 왔다. 이 대학생과는 일면식도 없고 누구에게
소개를 받은 것도 아니지만 메일주소가 대학교 홈페이지 등에 공개되
어 있으니 갑자기 모르는 사람에게서 메일이 와도 그다지 이상한 일은
아니다.

그 메일은 '일본에의 유학을 희망하고 있다. 그러니까 지도교수를
맡아 줄 수 없겠는가'라는 내용의 매우 유창한 일본어로 쓰여진 메일
이었다. 그러나 연구 테마가 나의 전공과는 다른 것 같아서 '미안하지
만 지도는 맡을 수가 없다. 더 적임인 선생님을 찾아보는 것이 어떤가'
라는 거절 답신을 보냈다.

그 며칠 후에 그 대학생에게서 온 답신이 다음의 메일이다.

(9) From: xxxxxx@xxx.xxx.xxx.gr

　　　To:　　KobayashiMina@xxx.xxx.xxx.ac.jp

　　　Subject: Re: 유학에 대한 문의

　　　고바야시 선생님, 빠른 답신 감사합니다.

　　　사정을 잘 알겠습니다. 정중한 대응에 감사드립니다.

　　　다른 선생님을 찾아보겠습니다.

　　　그러면, 잘 부탁드립니다.

<원문>

Subject: Re:留学についての問合せ

小林先生、早速のご返事ありがとうございました。

ご事情がよくわかりました。ご丁寧な対応に感謝します。

ほかの先生を探してみます。

では、よろしくお願いいたします。

　마지막의 「では、よろしくお願いいたします。」를 읽고 상대방이 제대로 이해했는지 일말의 불안을 느꼈다. 이쪽은 지도교수를 거절하려고 했는데 그것이 전달되지 않았나 싶었기 때문이다. 그러나, 그 위에는 '다른 선생님을 찾아보겠습니다'라고 확실히 쓰여져 있고 실제로 그 이후로 아무런 연락이 오지 않았다. 따라서 이쪽의 의도는 제대로 전해졌다고 판단했다.

　'다른 선생님을 소개하겠다(ほかの先生を紹介する。)'라고 회답을 했다면 몰라도 '다른 선생님을 찾아보는 것이 어떤가(ほかの先生を探してみたらどうか。)'에 대해서, '그러면 잘 부탁합니다(では、よろしくお願いいたします。)'로 끝나는 답신은 아무리 봐도 좋은 마무리는 아닌 것 같다.

　「よろしくお願いします。」라는 표현은 메일의 '마무리 표현'으로 흔히 사용된다. 딱히 무엇을 의뢰하는 메일이 아니더라도 사용할 수 있는 매우 편리한 표현이다. 그래서 일본어 교과서에도 일반적인 비즈니스 메일의 맺음말로 설명될 때가 있다(예를 들어 야나 아키코(築晶子) 외 2005 등). 꼭 무엇인가를 의뢰하는 메일이 아니더라도 사용할 수 있다는 지적이, 분명 틀린 말은 아니지만, 「よろしくお願いします。」에는 '어떠한 형태로든 앞으로도 연락이 계속된다.'라는 큰 전제가 있다. 일면식도 없는 상대방에게 지도교수를 부탁하고 그것을 거절

당한 상황에서는 이 전제를 공유할 수는 없다. 위의 메일의 마무리가 석연치 않은 것은 그 때문이라 하겠다.

　이 대학생이 왜 메일의 마지막을 「では、よろしくお願いいたします。」로 끝냈는지 지금 그것을 확인할 길은 없다. 그러나 「よろしくお願いします。」가 꼭 의뢰하는 내용이 아니더라도 '마무리 표현'으로 사용되고 있는 사례를 많이 접하면서, 이 대학생이 "어떠한 경우에도 '마무리 표현'으로 사용할 수 있다."라는 자기만의 문법을 구축했을 가능성을 시사해 준다.

　「よろしくお願いします。」와 같이 실질적인 의미가 희박해진 소위 '인사'와 같은 종류의 표현군은 문자 그대로의 의미가 아니고, 기능의 관점에서 '등가(等価)적인 언어요소'로서 자리잡을 수 있다. 이 또한 대조연구가 고찰해야 할 대상이다.

3. 「そうですねー。北京です」

　다음도 학습자가 자기 주위의 리소스(resource)를 받아들여서 머릿속에 자기만의 '문법'을 구축하고 있는 것을 잘 알 수 있는 사례이다.

　회화수업의 레벨별 어학능력 테스트(placement test)로 신학기에 면접을 했을 때의 일이다. 담당교사(=저자)가 회화수업의 수강 희망자를 한 명씩 불러서 일대일로 일본어로 대화한다. 그 대화로 수강할 클래스를 정하기 위해서이다.

　그중 한 학생과의 대화는 다음과 같이 시작한다.

　(10)　학생 :「失礼します」(라고 말하면서 교실에 들어온다.)
　　　　교사 :「はい、どうぞ。こちらにお座りください」
　　　　학생 :「あ、すみません」(이라고 말하며 가볍게 목례를 하고 의자

에 앉는다.)

교사 :「ええと，お名前は？」

학생 :「カクと申します。中国からまいりました」

교사 :「あ，中国のカク・シューエンさんですね」(라고, 수강생의 명
단을 확인한다.)

학생 :「はい。そうです。よろしくお願いします」

그런데, 그 다음에 이어지는 대화는 다음과 같은 것이었다.

(11) 교사 :「カクさん、ご出身は中国のどちらですか」

학생 :「そうですねえー，北京です」

「北京です」라고 확실히 대답하고 있으므로 이쪽의 질문은 이해한
것 같다. 그러나, 자신의 출신지를 대답하는 데에 「そうですねえー」라
고 머뭇거리는 것은 매우 부자연스럽게 들린다. 마치 자기가 어디서
태어났는지를 깜빡 잊고 말았다, 혹은 때에 따라 출신지가 변하는 것
같은 인상을 주기 때문이다.

며칠 후에 왜 신학기 면접에서 「そうですねえー，北京です」라고 말
했는지, 본인에게 확인할 수가 있었다. 본인의 설명은 다음과 같은 것
이었다.

(12) 자연스러운 일본어를 사용할 수 있기 위해서는 교과서의 일본어만
이 아니라 보통 일본인이 실제로 사용하는 일본어를 많이 접촉하는
것이 중요하다고 생각한다. 그러므로 시간이 있을 때에는 언제나
일본어 방송을 본다.

TV에서 길거리 인터뷰 등의 장면을 보고 있으면 대부분의 일본인

은마이크를 갖다 대어도 금방 대답하지 않고 대부분 「そうですね
え」라던가 「えーと」라던가 「あのー」 등과 같이 우선 말하고는 시
간을 둔다. 그리고 나서 자기의 의견을 말한다.

　일본어 수업에서는 선생님한테 질문을 받으면 금방 대답을 하지
않으면 안된다. 그러나 실제로는 무엇인가 질문을 받았을 때에는
대답하기 전에 어떠한 말이든 넣어서, 한 박자 쉬고 난 후에 대답
하는 것이 진정한 일본어라고 생각한다. 그러므로 회화수업의 면
접에서도 단순히 「北京です」라고 답하지 않고 그 전에 「そうですね
えー」라고 말하려고 하였다.　　(고바야시미나(小林ミナ) 2007, 43)

　그러나 일본어의 머뭇거림에는 「えーと」「あのー」 등, 다른 것도 있
다. 그래서 이번에는 면접할 때에 「えーと」나 「あのー」가 아니고, 「そ
うですねえー」를 사용한 이유를 물었다. 본인에게서 돌아온 것은 다음
과 같은 대답이었다.

(13) 「そうですねえー」는 「です」가 들어가 있으니까 「あのー」나 「ええ
　　と」보다 정중하다. 면접은 선생님과 이야기하는 것이니까 「あのー」
　　나 「ええと」로는 실례가 되므로 「そうですねえー」를 사용했다.

(고바야시(小林) 2007, 45)

　이 학생은 그저 무턱대고 「そうですねえー」를 사용하고 있었던 것
이 아니었다. 텔레비전 방송을 통해 인풋(input)한 것을 자기 나름대로
분석해서 「そうですねえー」를 '정중하게 말할 때의 머뭇거림'이라고
정립한 것이었다. 이것도 학습자가 자기 주변의 리소스를 받아들여서
머릿속에 자기만의 '문법'을 구축하고 있는 것을 잘 알 수 있는 사례
라 할 수 있다.

Ⅳ 일본어교육에서의 일한대조연구의 새로운 방향성

3절에서는 '학습자가 머릿속에서 독자적으로 만들어 낸 문법'의 일면(一端)을 엿볼 수 있는 세 가지 사례를 소개했다. 이러한 사례에서 확실히 알 수 있는 것은 일본어를 배운다는 것은 교사의 문법 설명이나 교과서의 문법기술을 단순히 암기하는 것이 다인 수동적이고 정적인 과정(運営)이 아니고, 주위의 일본어를 리소스로 받아들이면서 머리 속에서 '일본어의 룰(=문법)을 스스로 구축해 가는 지극히 능동적이고 동적인 과정(運営)이라는 것이다.

그러한 과정(運営)을 지원하는 것이 일본어교육이라고 한다면, 이를 돕는 대조연구는 학습자가 어떠한 일본어 표현과 한국어 표현의 사이에서 혼란을 느끼고, 어떠한 일본어 표현에 대해서 의미나 용법의 파악에 고심 하는가를 밝혀내어, 그것을 연구 대상으로 삼는 것이어야 할 것이다. 그러기 위해서는 '학습자가 머릿속에서 독자적으로 만들어 내는 문법'에 주목하여 그 내면의 실상을 찾아 연구 해야만 한다.

학습자의 머릿속에서 일어나고 있는 일을 알기 위해서는 문장 완성 테스트나 빈칸 채우기 테스트와 같은 실험적인 방법뿐 아니라, 일상적으로 나타나는 자연스러운 학습자의 발화나 오용 등을 꼼꼼히 찾아내는 것이 중요하다. 그리고 이것은 실제로 교육현장에 종사하는 사람들이 아니면 하기 어려운 작업이라고 생각한다. 이러한 시점(視点)에서 대조연구를 지속해 간다면 일본어 학습자의 실력은 더욱 쉽고 더욱 빠르게 향상될 것이다.

▌참고 문헌 ─────────────────────────────────●

井上優(2002)「『言語の対照研究』の役割と意義」『対照研究と日本語教育』国立国
　　　　語研究所, pp.3-20
石綿敏雄, 高田誠(1990)『対照言語学』おうふう
小林ミナ(2007)『外国語として出会う日本語(もっと知りたい！日本語)』岩波書店
小林春美, 佐々木正人(共編)(1997)『こどもたちの言語獲得』大修館書店
築晶子, 大木理恵, 小松由佳(2005)『日本語Ｅメールの書き方』The Japan Times
Selinker, L.(1972) Interlanguage, International Review of Applied Linguistics, 10,
　　　　pp.209-231.

▌감사의 글 ───────────────────────────────●

이 원고의 내용과 한국어 표현을 위해, 일본어 교육 전문가의 시점에서 고바야시
연구실의 세 분께서 많은 조언을 해주셨습니다. 진심으로 감사드립니다. 여러분
은 저의 자랑입니다.

현우진(玄宇珍)님 (와세다대학교 대학원 일본어교육연구과 석사과정)
이토사치코(伊藤沙智子)님 (한국외국어대학교 일본어대학 일본학부, 와세다대학
　　　　교 대학원 일본어교육연구과 박사과정)
요시자와유미(吉澤佑未)님 (호남대학교 일본어학과, 와세다대학교 대학원 일본어
　　　　교육연구과 석사과정 수료)

한국 대학생의 내재적 동기 제고를 위한 교육 개입

다나카 요코 *
홍익대학교 교수

I 머리말

본고는 제2언어습득과정에 있어 교사가 통제할 수 있는 요인 중의 하나가 학습 동기인 점에 착안하여 수업에서 학습자의 내재적 동기를 제고할 수 있는 방법을 제안하고자 한다. 한국은 일본어학습자가 약 96.4만명[1]으로 세계 최대의 학습자를 보유하고 있지만, 한국내의 <학습동기>에 관한 연구는 활발히 진행되고 있지 않다[2]. 일본어 학습동기

---

* 田中洋子 : 弘益大學校
1 국제교류기금HP 『해외 일본어 교육 현황 일본어교육기관조사·2009년개요』(참조 : 2012.1.20)
2 모리야마 신(森山新, 2008)은 선행연구를 기초로 한국의 일본어관련 연구논문수를 정리하였다. 그 중 일본어 교육연구 관련 논문수는 1997년 이후에도 16%~19%에 시나시 않고, 「학습동기」관린 연구는 일본어 교육연구의 4%, 일본어 관린 언

관련 연구의 세계적 추세를 보면, 동기구조를 주제로 한 연구(구라하치 준코(倉八順子, 1992), 다카기시 마사코(高岸雅子, 2000), 오오니시 유미(大西由実, 2010))나 동기에 대한 개인차 요인과 관련성에 대한 연구(누이베 요시노리 외(縫部義憲他, 1995), 나리타 다카히로(成田高宏, 1998), 가쿠슌카이·오오키타 요코(郭俊海·大北葉子, 2001))가 대부분을 차지하고 있고 이들 연구는 동기의 구성개념에 대한 검토에 초점을 맞추고 있다. 또한 실제 수업을 진행하는 교사는 <학습동기를 높일 수 있는 실천적인 방안>에 대한 관심은 높으나, 매일 진행되는 수업에서 시행착오를 반복하고 있다. 그러나 동기 관련 실천적인 방안에 대한 연구는 거의 진행되고 있지 않은 것으로 판단된다. 따라서 실제 교육 현장에서 학습동기를 제고할 수 있는 실천적인 연구가 필요하다.

　다나카 요코(田中洋子, 2010 ; 2011)는 한국 대학생의 학습동기와 성적, 학습기간 관련 요인을 검토하여 내재적 동기, 자존심, 타인과의 관련성이 동기유발과 관련되어 있음을 지적하였다. 따라서 이러한 지적으로부터 학습동기 제고 방안을 제안하기 위해, 본고에서는 「자기결정이론」(Deci & Ryan, 1985, 2000)을 이론적 기반으로 선택하여 그룹활동을 병행한 수업을 진행하며 이 그룹활동 전후의 동기촉진효과를 검증하고 동기촉진효과에 영향을 미치는 요인을 명확히 하고자 한다. 보다 더 구체적인 목적은 아래와 같다. 첫째, 그룹활동은 한국대학생 일본어 학습자의 내재적 동기를 제고할 수 있는지 여부. 둘째, 기본적인 심리적 욕구(자율성 욕구, 유능성 욕구, 관계성 욕구)[3]중, 일본어학습에 대한 동기촉진에 가장 많이 공헌하는 요인을 특정하는 것, 이 두 가지 목적은 전체 경향과 개인차 경향에 따라 분류한 그룹별 시점으로 분석하여 검증한다.

　구 논문 전체의 0.7% 수준이었다.
3　이하 3욕구라 한다.

Ⅱ 그룹활동과 자기결정이론

Deci & Ryan에 의한 자기결정이론에서는 학습자의 3욕구를 충족시키는 것에 의해 내재적 동기를 제고 할 수 있다고 기술하고 있다. 본고에서는 3욕구를 충족시키는 수업활동의 일례로서 <한국과 일본의 문화차이>에 대하여 그룹발표를 진행하여 그 효과를 검증하였다. 발표 주제를 <한국과 일본의 문화차이>로 정한 것은 문화차이를 조사하는 것에 의해 일본문화에 흥미를 갖게 되고 일본어 학습에도 더 집중할 수 있을 것이라는 판단 때문이다. 또, 문화라는 주제에 대해 특정하는 것은 식생활이나 대학생활 등 대학생들에게 친숙한 화제를 선택할 수도 있고, 그룹 구성원들도 적극적으로 참여할 수 있다고 판단하였기 때문이다. 그룹 활동은 학습자가 그룹으로 협력하며 수업 발표 주제를 결정, 조사, 자료수집 등을 행하여 발표 자료를 작성하여 최종적으로 발표하는 것으로 하였다.

그룹활동과 자기결정이론 3욕구에 대한 연관성은 아래와 같다. 자기결정이론에서는 외재적 동기와 내재적 동기가 대립하는 것이 아니고 연속하는 것으로 인식하고 있다. 외재적 동기가 자율적 동기 속, 내재적 동기로 변화해 가는 과정에 의해 자기결정적 행동을 할 수 있게 되는 것이다. 여기서 중요한 점은 자율적 동기를 갖게 하는 것이며, 그 동기를 제고하는 것이다. 그렇다면, 어떠한 방법으로 자율적인 동기를 갖게 할 것인지, 이 문제에 대한 해결 개념이 3욕구인 것이다. 자기결정이론에서 인간은 본래 적극적이며 능동적인 존재로 인식하며 자기 자신의 성장과 발달을 추구하는 지향성이 있다고 한다. 이러한 인간의 특징을 기초로 하여 자율성 욕구, 유능성 욕구, 관계성 욕구가 가정되고, 이 3욕구를 충족시키면 보다 자율적인 동기를 갖게 된다고 한다.

자율성 욕구는 자신의 행동을 자신이 결정하고자 하는 욕구이다. 자

율성 욕구를 충족시키기 위해 자기결정이 충분히 이루어 질 수 있는
자율성 지원이 필요하다. 그래서, 그룹활동에서는 발표 주제의 설정,
그룹 내 역할분담 결정, 그룹활동의 학습계획 등은 학습자들 스스로
결정하게 한다. 교사는 수업계획에 조언을 하지만 학습자의 선택을 최
대한 존중한다.

유능성 욕구는 주위 환경이나 타인과의 관계를 유지해 가는 과정에서
자기자신의 유능성을 확인하고자 하는 욕구이다. 유능성을 확인하기 위
해서는 무엇인가를 도전하여 성공하는 것이 필요하다. 성공을 위해서는
유능성을 얻을 수 있는 적절한 난이도 과제를 설정하여 대처하게 하여
야 한다. 교사는 그룹활동 속에서 학습의 원활한 진행을 위해 적절한 조
언을 제공하고 발표 후에는 발표를 들은 학습자들 피드백을 제공한다.

관계성 욕구는 타인과의 관계와 결속을 유지하고자 하는 욕구이다.
그룹 내에서 공통의 목표를 위해 서로 협력하고 노력하는 것에 의해
관계성 욕구를 충족시킬 수 있다.

이상의 내용으로 그룹 활동은 학습자의 3욕구를 충족시키고 내재적
동기를 제고할 수 있는 학습 활동으로 제안하고자 한다.

Ⅲ 그룹활동의 조사 개요

1. 조사협력자 및 조사시기

2회에 걸친 설문조사에 응답한 실험군 조사 협력자는 한국의 4년제
대학교 일반교양과정 일본어를 선택한 1~4학년생 38명[4] (남자12명, 여

---

4 설문조사를 2회에 걸쳐 수업시간에 하였고 어느 한 수업을 결석한 경우에는 분석
   대상에서 제외하였다. 실험군은 3명, 통제군은 13명이 제외되었다.

자26명)이다. 이중 일본 여행경험자는 17명(44.7%), 일본어 학습 수준은『민나노日本語初級Ⅰ』⁵를 학습 중에 있다. 또한 통제군으로서 그룹활동을 병행하지 않은 동일한 학습수준의 32명의 조사협력자(남자11명, 여자21명: 일본여행 경험자 13명 40.6%: 담당교사는 3명)가 있다. 조사 시기는 2011년 1학기이다.

2. 조사방법

그룹활동을 병행한 일본어 수업을 전체 12주의 실질수업 중 후반 6주간을 사용하여 실시하였다. 후반 6주간에 설정한 것은 학기 초에는 과목에 대한 신기성에 의해 학습자가 의욕적으로 학습에 임하는 즉 <초기효과>의 가능성이 있기 때문이다. 그룹활동은 학기 후반 6주간 중 최초 4주간을 준비기간, 5주차를 발표일로 정하였다. 마지막 6주차에는 발표그룹에게 피드백을 제공하고 그룹활동에 대한 소감을 자유기술 형식으로 수집하였다.

그룹활동 이전 시점과 활동 6주차에 설문지에 의한 동기<표1 : 항목 1~17>, 및 자기결정이론의 3욕구<표 1 : 항목18~29>를 측정하였다. 설문지항목의 작성은 다나카 히로아키·히로모리 토모히토(田中博晃·廣森友人, 2007)를 참고로 하여 한국어로 작성하였다. 동기에 관해서는 외재적 동기(외적 조정, 주입 조정, 동일시 조정)을 각 4항목, 내재적 동기를 5항목으로 7점 척도 (7점이면「매우 그렇게 생각한다」, 1점이면「전혀 그렇지 않다」)를 사용하여 측정하였다. 신뢰성계수는 외적 조정α=.55, 주입 조정α=.70, 동일시 조정α=.82, 내재적 동기α=.88 이었다. 3욕구에 관해서는 자율성α=.79, 유능성α=.93, 관계성α=.88 이고 설문지 전체 신뢰성 계수는 α=.90 이었다.

---

5 『민나노日本語初級Ⅰ』스리에 네트워크 /『민나노日本語』초급1/초급2 시사일본사발행 한국어판을 사용함.

〈표 1〉 일본어 학습자 진단설문지

	외재적 동기(외적 조정)
1	졸업에 필요한 과목이다.
2	장래, 좋은 직장에서 근무하고 싶다.
3	중간, 기말고사에서 좋은 성적을 받고 싶다.
4	JLPT 또는 JPT 등의 일본어 자격시험에 필요하다.
	외재적 동기 (주입 조정)
5	일본어를 알지 못할 경우, 나중에 곤란한 경우가 생길 것 같다.
6	일본어 회화를 잘하면 왠지 멋있을 것 같다. (수업 외)
7	일본어를 잘 쓸 수 있으면 왠지 멋있을 것 같다.(메일, 메모 등)
8	일본어를 하지 못하면 왠지 불안하다.
	외재적 동기(동일시 조정)
9	나 자신의 장래를 위해서는 일본어가 중요하다.
10	일본어를 잘 할 수 있는 사람이 되고 싶다.
11	일본어 회화나 작문을 익히는 것이 자신에게 필요하다.
12	일본어를 공부하는 것은 자신의 성장에 도움이 된다.
	내재적 동기
13	일본어를 공부하면 새로운 발견이 있다. (ex.어휘(돈까쓰), 문화적인 면 등)
14	일본어를 공부하면서 새로운 지식을 얻는 것이 기쁘다.
15	일본인이나 일본인의 생활을 알아가는 것이 즐겁다.
16	일본어를 잘 할 수 있게 되면 새로운 자기자신을 발견할 수 있을 것 같다.(ex.성격이나 행동 등)
17	일본어 학습을 계속하면, 지금까지 들리지 않았던 단어나 표현을 알게 되는 것이 기쁘다. (ex.드라마나 음악을 들을 때)
	자율성 욕구
18	이 수업은 수업의 진행방식, 내용에 관하여 어느정도 선택의 자유가 있다.
19	이 수업에서는 교사가 학생들의 의견을 존중해 준다.
20	이 수업은 수업방식에 관한 학생들의 의견을 교사에게 전달할 수 있는 기회가 있다.
21	이 수업에서는 수업에 대한 부담이나 스트레스를 느끼지 않는다.
	유능성 욕구
22	이 수업에서는 "해냈다"라는 달성감을 느낄 수 있다.
23	이 수업에서는 교사 또는 학급 친구들에게 인정받거나 좋은 평가를 받을 수 있다고 생각한다.
24	이 수업에서는 노력에 대한 만족감을 얻을 수 있다.
25	이 수업에서는 자신의 노력에 대한 성취감을 얻을 수 있는 기회가 있다.
	관계성 욕구
26	이 수업에서는 학습동료들과 사이좋게 지낼 수 있다.
27	이 수업은 그룹활동, 짝 활동 등에서 서로 협조적인 분위기다.
28	이 수업은 화기애애한 분위기가 있다.
29	이 수업은 학생들간에 서로 배우고자 하는 적극적인 학습열기가 있다.

설문조사를 통해 얻어진 양적 데이터에 대해서는 SPSS 17.0 for windows를 이용하여 기술통계량, 상관계수의 산출, 대응표본 t검정을 시행하였고 통제군에 대해서도 동일한 분석을 시행하였다. 또한, 분석 시 개인차를 고려한 검증을 위해 내재적 동기 향상에 대해 상승군, 무변화군, 하락군의 3군으로 분류하여, 어떤 욕구가 내재적 동기 향상에 중요하게 작용하는지를 검토하였다.

또한, 그룹활동에 대한 학습자의 동기 상태를 자세하게 파악하기 위해 그룹활동의 소감을 자유기술형식의 설문조사를 행하였다. 이 조사로부터 얻어진 질적 데이터는 카테고리 별로 분류하여 양적인 분석을 행하였다. 카테고리는 자기결정이론의 <자율성>, <유능성>, <관계성>이며, 이 3개의 카테고리에 속하지 않은 기술은 새로운 카테고리로 작성하였다.

3. 실험수업의 전개

실험수업은 모두 해당수업을 담당하고 있는 한명의 교사에 의해 행해졌다. 그룹활동의 발표준비에는 최초4주간의 매 수업 중 15분 정도를 배분하였다. 제1주차에는 그룹 구성원과 그룹 리더, 발표 주제를 결정하였다. 그룹편성은 수업시간 외에 별도의 준비시간이 필요하기 때문에 가능한 한 동일학과의 학생들 중심으로 3~4명의 인원으로 편성하였다. 또한 학습자 자신들이 그룹의 의사결정을 적극적으로 할 수 있는 환경을 만들어 주기 위해, 각 그룹의 리더에게 그룹활동의 결과를 정리하여 교사에게 전달하도록 하였다. 각 그룹들이 결정한 주제는 아래 <표 2>와 같다.

<표 2> 각 그룹별 발표 주제

발표 주제	그룹 수
일본과 한국의 술 문화 비교	2
한국과 일본의 식사 예절 차이	1
한국과 일본의 명절	1
일본과 한국의 주거생활의 문화 비교	1
일본과 한국의 건축문화 비교	1
일본과 한국의 학교생활	1
한국과 일본의 교통수단(자전거 위주)차이	1
한국과 일본의 게임문화 차이	1
음식점 이용 방법	1
일본의 대중문화-영상물/술 문화/일상생활-	1
한류드라마 VS 일본드라마	1

제2주차에는 주제에 따라 목차 및 각자의 역할을 결정하고 자료를 찾는 방법, 범위 등을 협의하였다. 제3~4주차에는 자료를 취합하고 발표 개요를 작성하였다. 한국, 일본의 상황 등은 통계자료를 찾아 객관적인 비교가 될 수 있도록 조언하였다.

제5주차에는 학습자 전원이 그룹 당 10분 정도의 발표를 행하였다. 발표는 도입과 마지막 정리 인사만 일본어로 하고 학습자의 일본어 능력을 고려하여 한국어로 행하였다. 일본어로 발표할 경우, 제한된 어휘와 문형표현 등으로 조사결과가 충분히 전달되지 않을 수 있기 때문이었다. 또한, 발표를 듣는 입장에서도 발표에 대한 집중도 및 이해도가 떨어질 수 있기 때문이다. 그룹 발표 완료 후에는 발표를 들은 학습자들은 각자 발표를 통해 알게 된 점, 좋았던 점, 개선점 등을 코멘트 카드에 기입하게 하여 발표에 집중하도록 하였다. 제6주차에는 코멘트 카드를 발표그룹에게 전달하고 그룹활동의 소감을 묻는 자유기술형식의 설문조사를 행하였다.

Ⅳ 결과와 고찰

1. 전체 경향의 그룹활동 효과

그룹활동 실험 전/후에 실험군의 동기 평균치의 변화와 t검정 결과를 <표 3>, 평균치 변화를 <그림 1>에 나타냈다. 사전 측정에서 사후 측정에 걸쳐 내재적 동기의 상승은 보여지지 않고 거의 변화가 없었다 (-0.05). 그러나 내재적 동기의 평균치가 가장 높고 다음으로 동일시 조정, 외적 조정, 주입 조정의 순으로 나타났다. 즉, 내재적 동기 경향을 보유하고 학습하는 집단인 것을 알 수 있다.

〈표 3〉 실험군의 동기 평균치와 대응표본 t검정 결과 (괄호는 표준편차)

	M(SD)			t (37)	
	사전	사후	변화량	t	p
외적 조점	5.21 (0.95)	5.27 (0.86)	+0.06	0.50	.62
주입 조정	4.64 (0.93)	4.53 (0.91)	-0.11	0.78	.44
동일시 조정	5.52 (0.86)	5.36 (0.93)	-0.16	1.26	.21
내재적 동기	5.67 (0.78)	5.62 (0.74)	-0.05	0.51	.61

※ 유의수준 5%인 양측검정

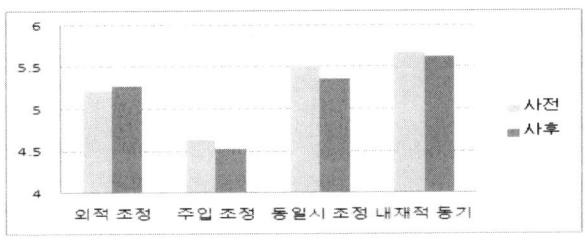

〈그림 1〉 실험군 동기 변화

마찬가지로 통제군의 동기 평균치 변화와 t검정 결과를 <표 4>, 평
균치 변화를 <그림 2>에 나타냈다. 통제군도 내재적 동기의 상승이
보여지지 않고 변화가 없었다 (-0.01). 그리고 내재적 동기가 가장 높
고 이하 실험군과 동일한 결과를 보였다. 실험군과 유사한 그룹인 것
이다.

〈표 4〉 통제군의 동기 평균치와 대응표본 t검정 결과 (괄호안은 표준편차)

	M(SD)			t(31)	
	사전	사후	변화량	t	p
외적 조점	4.98 (0.97)	5.19 (0.80)	+0.21	1.72	.10
주입 조정	4.20 (0.91)	4.47 (1.04)	+0.27	1.60	.12
동일시 조정	5.45 (1.08)	5.34 (0.99)	-0.11	0.74	.46
내재적 동기	5.58 (0.85)	5.57 (0.78)	-0.01	0.10	.92

※ 유의수준 5%인 양측검정

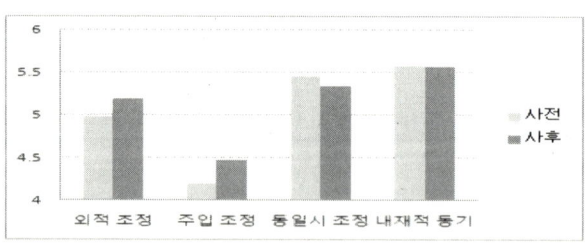

〈그림 2〉 통제군 동기 변화

전체경향의 시점으로 실험군 전체에서 그룹활동 시행 후의 내재적
동기의 변동을 검토한 결과, 그룹 활동은 <내재적 동기>를 제고할 수
는 없었다. 이 결과의 배경으로서 두 가지의 가능성을 생각해 볼 수

있다. 첫째, 조사를 2회에 걸쳐 하였으며, 조사에 모두 참여한 조사협력자들은 학습의욕이 높았었다고 판단된다. 또한, 그룹 활동 이전 수업에서 페어 워크나 그룹 활동을 하였기 때문에 사전 조사 시점에서 이미 내재적 동기가 충분히 높았다고 판단되며 천장효과의 가능성도 있다. 둘째, 동기 변동에 개인차가 있고, 그룹 활동에 의해 동기가 높아진 조사협력자와 동기의 변화가 없는 조사협력자가 혼재하였기 때문에 전체적인 변화가 없었을 것으로도 보여진다.

다음으로, 제2의 목적 <3욕구 중에 일본어학습에 대한 내재적 동기 촉진에 가장 공헌한 요인을 특정한다>를 위해서 그룹활동 실험 전/후에 3욕구의 동기를 검토하였다. 실험군의 기술통계를 검토한 결과, 3욕구가 모두 상승한 것을 확인하였다. 따라서 유의수준5%인 대응표본*t*검정 결과, 유능성 욕구 상승과 관계성 욕구 상승은 유의차를 보였다. (*t*(37)=2.307, *p*<.05), (*t*(37)=2.013, *p*<.05). 자율성 욕구에서는 유의차를 보이지 않았다(*t*(37)=1.403,*n.s.*)<표 5 / 그림 3>.

〈표 5〉 실험군 3욕구 평균치와 대응표본 *t* 검정 결과 (괄호안은 표준편차)

	M(SD)			t (37)	
	사전	사후	변화량	t	p
자율성 욕구	5.67 (0.85)	5.82 (0.61)	+0.15	1.40	.17
유능성 욕구	5.39 (1.07)	5.70 (0.67)	+0.31	2.31	.03
관계성 욕구	5.68 (0.95)	5.93 (0.69)	+0.25	2.01	.05

※ 유의수준 5%인 양측검정

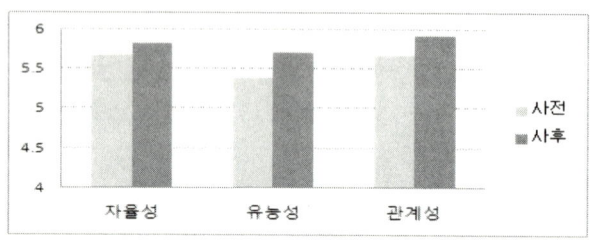

〈그림 3〉 실험군 3욕구 변화

통제군의 3욕구 변동을 검토한 결과, 마찬가지로 3욕구가 모두 상승하였지만, 유의수준5%인 대응표본 *t*검정 결과, 유의차를 보이지 않았다<표 6><그림 4>.

〈표 6〉 통제군 3욕구 평균치와 대응표본 *t* 검정 결과(괄호안은 표준편차)

	M(SD)			t (31)	
	사전	사후	변화량	t	p
자율성 욕구	5.24	5.30	+0.06	0.40	.69
	(0.70)	(0.83)			
유능성 욕구	5.25	5.27	+0.02	0.20	.84
	(0.90)	(0.85)			
관계성 욕구	5.05	5.20	+0.15	1.32	.20
	(0.85)	(0.85)			

※ 유의수준 5%인 양측검정

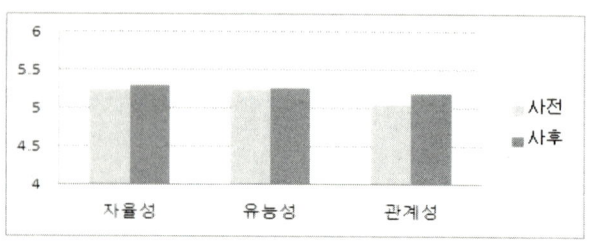

〈그림 4〉 통제군 3욕구 변화

위와 같이 3욕구 측정에 있어 실험군에서는 유능성 욕구와 관계성 욕구를 충족하였지만 자율성 욕구는 충족하지 못했다.

다음으로 내재적동기와 관련성이 높은 요인을 특정하기 위해 내재적 동기 변동과 3욕구 변동 간의 상관계수를 검토하였다<표 7>. 그 결과, 유능성 (r=.42)이 내재적 동기 상승과 연관이 높은 것으로 나타났다. 이 결과로부터 실험군 전체를 감안할 경우, 내재적 동기 촉진에는 유능성이 가장 큰 역할을 하고 있다고 보여진다.

〈표 7〉 내재적 동기 변동과 3욕구 상관계수

	내재적 변동	자율성 변동	유능성 변동	간계성 변동
내재적 변동	-			
자율성 변동	.19	-		
유능성 변동	.42**	.54**	-	
간계성 변동	.29	.49**	.34*	-

※ *는 5% 수준의 유의, **는 1% 수준의 유의

자율성 욕구에 관해시는 문화차이의 영향을 시사한 Iyenger & Lepper (1999)연구가 있다. 대상은 샌프란시스코 초등학교의 7~9세까지의 아시아계와 유럽계 아동들이었다. 과제를 부여한 경우의 동기와 성적을 비교한 결과, 유럽계 아동들은 자기선택조건에서만 동기가 높았고, 아시아계 아동들은 자기선택조건에서도 동기가 높았고 부모가 과제를 선택하는 조건의 경우에 가장 높았다. 성적도 동일한 경향을 보여, 유럽계 아동들은 자기선택조건에서 성적이 가장 좋았고, 아시아계 아동은 부모선택 조건에서 성적이 가장 좋았다. 아시아계 아동에 있어, 부모와 같이 중요한 제3자가 동기에 미치는 역할이 유럽계 아동들보다 비교적 높음을 보여주고 있다. 즉, 아시아계 아동들은 자신이 자기결

정 상황에 놓이는 것 보다도, 부모, 교사 등의 신뢰할 수 있는 제3자에 의한 지도가 내재적 동기에 효과를 내고 있는 것이다. 이 연구대상은 아동이지만 문화영향의 차이가 동기 촉진 과정에 있어 자율성이 중심적 역할을 수행하지 않는 가능성을 시사하고 있다. 본조사에서도 유능성 욕구가 중심으로 문화차이의 중요성이 제시되었다. 또한, 그룹활동을 도입하지 않은 통제군은 모든 욕구를 충족하지 않았기 때문에 후반 5주간의 교육개입에 의해 유능성과 관계성 욕구를 충족시킨 점에서 그룹활동이 동기를 높이는 방안으로서 일정 효과가 있다고 할 수 있다.

2. 개인차 경향에 따른 3욕구 변화

3욕구가 내재적 동기에 어느 정도 관련이 있는지에 대해 개인차로부터 파악하기 위해 내재적 동기가 상승한 학습자군(이하 상승군), 변화가 없었던 학습자군(이하 무변화군), 하락한 학습자군(이하 하락군)으로 분류하였다<표 8>. 상승군은 변화량이 +0.57, 하락군은 변화량이 -0.58이며, 그룹활동에 의해 동기가 상승한 조사협력자와 그렇지 않은 조사협력자가 혼재하기 때문에 전체적으로는 무변화로 보여지는 것을 알 수 있다. 단, 하락군은 사전 측정 시점에서 높은 내재적 동기를 보였기 때문에(M=5.96) 그룹활동에 의한 내재적 동기가 하락했다고 하기 보다는 초기효과의 가능성으로 보여진다.

우선, 상승군, 무변화군, 하락군의 3욕구 평균치 변동을 검토하였다. 그 결과, 그룹활동을 통해 3욕구가 높아졌고 특히, 하락군은 내재적 동기가 감소했음에도 3욕구가 상승하였다. 그리고, <표 8>과 같이 윌콕슨 부호순위검증[6]에 의하면, 상승군에 있어 유능성 욕구와 관계성

---

6 미우라 쇼고(三浦省吾監修, 2004:53-59)는 윌콕슨 부호순위검증에 대해서 「조사

욕구의 상승이 유의차를 보였고 하락군에서는 유의차를 보이지 않았다. 무변화군은 내재적 동기가 변화하지 않음과 동시에 3욕구도 거의 변하지 않았다.

〈표 8〉 실험3군의 3욕구 기술통계량 변동과 부호순위검증 결과

	상승군 N=14			무변화군 N=7			하락군 N=17		
	사전/사후 SD	변화량	z값 p값	사전/사후 SD	변화량	z값 p값	사전/사후 SD	변화량	z값 p값
내	5.33/5.90	+0.57	3.32	5.63/5.63	0.00	0.00	5.96/5.38	-0.58	3.66
재	0.57/0.50		.00	0.98/0.98		1.00	0.76/0.75		.00
자	5.34/5.57	+0.23	1.52	6.00/5.89	-0.11	0.41	5.81/5.99	+0.18	0.72
율	0.82/0.59		.13	0.50/0.72		.68	0.94/0.54		.47
유	5.09/5.64	+0.55	2.72	5.50/5.57	+0.07	0.41	5.59/5.81	+0.22	0.76
능	1.09/0.66		.01	1.01/0.87		.68	1.09/0.62		.45
관	5.55/6.05	+0.50	2.57	5.96/5.96	0.00	0.27	5.68/5.81	+0.13	0.44
계	0.96/0.73		.01	0.91/0.73		.79	0.99/0.65		.66

마찬가지로 통제군 중 내재적 동기가 상승한 그룹에 대해서 3욕구 변동을 윌콕슨 부호순위검증에 의한 검토 결과, 3욕구의 유의차를 보이지 않았다〈표 9〉.

대상자에 대해서 2회의 측정을 하여, 각 측정결과가 대응하는 경우 구체적으로 2회 측정에 관련된 표본차를 검정하는 경우 윌콕슨 부호순위검증이라 불리는 Non Parametric 검정을 이용한다. Non Parametric 검정에서는 데이터 분포에 대해서 가성을 세우지 않기 때문에 정규분포를 전제하지 않는 경우나, 소수인원의 검정을 하는 경우에 적용 할 수 있는 방법이다」라고 기술하고 있다.

〈표 9〉 통제군 중 상승군 3욕구 평균치 변동

| | 상승군 *N*=10 | | | |
	사전/사후 (SD)	변화량	*z* 값	*p* 값
내재적 동기	5.06/5.82	+0.76	2.81	.01
	(0.73/0.64)			
자율성 욕구	5.18/5.20	+0.02	0.17	.86
	(0.46/0.72)			
유능성 욕구	5.23/5.38	+0.15	0.85	.39
	(0.70/0.93)			
관계성 욕구	4.95/4.88	-0.07	0.32	.75
	(0.73/0.86)			

개인차를 고려한 각 군별 관점에서 내재적 동기 변화에 따라 실험군을 <상승군>, <무변화군>, <하락군>으로 나누어 그룹활동 효과를 검증한 결과, 그룹 활동에 의해 내재적 동기가 높아진 것은 사전측정에서 비교적 동기가 낮은 조사협력자(상승군)이고 그룹활동에 의한 유의미한 상승이 확인 되었다. 이 상승군에 있어 그룹활동의 어떠한 측면이 내재적 동기 촉진에 영향을 미쳤는지, 각 군의 3욕구 충족도와 내재적 동기 상승의 관련을 착안하여 유능성과 관계성 욕구가 내재적 동기 상승에 관련되었다는 것을 알 수 있다. 그룹 활동이라는 개입을 행하지 않은 통제군의 내재적 동기 상승군은 어떠한 욕구도 충족되지 않았기 때문에 그룹 활동은 비교적 내재적 동기가 낮은 집단에서 효과적이라고 할 수 있다.

3. 질적 데이터 검토

본고의 두 번째 목적을 질적 데이터로부터 검토하기 위해 학습자 자신이 그룹활동에 대해서 어떻게 생각하고 있는지를 카테고리별로

분류, 기술 출현 빈도를 산출하였다. 상승군, 무변화군, 하락군의 각
카테고리 빈도는 <그림 9>와 같다.

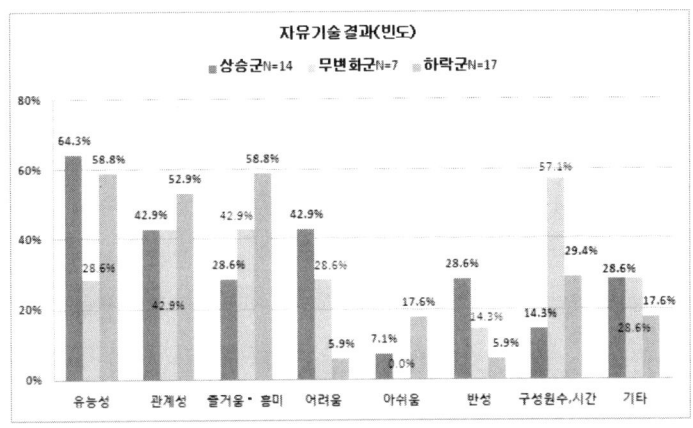

<그림 9> 군별 자유기술 분류 결과

　질적 데이터를 검토한 결과, 자율성 욕구 충족에 관련된 기술은 보
여지지 않았다. 그 원인으로는 주제, 목차, 원고 등의 제출기한을 교사
가 매 시간마다 결정함으로써 학습지의 행동이 제출기한에 의해 제한
되어 자율성을 느끼지 못했을 가능성이 있다. 어떠한 제한을 두지 않
아도 학습자 자신이 선택하고 행동 할 수 있게 활동의 중요성을 인정
해 주는 자율성 지원이 과제인 것이다. 「여러가지 주제를 놓고 저희가
제비 뽑기를 해서 정하면 좋겠습니다.(무변화군)」라는 자율성을 포기
하는 기술도 있었다. 몇 가지의 학습 방법을 제시하고 그 중에서 자유
롭게 선택 할 수 있도록 하는 것이 자율성 지원의 일종이지만, 「제비
뽑기로 결정한다」라는 것은 선택 조건에 대한 행동 결정이 아니다.
Iyenger & Lepper(1999)이 지적한 바와 같이, 서양문화에서는 통상
<선택을 한다>는 것이 선호되지만 비서양 문화의 경우, 때로는 <선택

받는다>라는 것이 선호되어 진다는 점을 뒷받침 하고 있는 것이다.

<유능성>으로 분류 되어진 기술의 출현빈도는 상승군(64.3%)이 하락군(58.8%)보다 조금 높았다.「일본과 한국의 차이점이 많다는 사실은 알고 있었지만 자세하게 생각해본 적이 없었는데 이번 기회에 한 분야이지만 자세하게 살펴볼 수 있어 좋았고 일본을 문화적으로 좀 더 알수 있는 계기가 되었다.(하락군)」고, 실제 일본문화를 스스로 학습 함으로써 만족하는 모습도 보여졌다.

<관계성>으로 분류 되어진 기술은 하락군(52.9%)이 상승군(42.9%)보다 높게 나왔다. 교양과목의 특성상, 학생간의 교류가 많지 않은 것이 보통이지만, 타학과 학생과의 협동작업을 통해 관계가 좋아졌으며, 수업에도 좋은 영향을 미쳤다고 생각 되어진다.「같은 그룹 학생들과 친해 질 수 있어 좋았다. 발표를 중간고사 즈음에 했다면 좀 더 친해져서 일본어 공부하는데 있어 서로 도움을 주고 받을 수 있었을 텐데...아쉽다.(상승군)」와 같이 관계가 좋아질 경우 학습에도 좋은 영향을 미쳐 학습성과도 좋아질 것이다.

일본어 공부를 하면서 일본문화에 대한 지식이 증가하고 학습성과에 유능감을 느끼고, 그룹 구성원들과 친해질 기회가 되어서 좋았다라는 관계성은 3군 모두 인정하였다. 3욕구로 분류되지 않은 기술은 별도의 카테고리로 작성하였다. <즐거움·흥미>는 내재적 동기에 관련하는 카테고리이다.「다른 그룹이 발표한 PPT를 보고 더 다양한 것을 흥미롭게 알 수 있어서 뜻 깊었다.(하락군)」와 같이 하락군의 반수 이상이 <즐거움·흥미> 를 언급하여 데이터 분석과 상이한 결과를 보였다. 발표단계에서의 <어려움>, 예를 들어「전공의 특성상 시간이 충분하지 않아서 조금 힘들게 준비했다.(싱승군)」나, 준비를 잘하지 못한 것을 반성하는 의견 예를 들면, 「준비하는 기간은 충분해서 조사 할 수 있는 시간이 많았지만, 주제의 너무 겉부분만 조사한 것 같다는 생각

이 들었어요. 주제를 더 구체적으로 선택해야 할 것 같아요.(상승군)」
와 같은 의견은 상승군에서 많이 보여졌고, 하락군은 발표를 좀더 하
고 싶었지만 시간이 부족했었던 점이나, 일본어 사용시 추가점수를 요
청한 <아쉬움>을 들고 있다. 이러한 점으로부터 하락군은 2회차 설문
조사 시점에서 내재적 동기 평균치가 하락하였지만 내재적 동기는 충
분히 발현되었던 그룹이라고 할 수 있다.

  그러나, 그룹활동의 문제점을 지적한 기술도 있었다. 준비기간에 있
어 관계성 욕구 및 기타 욕구가 충족되어 결과적으로 학습의욕이 제고
되었다는 평가도 할 수 있지만「일본어 실력을 확인하거나, 학습 방법
제시가 없어 아쉬웠다.(상승군)」등의 일본어 능력 향상이라는 측면에
서는 문제점이 제기 되었다. 초급학습자이지만 일본어 능력 향상을
체감할 수 있는 발표방법 모색이 과제로 남았다. 발표를 듣는 측의 일
본어능력이 가장 큰 문제이지만 일본어 발표를 2회에 나누어 1차 발
표 후 피드백을 제공하고 다시 2차 발표를 하는 방법에 대한 효과 등
을 검증하고 싶다. 문화차이를 인식하는 것이 학습의욕 제고에 영향을
미친다는 것은 의심의 여지가 없지만, 초급학습과정에서 언어 향상 가
능성도 배제해서는 안 된다는 것이다.

Ⅴ 맺음말

  본고에서 그룹활동은 일본어학습에 대한 내재적 동기를 향상 시킬
수 있는가? 또, 3욕구 중에서 일본어 학습의 내재적 동기 촉진에 가장
많이 기여하는 요인을 측정하는 것을 전체 경향과 개인차를 고려한 각
군의 두 가지 시점에서 검토하였다. 그 결과를 정리하면 아래와 같다.
  첫째, 그룹활동은 전체의 내재적 동기를 높이지 못했다. 그 원인으

로서는 동기 변동에는 개인간 차이가 있고, 내재적 동기가 상승한 학습자군, 변화가 없었던 학습자군, 하락한 학습자군이 있어 전체적으로 보면 변화가 없는 것으로 보여졌다고 판단된다.

둘째, 그룹활동은 조사협력자 실험군의 <유능성>과 <관계성>의 욕구를 충족한다. 특히 <유능성>욕구가 내재적 동기와 관련이 높다는 것이 명확해졌다. 그룹활동을 경험하지 않은 통제군에서는 내재적 동기가 상승한 그룹에서도 3욕구가 상승하지 않았기 때문에 그룹활동에 의해 유능성과 관계성의 욕구가 충족되었다는 결론을 내릴 수가 있다.

셋째, <자율성 욕구>에 대해서는 내재적 동기를 촉진하는 요인으로서 인정되지 않았으며 자기결정이론의 전제인 3욕구가 내재적 동기를 향상시킨다는 점은 본 조사에서는 검증되지 않았다. 자기결정이론에 의하면 자율성 욕구가 충족되지 않으면 유능성, 관계성 욕구가 충족되어도 내재적 동기가 촉진되지 않는다고 한다. 그러나 본 조사 결과, 자율성 욕구가 충족되지 않아도 유능성 욕구나 관계성 욕구가 내재적 동기에 영향을 미치는 것으로 나타났다. 이와 같이 서양에서 발달한 자기결정이론은 한국 학습자에 있어 욕구 역할과 중요성이 상이하다는 것이 명확해 졌으며, 문화차이가 영향을 미치는 것으로 시사되었다.

본고에서 그룹활동은 한국 대학생의 유능성과 관계성 욕구를 충족시키고 내재적 동기를 향상시키고자 하는 점에서 효과적인 수업활동의 하나로 제안 할 수 있다. 그리고 학습을 지원하는 교사에게는 학습자의 내재적 동기를 향상시키기 위해 수업 중에 유능성과 관계성 욕구를 충족시키는 배려가 요구되어진다. 즉, <잘했다>나 <노력했다>등의 학습자들이 달성감이나 만족감을 얻고 자신감을 통해 유능감을 충족시키는 대응이 중요하다.

단, 실험군에 있어 유능성과 관계성 욕구의 충족은 그룹활동 이외 요인에서도 가능성을 찾을 수 있다. 교실 내에서 작용하는 요인은 매

우 다양하며 상호 영향을 미치고 있기 때문에 그 중 하나의 요인에 대한 영향을 조사하는 것은 곤란하며, 교육 개입 이외의 요인이 작용하는 가능성도 배제할 수 없다. 향후 과제로서 교사의 태도나 지도법도 학습자의 동기에 영향을 미치는 것으로 여겨지고 있기 때문에 많은 교사들의 협조를 얻어 조사를 진행하고자 한다. 또 유능성과 관계성 욕구를 충족시키는 그룹활동 이외의 방안을 구체적으로 제안하고자 한다.

┃ 참고 문헌

安藤史高·岡田涼(2007)「自律を支える人間関係」中谷素之編『学ぶ意欲を育てる 人間関係づくり－動機づけの教育心理学』金子書房, pp.35-55

大西由実(2010)「ウクライナにおける大学生の日本語学習動機」『日本語教育』147 号 日本語教育学会, pp.82-96

郭俊海·大北葉子(2001)「シンガポール華人大学生の日本語学習の動機づけについ て」『日本語教育』110号 日本語教育学会, pp.130-139

倉八順子(1992)「日本語学習者の動機に関する調査-動機と文化的背景の関連-」『日 本語教育』77号 日本語教育学会, pp.129 141

高岸雅子(2000)「留学経験が日本語学習動機におよぼす影響－米国人短期留学生 の場合－」『日本語教育』105号 日本語教育学会, pp.101-110

田中博晃·廣森友人(2007)「英語学習者の内発的動機づけを高める教育実践的介入 とその効果の検証」JALT Journal, Vol.29, No.1, pp.59-80

田中洋子(2010)「日本語学習動機と成績との関連-重回帰分析による検討-」『日語 日文学研究』第73輯1巻 韓国日語日文学会, pp.199-216

＿＿＿＿＿＿(2011)「教養課程で学ぶ韓国人日本語学習者の動機づけ-成績と学習期間 からの検討」『日語日文学研究』第77輯1巻 韓国日語日文学会, pp.271-290

成田高宏(1998)「日本語学習動機と成績との関係－タイの大学生の場合－」『世界の 日本語教育』8 国際交流基金日本語国際センター 国際交流基金 日本語国際センター, pp.1-11

縫部義憲·狩野不二夫·伊藤克浩(1995)「大学生の日本語学習動機に関する国際調
　　　　査－ニュージーランドの場合－」『日本語教育』86号 日本語教育
　　　　学会, pp.162-172

三浦省五監修(2004)『英語教師のための教育データ分析入門』大修館書店

Deci, E.L., & Ryan, R.M.(1985) *Intrinsic Motivation and Self-Determination in
　　　　Human Behavior* NewYork: Plenum Press

＿＿＿＿＿＿(2000) The "what" and "why" of goal pursuits: Human needs and the
　　　　self-determination of behavior. *Psychological Inquiry*, 11, pp.227-268

Iyengar, S.S., & Lepper, M.(1999) Rethinking the value of choice: A cultural
　　　　perspective on intrinsic motivation. *Journal of Personality and Social
　　　　Psychology*, 76, pp.349-366

부기 : 본고는 필자의 박사학위 논문(한국외국어대학교, 2012)의 일부에 수정을 가한
　　　것이다.

교수법에서 학습환경디자인으로
- 피어러닝 실천으로부터 생각하다

다테오카 요코 *
와세다대학교 교수

Ⅰ 들어가며

본고의 목적은 '학습환경디자인'이란 발상을 제시하는 것이다. 일본어 학습은 학습자 스스로가 주체적으로 임하는 활동이며, 그렇게 되기 위해서는 교사는 '가르치기'보다 오히려 "학습자가 배울 수 있는 장을 디자인해야 한다"는 것에 대해 논한다.

본고는 5장으로 구성된다. 먼저 Ⅰ에서는 전체의 구성을 설명하고, Ⅱ에서는 '교수법'과 비교하여 '학습환경디자인'이란 무엇인가에 대해 논한다. Ⅲ과 Ⅳ에서는 교실이란 학습환경을 학습자가 서로 배울 수 있는 장으로써 디자인하려 한 실천 예로 '피어러닝'을 들어 논한다.

---
* 舘岡洋子: 早稲田大学

'피어러닝(peer learning)'이란 동료(peer)들끼리 서로 협력하여 배우는 학습법이자 학습 콘셉트이기도 하다. 필자는 특히 피어러닝으로 리딩 활동을 하고 있으며 이를 '피어리딩(peer reading)'으로 명명하고 있다. 피어러닝의 실천사례를 검토함으로써 교실이란 학습환경을 디자인한 다는 것이란 어떠한 것인가에 대해 검토한다. Ⅲ에서는 왜 필자가 피어러닝을 실천하게 되었는지 문제의식에 대해 말한다. Ⅳ에서는 그 활동이 실천연구의 프로세스 속에서 초기부터 지금까지 변화해온 점에 대해 말하며 각각의 스테이지에서 어떠한 학습환경이 성립해 있었는 지를 뒤돌아본다. Ⅴ에서는 본고 전체를 정리하며 다시금 '학습환경디자인'에 대해 고찰한다.

Ⅱ '교수법'과 '학습환경디자인'

학습환경이란 것은 학습자를 둘러싼 모든 환경을 가리킨다. 학습자는 일본에 있으면 지역주민으로서 일본어 환경에 둘러싸이게 된다. 또한 해외에 있다 하여도 교재와 인터넷 등 다양한 학습환경에 둘러싸여 있다. 학습자에게 있어 학습의 대상이 되는 것이 마련되어 있는 환경은 모두 학습환경이라 할 수 있을 것이다. 본고에서는 그 중에서 특히 '교실'이란 '장'을 들어, 교실을 학습을 위해 특화된 '학습환경'으로 생각한다.

교실이란 공간은 교사와 학습자로 구성되어 있다. 지금까지 일본에서는, 필시 한국에서도, 교사는 가르치는 사람이고 가르치는 내용은 모두 정해져 있으며, 학생은 그것을 받아들이는 사람이었다. 하지만 학습자가 주체적으로 배우기 위해서는 '가르치다—가르침을 받는다'고 하는 관계를 재고하여, 교사가 보다 잘 가르치려고 하는 교수법의 패

러다임에서 학습자의 상호학습을 위한 장을 마련한다고 하는 학습환경디자인의 패러다임으로 전환할 필요가 있다.

따라서 교수법과 학습환경디자인을 이미지로 나타내면 <그림 1>과 같이 된다. 왼쪽 그림의 교수법에서는 교사가 학습자에게 일방적으로 전수하며 ─학습자에게 가장 필요한 것을─ 가장 좋은 형태로 효율적으로 가르친다. 이것을 교수법이라고 한다면, 학습환경디자인에서는 교사와 학습자의 위치관계가 뒤바뀌어 학습자끼리의 교류의 '장'을 교사가 밑에서 지지하고 있게 된다. 또한 그 '장'에는 교사도 더불어 있게 된다. 약간 단순하기는 하지만, 이와 같이 이미지해보면 많은 강의식 수업은 왼쪽 그림와 같고 교사는 학습자에게 지식을 전수하는 사람이 된다. 반면, 오른쪽 그림에서는 교사는 배움의 '장'을 마련하고 그 속에서 서로 배우는 것은 학습자이며 교사는 그것을 지원하는 사람이자 그 배움의 '장'에 참가하는 사람 중 한 명이 된다고 하는 이미지가 된다.

그러면 학습환경을 디자인한다는 것은 구체적으로 어떠한 것인가. 본고에서는 피어러닝의 실천 사례를 검토함으로써 교실이라고 하는 학습환경에 대해 고찰한다.

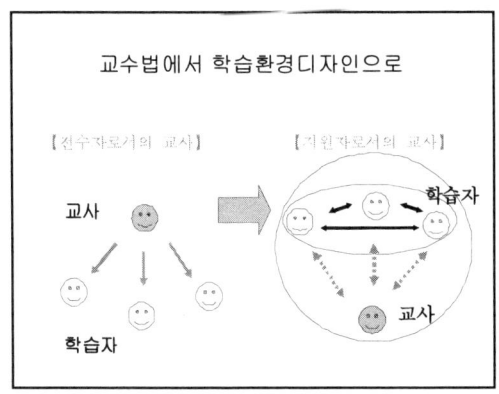

〈그림 1〉 교수법과 학습환경디자인

Ⅲ 학습환경디자인으로써의 피어러닝 – 피어러닝 탄생의 세 가지 배경

서두에 기술한 바와 같이, 피어러닝의 피어(peer)는 동료라는 뜻으로, 피어러닝이란 협동하여 학습자가 서로 배우는 것을 가리킨다. 그 중에서 '피어리딩(peer reading)'이란 필자가 명명한 협동을 통한 독해 활동이다. 동료 학습자와의 대화를 매개로 하여 텍스트 이해라고 하는 과제 그 자체에 몰입하도록 함과 함께 자기이해, 타자이해를 심화시켜 학습자 스스로가 자율적인 학습주체가 되는 것을 지향하고 있다. 그러면 왜 협동을 통해 배우는가? 독해수업으로부터 피어러닝이 탄생한 배경에 대해 서술한다.

1. 배경 1 – 독해수업 현장의 문제의식에서

첫 번째 배경은 현장의 문제의식에서 출발했다. 독해수업에서 교사는 학습자가 무엇을 생각하고 있는지, 읽는 과정에서 어떠한 점이 문제가 되어 있는지를 충분히 파악할 수가 없다. 왜냐하면 독해를 하는 과정은 읽는 이의 머리 밖에서는 보거나 들을 수 없기 때문이다. 그 결과, 수업은 질문에 대한 정답 맞추기와 같이 되어 버리는 경우가 많아, Mehan(1979)에서 말하는IRE패턴(교사에 의한 발문initiation – 학습자로부터의 반응response – 반응에 대한 교사의 평가evaluation)에 빠지기 쉽기 마련이다. 학습자가 읽은 '결과'를 교사가 가지고 있는 '정답'의 틀에 끼워 맞추어 확인하게 되어 버리는 것이다. 이렇게 전개되는 수업은 교사의 발화가 많고 학습자끼리의 소통이 활성화되기 어렵게 되는 경향도 있다.

또한 읽는 것 자체는 개인작업으로 회화수업과 같이 반드시 그 자

리에 상대를 필요로 하는 것은 아니다. 상기와 같은 것을 수업에서 다룬다고 하는 것은 과연 어떠한 것인가? 한 사람 한 사람의 의문을 교실이라고 하는 공간에서 다룬다고 한다면 그것은 여러 명의 학습자가 모여 있는 교실이란 공간에서 하는 것이 효율적이라는 것일까? 애당초 교실에 복수의 학습자가 모여 글을 읽는 활동을 하는 이유는 무엇인가? 교실이기에 가능한 일이 있지 않을까 생각해볼 필요가 있다.

이와 같은 독해수업에 대한 문제의식에서 글을 읽은 결과가 아닌 학습자 한 명 한 명의 읽는 과정 자체를 클래스메이트와 더불어 공유하는 것이 수업 속에서 가능하지 않을까 생각하게 되었다. 또한 같은 텍스트를 읽고, 읽는 이가 그것을 어떻게 자신 안에 자리매김했는지는 한 명 한 명 모두 다를 테니 그것을 서로 내어 보임으로써 상호 간의 공통점과 상이점을 의식하여 서로의 생각을 재고하게 하거나 깨달음을 일으킬 수 있지 않을까도 생각하게 되었다.

이와 같이 현장에서 '독해수업'을 어떻게 진행할 것인가라는 점에서 나온 것이 피어러닝 탄생의 첫 번째 배경이다.

2. 배경 2 - 독해과정연구에서

두 번째는 제2언어로써의 일본어 독해과정에 대한 조사로부터 필자가 얻은 시사가 배경이 되었다. 독해활동은 문제해결 활동으로 파악할 수가 있다. 글을 읽는다고 하는 프로세스는 읽는 이 자신에게 있어 의미 있는 문제를 발견해 다양한 능력과 지식을 이용하여 그것을 해결하는 과정이다. 가설(그 시점에서의 이해)을 설정하고 텍스트 정보와 기유지식 등을 동원하여 다양한 각도에서 그 가설을 검증한다. 이것이 '자문자답' 활동이다. 이해력이 높은 읽는 이는 자문자답을 빈번히 행하고 또한 자문의 질도 보다 글로벌한 것이었다(다테오카 요코(舘岡洋

子, 2001) 참조). 그러면 이 자기자신을 향해 행하는 자문자답을 타자와 해보는 것은 어떨까? 즉, 자신이 "이럴 것이다, 저럴 것이다"라고 가설을 세우면서 읽어 나가는 것을 타자를 향해 질문을 하면서 타자와 함께 읽는 것이다. 타자와 읽음으로써 질문을 만들고 여러 가지 가능성을 검토하며 글을 읽어 나가는 활동이 활성화되어 혼자서 행하는 것보다도 이해심화에 공헌하게 되지 아닐까? 이처럼 생각한 것이 동료와 함께 읽는다는 행위였다. 실제로 두 명의 학습자에게 피어러닝을 하게 하고 이해과정의 프로토콜 분석을 한 결과, 상호간에 도움을 주면서 과제해결을 해나가, 함께 읽었기에 얻을 수 있던 깨달음이 생겨나 혼자 읽을 때와는 다른 활동이 보여졌다(다테오카(舘岡, 2000) 참조).

3. 배경 3 - 학습관의 전환

이리하여 현장의 문제의식과 독해연구에서 탄생한 피어리딩이지만, 한 발 떨어져서 학습관이라는 관점에서 바라보면 학습관의 전환을 의미하는 움직임인 것을 알 수 있다. 이것이 세 번째 배경이다. 최근까지 교실에서는 미리 준비된 지식이 교사에 의해 능숙하게 전달하고 이후에 지식은 학습자에게 전이 가능하다고 하는 생각에 근거하여 학습자 개인 안에 효율적으로 축적되는 것이 지향되고 있었다. 그러나 "학습이란 것은 본래 학습주체 자신이 행하는 것이 아닌가?", "지식이란 타자(교사)로부터 일방적으로 주어지는 것이 아니지 않은가?" 라는 문제의식 하에 참가와 체험을 통해 배운다고 하는 생각으로 전환해나간 것이다. 이것은 "지식은 상황에 의존해 있고 학습이란 학습자 자신이 지식을 축적해나가는 과정이며 사회적 상호작용을 통해 이루어지는 것이다"는 사회구성주의의 사고방식(구보타 겐이치(久保田賢一, 2000), Gergen 2004)이 배경으로 되어 있다. 일본어교육에 있어서도 일본어를

가르친다고 하는 것은 "학습주체에게 언어구조를 중심으로 한 지식을 전달하는 것이다" 라고 하는 사고방식에서 "학습주체가 실제로 커뮤니케이션이 가능하도록 해야 한다"는 사고방식으로 옮겨갔다. 게다가 학습주체가 커뮤니케이션이 가능함과 함께 자기자신을 발견하기 위해 일본어를 사용하고, 또한 일본어를 자율적으로 배울 수 있게끔 교사는 지원해야 한다"는 사고방식으로 옮겨왔다(다테오카(舘岡, 2007)).

그에 수반하여 교사의 관심도 '언어의 구조'에서 '가르치는 방법(교수법)'으로, 더불어 '가르치는 방법'에서 '학습자의 학습방법과 그에 대한 지원'으로, 그리고 그를 위한 '배움의 장의 디자인'으로 변천해왔다고 할 수 있다. 그 점에서 교실에서의 교사와 학습자의 관계 변화를 간단히 그림으로 나타내면 모두의 <그림 1>과 같은 이미지가 되는 것이다. 교사는 왼쪽 그림과 같이 전달하는 역할에서 오른쪽 그림과 같이 지원하는 역할로, 더불어 배움의 장을 디자인하면서 교사 자신도 그 장에 참가하는 식으로 변화해왔다고 할 수 있을 것이다. 피어러닝은 학습주체는 스스로 배움을 구성하며 교사는 그를 위한 환경을 디자인하여 학습주체의 배움을 지원하고 스스로도 그 '장'에 참가한다고 하는 생각에 입각해 있다(다테오카(舘岡, 2007)). 교사는 새로운 '교수법'을 이용하여 학습주체를 '가르치는' 사람이 아니라 '학습환경'을 디자인하여 학습자들의 배움을 지원하는 사람인 것이다.

Ⅳ 피어러닝의 진화

피어러닝은 학습자끼리의 주체적 상호학습을 지향하고는 있지만 실제로 실시해본 바 여러 가지 과제가 보여졌다. 수업실천에서 생겨난 과제를 개선해나가는 속에서 필자의 피어러닝도 진화해온 것이다. 여

기에서는 그 프로세스를 세 가지 스테이지로 나누어 되돌아봄으로써 교실이라고 하는 학습환경의 바람직한 상에 대해 검토한다.

1. 교사 주도에서 학습자 주체의 학습환경 조성으로
- 협동의 첫 번째 스테이지

3절에서 언급한 바와 같은 문제의식을 배경으로, 두 명의 학습자가 서로 도우며 읽어나가는 과정의 프로토콜 분석(다테오카(舘岡, 2000))과 교실에서 추리소설을 읽고 예측을 해나가는 수업실천(다테오카(舘岡, 2005)), 또한 글을 읽는 과정을 공유하기만 하는 것이 아니라 하나의 텍스트를 몇 개로 분할하여 서로 다른 부분을 읽고 그것을 서로 대비하여 통합해나가는 지그소리딩(다테오카(舘岡, 2005)) 등 다양한 수업실천을 시도해왔다. 이 시점에서 그 동안 생각하고 있던 과제―배경1에서 말한 것과 같이 '해독'처럼 되어버리는 '독해수업'을 학습자가 능동적이고도 주체적으로 임할 수 있는 활동으로 만들 수 없을까 하는 과제―는 크게 개선되었다. 그 실천들에서는 교사를 대신하여 학습자 상호간이 타자로서 큰 역할을 하게 된 것이다. 타자와 협동하여 대화에 의해 배우는 것에 어떠한 의의가 있는 지 실천연구로부터 정리해보면 다음과 같다.

1) 동료와의 상호작용에 의한 배움 - 인지 면·감정 면에서의 검토
(a) 리소스의 증대
동료와의 상호작용에 의한 배움의 인지 면에서의 장점으로써 먼저 첫 번째로 리소스의 증대를 들 수 있다. 협동함으로써 집단 전체가 보다 풍부한 리소스를 가질 수 있어 정해진 시간 안에 이용 가능한 리소스가 늘게 된다.

다테오카(舘岡, 2000)에서는 테리와 샐리라고 하는 학습자가 협동하여 독해를 함으로써 서로 몰랐던 단어의 뜻과 한자의 읽는 법 등 선언적 지식[1]을 서로 가르쳐주거나, 글을 읽는 전략(strategy), 한어의 어의 추측 전략 등, 수속적 지식[2]을 제시하고 있는 것을 알 수 있었다. 이들은 서로 부족했던 지식과 전략을 동료 학습자로부터 얻고 있는 예로, 서로의 존재는 상대방에게 있어 인적 리소스로 되어 있다. 그리고 이 배움은 항상 한 쪽이 다른 한 쪽을 일방적으로 가르치는 것이 아니라 각자가 가지고 있는 힘을 발휘하고 있는 것으로 쌍방향적, 호혜적인 점도 알 수 있었다.

또한 교사로부터는 결코 얻을 수 없는 지식을 동료 학습자로부터 얻을 수 있다는 점도 관찰되었다. 구체적으로는 두 사람의 모국어인 영어로 서로 설명하거나, 공통의 경험(두 사람이 함께 수강했던 수업)의 예를 들어, 상호 관계를 활용하며 서로 가르쳐주고 있었다. 즉, 교사에게서 배우는 것과 달리 학습자 서로가 특정한 배경을 공유하고 있기에 서로에게 알기 쉬운 형태로 비계(scaffolding)[3]가 가능했다고 할 수 있겠다.

교실이라는 자리에 모인 개개의 학습지는 각자 다른 문화, 배경과 경험, 지식을 가지고 있나. 다시 말해, 각자 다른 학습자에게는 없는 리소스를 가지고 있는 것이다. 협동할 수 있는 동료가 늘어난다는 것은 리소스의 증대를 뜻한다고 할 수 있을 것이다.

---

1   declarative knowledge. 객관적이고 확정적인 지식으로 "무엇인가"에 관한 지식 (knowing what). 과학적 법칙에 대한 지견과 사회적 규약에 대한 지견 등을 들 수 있다.

2   procedural knowledge. 어떤 행동을 하기 위해 알고 있는 일정한 방식에 관한 지식으로 '어떻게'에 관한 지식(knowing how). 피아노 연주방법, 자동차 운전방법 등을 들 수 있다.

3   사다리를 걸치듯 할 수 없는 일을 가능케하는 작은 도움. Wood.D. 외(1976)를 참조.

(b) 재고와 변화

두 번째 의의는, 동료와의 대화는 상호 이해를 심화시키거나 생각을 변화시키고, 또한 새로운 것을 만들어낼 가능성이 있다는 점이다. 첫 번째로 들었던 타자와의 협동에 의해 리소스가 증가한 것을 덧셈이라 생각한다면, 두 번째로는 드는 것은 타자와의 소통에 의해 자기자신이 변한다고 하는 질적 변화, 즉 타자를 개재시켜 자기를 다시 돌아보고 변화를 촉발 받거나 새로운 생각이 생겨나는 것이라 생각할 수 있다.

피어리딩에서는 대화를 통해 동료로부터 질문이나 코멘트를 받고 그에 답하지 않으면 안 되는 상황이 발생한다. 그래서 자신의 생각을 재고하게 된다. 질문에 답하기 위해서 자신의 생각을 다시금 음미할 필요가 생기게 되는 것이다. 아울러 타자로부터 직접 질문을 받지 않은 경우라도, 애초에 대화라는 형태로 타자를 이해하려 하거나 의견을 듣는 것 자체가 타자는 자기자신에 대한 모니터링을 촉진시키는 역할 또한 하고 있다는 것이 된다.

타자로부터 피드백을 받는 프로세스와 동시에 대화를 나누면서 자신의 이해와 의견을 타자에게 알 수 있게끔 발신하지 않으면 안 된다. 이 발신이란 구체적으로는 타자에 대한 설명행동을 가리키며, 그 과정에서의 '깨달음'과 '정리'가 커다란 의미를 가지고 있다. 자신은 알고 있다고 생각했지만 타자에게 설명하는 과정에서 본인의 이해부족을 재차 깨닫게 되거나, 애매했던 점이 명확해지거나, 새로운 아이디어를 떠올리게 된다. 또한 타자에게 이야기함으로써 어지럽던 머리 속이 정리된다고 하는 점도 일상 속에서 자주 경험할 수 있는 일이다. 타자에 대한 설명행동에 의해 자신의 사고가 정리되고 명확화되는 것이다.

니시바야시 가츠히코(西林克彦, 2005)는 텍스트 이해에 있어서 '안 것으로 착각'하는 것은 일종의 안정상태로, 그 상태에 들어가면 이해

는 그 이상 심화하지 않는다고 지적하고 있다. '모르기'때문에 더더욱 '알고 싶다'고 생각하여 읽는 것으로, 안 것으로 착각해 버리면 그 자리에서 앞으로 나아가지 않는다는 것이다[4].

그렇다면 어떻게 하면 자신의 '안 것으로 착각한 상태'를 무너뜨릴 수 있을까? 그것이 타자의 존재라고 생각한다. 스스로가 자기자신의 이해와 착각을 뒤흔드는 것은 쉬운 일이 아니다. 타자로부터의 질문과 의문, 자신과는 다른 시점을 가진 타자의 의견이 자기의 독해를 뒤흔들게 되어 재음미를 촉발시키는 것이다. 바로 여기에 교실에서 다른 학습자와 함께 읽는 의의가 있는 것이다.

이와 같이 동료 학습자와의 대화는 자기모니터를 촉진하고 자신이 지금까지 하고 있던 일을 객관적으로 바라보며 자기자신의 생각을 상대화할 수가 있어 자기자신에 의한 새로운 발견도 촉발된다. 이것이 학습 상, 큰 의미를 가지는 것이 아닐까?

(C) 감정 면에서 본 장점 – 사회적 관계성의 구축과 학습에의 동기부여

자기 이외의 사람과 협력해서 일을 진전시킨디는 깃에는 타사와의 인간관계기 그게 관련되세 된다. 상대방에게 받아들여지지 않는 경우에는 도움도 받을 수 없다. 협동하여 배움으로써 실제로 수업 참가자 사이에는 타자의 발언 내용에 수긍하거나 발언을 촉구하는 등, 타자를 받아들이고 배려하는 행동이 관찰되었다. 상이한 문화배경을 가진 사람들이 서로 협력하여 배우는 것은 타자와의 관계를 어떻게 구축해나가느냐를 배우는 것이기도 하다.

최근, 동기부여 연구에서도 타자와의 관계가 거론되고 있다. 동료에

---

4   니시바야시(西林)는 해결방책으로 다양한 전략을 제안하고 있지만 모두 개인이 읽는 것에 관한 것이다.

게 가르쳐주고 싶고, 인정 받고 싶으며, 같이 나누고 싶다는 것이 계기가 되어 흥미를 가지거나 참가도를 높이는 일은 적지 않게 있다. 내발적 동기부여가 처음에는 외발적으로 유발되는 경우가 있다. 동기부여 연구인 자기결정이론(Deci & Ryan, 1985)에서는 처음에는 외발적으로 동기가 부여되고 있던 행동일지라도 그와 같은 행동이 점차 자기결정의 감각을 동반하는 행동으로 변화해나가, 최종적으로 내발적으로 동기 부여가 된 행동으로써 내재화되어 가는 과정이 예상되어 있다. 어떻게 하면 학습자 한 사람 한 사람의 내발적 동기부여를 교육 장면에서 높일 수 있을지를 생각할 때에 협동을 통한 학습은 커다란 가능성을 가지고 있다고 생각된다.

2) 상호작용에 의한 이해의 공동구축

지금까지 세 가지 관점에서 협동을 통한 배움의 장점에 대해 서술했다. 분석의 관점으로써 세 가지로 나누어 생각해보았는데, 현실 속의 협동 장면에서는 상기의 세 가지 사항은 동시에, 그것도 학습자 사이에서 쌍방향적으로 일어나고 있다. 다테오카(舘岡, 2000)에서는 테리와 샐리5라는 두 명의 영어를 모국어로 하는 일본어학습자가 서로 도와가며 글을 읽어 나가는 프로세스를 검토하고 있다.

朝、上野の不忍の池にカモを見に行った。狩猟解禁中は身の危険を知って、関東一円からここに集まってきて、二千羽になるという。寒くなるほどに美味な肉を持ったのがカモの不運で、日本では年に九十万羽がハンターの前で命を落とす。散弾で傷ついたカモも緊急避難でやってくる。世話をしている上の動物園の職員は、毎年の常連も識別できるそうである。

---

5 본고에 나오는 학습자 명은 모두 가명이다.

朝と夕、餌を積んだライトバンが池畔に来ると、「グッグッグッ」と一斉に
低い声を出して、近づいてくるのは壮観だ。

　水面でくるっと逆立ちをして、おしりだけ出して水中の餌をあさるのは
マガモ、オナガガモだ。ハシビロガモのように長くて幅広い便利なクチバ
シを水面につけて、忙しそうに泳ぎ回っているのもいる。水は、濁り、深
さもせいぜい二十センチの池だが、ここだけは人間にカモにされない彼ら
の安全地帯である。(以下略)

市古貞次ほか編『精選国語Ⅰ』(明治書院)より

다테오카(2000)에서 테리와 샐리(가명)의 프로토콜
고딕체는 텍스트 음독. 밑줄은 필자가 그은 것이다.

サリー：水は濁り(何かな)、深さも せいぜい20センチ の池だがここだけは人間にカモにされない彼らの安全 地帯である。 濁りは何？(muddy)ああ、だから、あんまりきれ いな水とか立派なではないということですね。 (そうですね)浅いし、濁りだし、でも、ここのい い点は人間は狩猟しない。だから、安全。	S：上野は安全であると提示 T：質問1(安全の理解のズレ に気づく)
テリー：狩猟しないとおっしゃると？(狩猟、こ れ、この狩猟)ああ忘れた。あ、hunting. なるほ ど................。	
サリー：で、せいぜいというの、わかる？	S：語彙質問「せいぜい」
テリー：うん、少なくとも、でしょ。つまり、浅い。	T：解答
テリー：でもでも、どうしてこのところはカモたち にとって安全地帯ですか？	T：質問2「なぜ安全か」(前 に戻る)
サリー：ああ、ちがうかなあ。だまされる、カモは だまされやすい人いう意味もある。ああああ、(つ	S：解答。「カモにされない」 の意味がわからないと思った

まり2つの意味が？)

例えば、idiomみたいなね、英語でも言うでしょ　｜　英語でのsitting duckによりカ

う。なんか、sitting, sitting duckとか。(あああ、　｜　モの二重の意味を説明

そうだね。)(笑い)

sitting duckといったら、すぐだれかにだまされ

るか、だますか

……だから、カモにされる、っていうのは、でも

この場合は彼らをmodifyしてるでしょう。説明

してる。だから、カモにされない....そそそ、だ

から人間にカモにされる、っていうsitting duck

みたいな表現を実はほんとにduckカモに使って

いる。

(うん)彼らはカモでしょう？(うーん)だから、あの、

duckはsitting duckにならない、ここで。

テリー：あのう、つまり、この水は安全ですよね　｜　T：質問3「なぜ安全か」

(そそそそう)。でも、なぜ安全ですか。

サリー：あのう、狩猟禁止だから。でしょう？この　｜　S：解答。「狩猟禁止だから」

池は。

テリー：え、それは解禁。　｜　T：「禁止ではなく解禁」

サリー：解禁？って何？私間違えた？　｜　S：語彙確認「解禁」(ズレに気づく)

テリー：つまり、解禁、例えば、山本先生の午後の　｜　T：共通経験から語彙説明

授業であのう、ビッグバンの法律の解禁ってい

うことばでてきたでしょ(はいはいはい)。つまり、

禁止というルールがなくなる。

サリー：あーあ......。でも、でもでもでも。

あのう...あ、わかった、狩猟解禁中の時、上野公　｜　S：解禁＝狩猟しても良いと理

園に来る。　｜　解(自分の理解を修正)。

でも、上野では狩猟はできないでしょう。(ああ　｜　上野は狩猟禁止なので、上

あ、なるほど)　｜　野以外のところから集まって

だから、来る.......　　私間違えたけど、その「禁」　｜　くると理解。

を見て禁止と思ったんですが、だからこの時期、　｜　S：常識から考えて上野公園

狩猟解禁中(ああ、なるほど、つまり安全)他のところは危ないからここに来るでしょう？(あああ)だから、ここに直接書いてないけど、でも上野公園の中で、狩猟できると考えられない(ああああ)でしょう？ だから、たぶんできない。(ああああ)	の中で狩猟できない。
テリー：僕が最初に思ったのは、これは昔話じゃないかなと思ってなぜかと言うと(はい)あの、現在、日本では狩猟、狩猟はあんまりしないですよね(ああああ)。だから、昔話で、それであのそういわれるとサリーさんの解釈があってると思うんですが 最初に思ってたのは..そういうこの上野公園は安全だという…….	T：誤解の理由説明。日本では狩猟をしないという背景知識から昔話だと考えた。しかし修正しSの読みを支持。
安全なところ……あああそうだね。(そうそうそう)ああ、わかる、わかる。	自分で納得する過程
サリー：私ももっとわかるようになった。ここ、その「身の危険を知って」(そうそうそう)知ってるというのは、カモ自体でしょう？(うんうんうん)カモが自分自身で(そうそうそうそう)その危険をわかってきて、(ああああ、うん)上野公園に行く、ってことでしょう(そそそそそ)。	S：理解の深化。カモが自分の身が危険だとわかって池にやってくる、と理解。
テリー：最初に思ったのは、この人はカモを見に行った。ある筆者はカモを見に行った(あああ、そそそそう。)ですから、この狩猟解禁中は自分自身にとって、カモが来て(笑い。まあ、そうではないと思ったけど、うん、でもわかる。)読めば読むほどその解釈はおかしいってことがわかるんですけど(はい、わかりました)。	T：いろいろな角度から自分の読みが不適切だったことを確認(納得の過程)

여기에서 흥미로운 것은 샐리가 테리의 질문에 답하는 과정으로, 샐리는 테리의 질문과는 다른 점에서 자기자신의 오해에 깨닫게 되고 더욱 텍스트 이해를 심화시켜나가고 있다는 점이다. 샐리는 테리의 발언을 리소스로 삼으면서 텍스트 이해를 보다 심화시켜 나간다. 더불어 상대방에게 설명하는 과정에서 자신의 생각이 정리되고 정교해져서 텍스트의 논점이 된 부분보다도, 그 이전에는 전혀 언급되지 않았던 부분과도 정합성이 생겨, 보다 일관성 있는 이해로 심화되어 간 것이다. 즉, 질문을 받고 답하는 쪽은 원조자인데도, 그와 동시에 스스로의 이해에 대한 재고와 깨달음을 얻고 있는 것이다. 한 쪽만이 이점을 얻는 것이 아니라 가르쳐주는 쪽에도 배우는 것이 있다. 이와 같은 프로세스는 혼자서는 생기지 않으며 동료와 함께 읽었기에 발생한 것이라 할 수 있다. 다시 말해, 총합을 뛰어넘은 것(1+1=2+α)이 탄생해, 참가자가 함께 이해를 심화시킨 것이다. 여기에 '창발'[6]이 일어나고 있다고 할 수 있을 것이다.

테리와 샐리는 서로 질문하거나 설명함으로써 동료의 발언을 받아들이며 서로 이해를 심화시키고 있다. 즉, 각자의 이해가 독립해서 형성되고 깊어진다고 하기보다 일체가 되어 형성되고 있는 것이다. 테리가 있기에 샐리의 이해가 있고, 또한 그 반대의 경우도 있는 것이다. 또한 이 두 사람은 텍스트를 다 읽은 뒤, "아주 재미있었다. 둘이서 활동해서 거의 다 해결할 수 있었다"고 성취감을 나타내고 있다. 두 사람 각자의 학습은 리소스로써도, 모니터링을 촉진하는 점에서도, 감정면에서도 서로에게 의존하고 있으며 인지적으로나 감정적으로도 일체인 것이다.

다음으로 검토할 것은 추리소설의 전개를 예측하면서 실시한 피어리딩의 예다. 다테오카(舘岡, 2003)에서는 어떠한 가설에 대해 반대의

---

6 총합을 넘어 새로운 것이 탄생되는 것.

견이 나옴으로써 그에 대해 설득을 하는 과정에서 처음의 가설이 더욱 정교해지는 예가 보여졌다. <그림 2>에 나타내듯이 전개를 예측하는 대화를 나누는 가운데 갑자기 한 학습자가 의견을 내놓았다. 이 새로운 의견【①】을 둘러싸고 지지의견【②】과 의문【③】이 제시되어 그에 대해 생각하는 속에서 읽는 이인 학습자들은 다양한 가능성에 대해 검토하고 있던 것으로 생각된다. 또한 의문【③】에 대한 대답은【④】뿐만이 아니라 다른 각도에서의 시점【⑤】도 나와 있다. 상호작용을 통해 다각적인 시점이 생겨나고 있는 것이다. 타자의 시점을 이해하거나 의문시하는 것, 타자에게 응답함으로써 ①의 읽기가 보다 다각적으로 되고 심화해 간 것으로 보여진다. 즉, 반대의견이 이해심화에 크게 공헌하고 있는 것이다. 이 의견①을 제시한 학습자는 수업 후에 작성하는 시트에 "다 같이 이야기를 나누면서 '왜'라는 질문을 나 자신에게 해보니 알 수 있게 되었다"고 쓰고 있다. 타자를 설득하는 과정에서 자기를 다시 되돌아보고 더욱더 확신을 갖게 되었다고 할 수 있다. '왜'라는 질문을 자기자신에게 한다는 것은 자기의 인지활동을 모니터하고 있다는 것이 된다. 여기에서는 타자와 자신의 '읽기'에 대한 모니터를 촉진하는 역할을 하고 있고, 또한 토론을 전개하는 동기부여로도 되어 있다. 열심히 토론하는 프로세스는 바로 인지 면과 감정 면 둘다 일체가 되어 '배움'이 생겨나고 있다는 것을 나타내고 있는 것이다. 참가자들의 텍스트 이해는 동료와의 상호작용을 통해 공동구축되고 있으며 어느 부분만을 떼어내서 논하는 것은 불가능하다. 오히려 이들이 동시에 일어나고 있는 것이야말로 협동을 통한 '배움'이라고 할 수 있을 것이다.

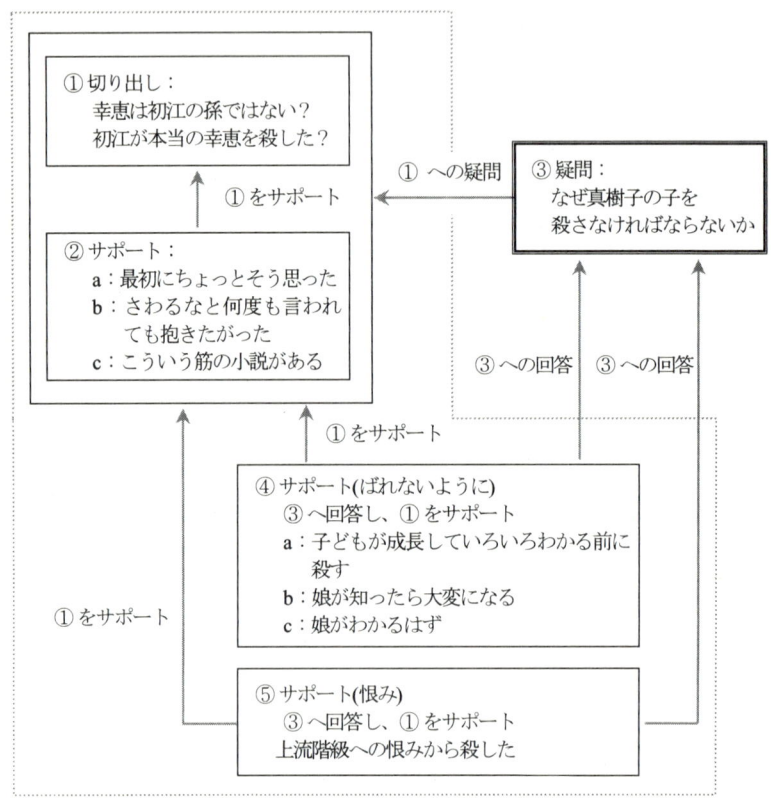

〈그림 2〉 아토다 다카시「내방자」를 텍스트로 한 실천에서의 대화 전개

3) 협동에 의한 '배움'의 장

다테오카(舘岡, 2005)에서는 협동을 통한 '배움'을 <그림 2>를 통해 다음과 같이 설명하고 있다. 피어리딩에서 중심에 있는 것은 활동주체로서의 학습자다. 학습자는 중심에서 '학습대상(텍스트)'과 '자기'와 '타자(동료 학습자)' 각각에게 작용한다. 대상과 타자와 자기의 삼자 각각에 대해 학습자는 배움과 동시에, 대상에 대해 배울 때에는 타자와 대화를 행하고(여기에서 성립하는 것이 오른쪽 삼각형), 또 대상에

대해 배움과 함께 자기에 대한 내성을 심화시키며(왼쪽 삼각형), 또한 타자와의 대화에 의해 자기에 대한 내성을 심화시킨다(아래 삼각형)고 하는 세 가지 삼각형이 동시에 성립하고 또한 서로가 서로를 촉진시키는 관계에 있다. 이 삼자가 일체가 되어야 학습자 자신의 배움이 깊어져나가는 것이 아닌가 생각한다.

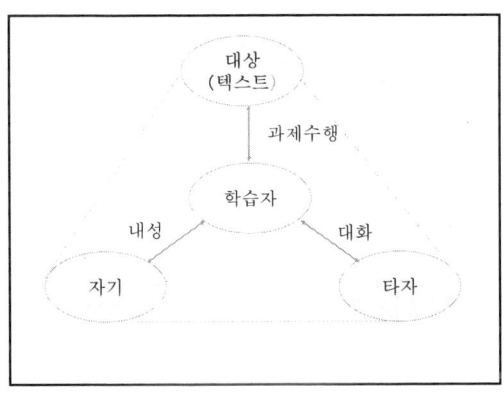

〈그림 3〉 협동을 통한 배움의 '장'

　피어러닝에 이해 학습자의 발화가 활발해지고 텍스트를 둘러싼 교실 내의 대화가 증가한 점에서 학습자 서로가 협동하여 배우는 것에 대한 가능성이 도출된 것이다. 그 후 피어러닝을 실시하는 속에서 다양한 과제가 보여지긴 하였지만, 일단은 대상과 학습자와 타자를 잇는 오른쪽 삼각형은 확실히 성립했다고 할 수 있을 것이다. 종래의 수업이 대상과 학습자를 잇는 선만을 강조하고 그것만이 학습이었다고 생각되어져 오던 것에 비해 교실이라고 하는 '장'에서 타자와 배운다고 하는 것이 의식되게 된 점, 또한 교사가 일방적으로 전수하는 수업에서 학습자가 서로 배우는 수업으로 전환하는 시도였던 점을 그 의의로써 들 수 있겠다.

2. 내성을 심화시킨다—협동의 두 번째 스테이지

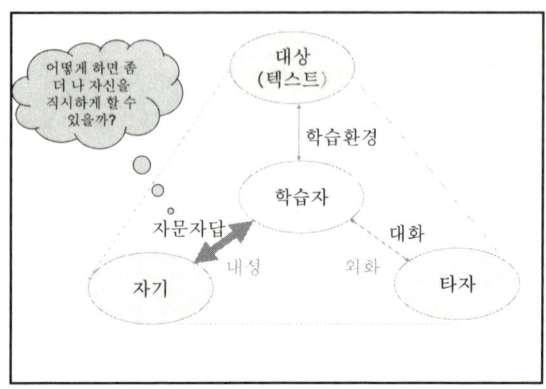

〈그림 4〉 협동을 통한 배움의 '장'의 두 번째 스테이지

앞서 말한 바와 같이, 피어리딩은 텍스트, 동료 및 자기자신에 대한 이해를 심화시키는 '장'의 제공을 지향하고 있었다. 그러나 수업실천을 반복하며 행하는 속에서 동료와 배울 기회가 마련되었는가 하면 항상 학습자 개개인이 배움을 얻기에 이르렀다고는 할 수 없다는 것을 알게 되었다. 수업 중, 동료와 대화의 꽃을 피워 수업이 활발해지기는 하지만 학습자 자신이 자신의 생각을 음미하거나 깊이 사고하는 일이 없어 어느 정도 배울 수 있었는지 의문시되는 경우가 적지 않았다. 또한 서로 이야기를 나누어도 서로의 논점이 제각각이어서 심도 있는 토론이 이루어지지 않고, 자신의 의견은 말해도 다른 사람의 의견은 듣지 않으며, 교사가 마련한 설문에 대한 정답만을 채근할 뿐 자신의 의견은 가지지 못하고, 또한 이미 내놓은 의견을 재음미하지 않는 등의 상황들도 일어나게 되었다. 즉, 그룹 활동을 하는 것 자체가 그대로 배움으로 이어진다고는 할 수 없는 것이다.

구체적인 예를 들어보겠다. 추리소설을 읽었을 때의 일이다. 마지막

범인이 누군지를 예측하는 것에 대해서 다양한 기상천외한 예상들이 쏟아지긴 했지만 그 예상의 근거가 빈약하여 설득력이 있다고는 할 수 없는 의견도 많이 나왔다. 왜 그렇게 되었느냐 하면, 그것은 자기자신이 이해하고 있는 것과 관련시켜 결말을 예측한 것이 아니라 동료들이 재미있게 여겨주었으면 하는 점에 가치를 두고 있었기 때문이다. 여기에서는 그룹 활동 자체가 자기 목적화되어 버려 있어, "왜 나는 그렇게 생각하는가?" 라고 하는 내성이 이루어지지 않았던 것으로 생각된다.

내성이라는 것은 텍스트에 대해서 자신이 이해한 것을 내성한다고 하는 레벨이 있는가 하면, 나이란 인간에 대해 내성하는 레벨도 있을 것이다. 다양한 레벨을 포함시켜 자기자신의 현재의 상황에 대해 재평가하고 새로운 해석을 하거나 체험한 일을 되돌아봄으로써 체험에 새로운 의미를 도출하려 하는 행위를 내성이라고 하기로 하자. 지금까지의 일본어 교실에서는 언어형식으로써의 일본어를 지식으로 배우고 그것을 운용할 수 있도록 해왔다. 이것은 어디까지나 <그림 3>의 삼각형을 대상과의 연결로 이 선을 강화하는 것을 지향해온 것이다. 그러나 그것은 텍스트를 읽어도 일본어 학습과제로써의 "일본이로 된 글을 읽을 수 있다"는 것을 뜻하는 것일 뿐이다. 좀 더 말하자면, 획득해야 할 언어지식을 이용하여 문형연습의 응용으로써 일본어로 쓰여진 문장을 읽을 수 있다는 것이었다.

하지만 정말로 "읽을 수 있다"는 것은 어떠한 것인가? 텍스트를 읽음으로써 자기자신과 연관시켜 텍스트의 테마를 생각하고 글쓴 이의 생각을 되짚으며 클래스메이트인 타자는 동일한 텍스트를 과연 어떻게 읽었는지를 질문하고 더욱 생각하여 지금까지의 자신을 되돌아보아 자신의 생각을 갱신해가는 것이 아닐까? 지금까지 일본어를 학습하는 교실에서 그와 같은 일은 전무하다시피 했다. 그러나 앞서 나타

낸 삼각형이 성립하는 것이 학습이라 생각한다면 대상과 학습자를 연결시키는 것 뿐만 아니라, 또한 동료와 이야기함으로써 활성화되는 것 뿐만 아니라 자기자신과 연결시켜서 내성을 심화해나가야만 한다.

피어리딩의 첫 번째 스테이지에서는 먼저 동료와의 소통이 활발하게 이루어져 <그림 2>의 오른쪽 삼각형이 성립하게 되었다. 그것으로 끝나는 것이 아니라 어떻게 하면 <그림 3>과 같이 내성으로 연결될 수 있을까? 이 개선의 프로세스가 두 번째 스테이지다.

전례에서 충분히 내성이 이루어지지 않았던 이유는 무엇인가? 그것은 텍스트를 읽는 것이 자신에게 있어 '상관 없는 일'이었기 때문이지 않을까? 텍스트를 자신과 관련지어 읽는 것이 불가능했기 때문이지 않을까? 그래서 두 번째 스테이지로써는 내성이 촉진되는 디자인을 의식하게 되었다. 그러기 위해서는 먼저 텍스트는 읽는 이가 자기자신과 관련을 지을 수 있을 만한 것을 골라야 하고, 또한 자신의 문제로써 몰입할 수 있는 과제를 생각해야만 했다.

이 때, 필자의 실천에 영향을 준 것이 아카데믹 스킬의 획득을 목표로 한 수업에서의 '역사교과서 프로젝트' 경험이다. 자세한 내용은 다테오카(舘岡, 2002)를 참조하였으면 한다. 이 프로젝트에서 한 한국인 유학생은 자신과 프로젝트의 테마와 결부시켜 "자신은 왜 일본에 있는가?", "다른 나라도 아닌 왜 일본인가?", "이제부터 자신은 무엇을 하려는가?"에 대해 묻게 되고 자신을 사회적, 역사적으로 자리매김함으로써 자신의 테마를 정해나갔다. 그 결과, 커다란 프로젝트로 발전시켜 한일 양국에서 설문조사를 실시해, 그 결과를 엑셀로 집계를 하여 그것을 레포트로 정리함과 더불어 파워포인트를 사용하여 발표까지 한 것이다. 이것은 본인이나 교사도 예측하지 못 한 결과였다. 그 학습자는 자기자신과 테마과의 관계를 끊임 없이 물어나감으로써 '그 결과로' 일본어의 아카데믹 스킬을 획득한 것이다. 여기에서 필자가

배운 것은 "일본어 학습이란, 먼저 맨 처음에 일본어의 언어형식을 습득하고 그것이 가능하게 되고 나서 레포트를 쓸 수 있게 되는 것이 아니다" 라는 것이다. 사람과 사람, 혹은 사람과 책이 접촉하는 속에서 자신의 과제가 생겨나고, 그것을 더욱 추구하며, 자신이 생각한 것을 타자에게 전달하고자 발언하여 타자와 소통을 하는 프로세스 속에서 바로 '말(일본어)'을 획득한 것이다. 이것이야말로 '말' 학습의 본질이라 생각한다. 학습자가 배워야 할 '말'을 교사가 준비하고 그것을 어떠한 교수법을 통해 학습자에게 효율적으로 전수하는 것이 아닌 것이다. 배우는 것은 학습자 자신이고, 배우는 내용을 정하는 것도 학습자 자신이며, 그것은 처음부터 고정적으로 존재하는 것이 아니라 사람과 사람이 이어지기 위한 '장' 속에서 소통에 의해 배워지는 것이다.

그래서 피어러닝 수업도 작문과 독해 등의 일본어 과제를 수행하는 것과 타자와 관계를 구축하는 속에서 자신과 타자에 대한 이해를 심화시키는 것은 일체라고 생각하며, 그러한 자리를 마련하는 것을 의식하게 되었다. 아래에 재일 한국인작가가 쓴 '나라'를 테마로 한 작품을 텍스트로 했을 때의 수업을 예로 텍스트와 자신을 관련 짓는 것에 대해 검토한다. 수업의 진행은 다음과 같다.

① 텍스트를 읽고 글쓴 이의 주장을 이해한다.
② 글쓴 이의 주장을 비판적으로 검토하여 자신만의 의견을 가진다.
③ 자기 주장을 클래스메이트에게 전하고 클래스메이트의 주장을 이해한다.
④ 클래스메이트와의 대화를 통해 자신의 생각을 심화시킨다.
⑤ 대화에 근거하여 "나 자신에게 있어 나라란 무엇인가?"라는 테마로 작문을 쓴다.
⑥ 서로의 작문을 읽고 코멘트한다.

<사례 1>

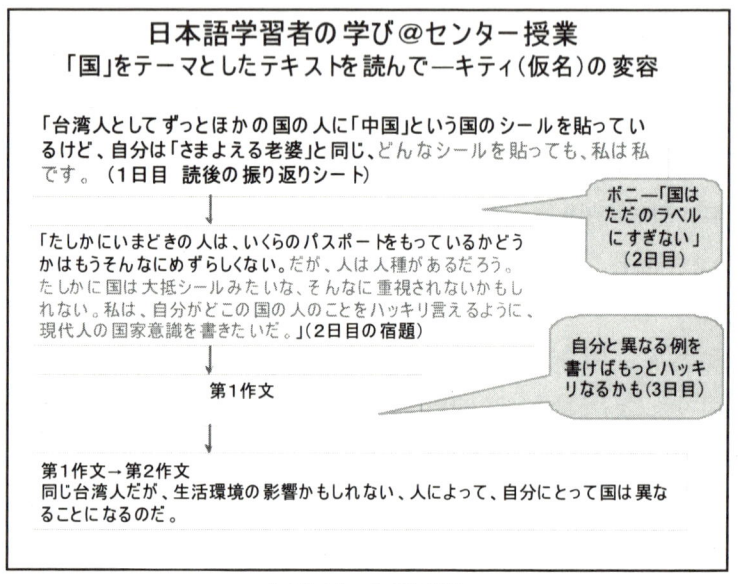

〈그림 5〉 키티의 변화

타이완 출신인 키티는 수업 초반에는 텍스트 속의 글쓴 이의 있어서의 나라란 아래와 같은 것으로 파악하고 있다. 본고에서는 키티가 쓴 원문 그대로 게재한다.

"자기(글쓴 이)가 재일 한국인으로서의 시점에서 나라와 사람이란 이제는 예전의 국민국가와 같이 단순하지 않다. 이런 현대사회가 안고 있는 문제에 대해서 사회의식을 환기시키고 싶다. 하지만 나 자신의 무력함이 슬프게 느껴진다. <한국어 역>

自分(筆者)が在日韓国人としての視点から、国と人はとはもう従来の国民国家のような単純ではない。こんな現代社会が抱えている問題について、

社会意識を喚起させたい。でも、自身の無力に悲しく感じる。<원문>"

　여기까지는 글쓴 이의 주장을 이해하려 하는 것에 멈춰, 충분히 키티 자신과 관련을 짓을 수가 없었다. 그래서 ①과 ②의 물음을 설정했다.

　① "텍스트에 등장하는 인물과 비슷한 사람이 당신 주변에 있습니까?"

　그에 대해 타이완 출신인 키티는 "비슷한 사람이 있습니다. 제 아버지는 말레이시아에서 왔습니다. 여권이라면 두 쪽 다 가지고 있어요"라고 대답했다.

　또한 감상 평으로 "타이완인으로서 줄곧 다른 나라 사람이 중국이란 나라의 꼬리표를 달고 있지만 어떤 꼬리표를 붙여도 나는 나입니다.(후략)"라고 말하며, 자신이 다른 사람에게 중국인으로 여겨지는 경험을 뒤돌아보고 그것을 유감스럽게 생각하면서도 '나는 나'라고 주장하고 있다. 타이완인으로서의 강한 의식을 갖고 있는 것이 엿보이며 작문에도 그 테마는 이어진다.

　② "당신에게 있어서 나라란 어떠한 것인지, 글쓴 이와 같은 점과 다른 점은 무엇인지, 그 이유 등을 생각해봅시다"

　이 물음에 대해 키티는 "나에게 있어서 나라란, 나의 신분증명이다. 글쓴 이와 마찬가지. 비록 나는 일본에 계속 산다고 해도 나는 마침내 일본인이 아니라 나는 우리 나라 사람이다. 아무리 여권을 가지고 있어도 우리 나라 사람이다"라고 대답하고 있다. 또한 그룹 내 동료인 보니가 "나라는 라벨에 지나지 않느냐?"고 발언한 것에 대해 "나 자신이 어느 나라 사람인지 분명히 말하고 싶다"고 생각하고 있는 듯하다. 이와 같은 물음에 의해 텍스트의 테마를 자신과 관련지을 수가 있지

않을까 한다. 이것을 출발점으로 하여 작문 스케줄을 생각했다. 키티의 작문에 대해서 "자기와 다른 사람의 예를 쓰면 좋겠다"는 조언이 있어 키티는 타이완 출신으로 여권을 많이 가지고 싶어한다는 친구의 에피소드를 추가하여 "사람에 따라서 환경에 따라서 다르다"고 작문을 수정했다. 키티는 텍스트를 읽고 나라와 자신과의 관계를 생각하고 동료와의 소통을 통해 먼저 현재의 자신을 자리매기고 있다. 더불어 대화를 통해서 다른 사람과 자신과의 차이를 검토하여 자신의 생각을 갱신하고 있는 것이다.

　<사례 2>
　다른 그룹에서는 캐나다계 미국인인 보니와 독일인인 예니는 같은 텍스트를 읽고 나라와 정체성의 관계에 대해 토론하고 있었다. 예니가 생각하는 '정체성'과 보니가 생각하는 '정체성'이 다른 점에 예니는 깨달았다. "사고방식의 차이는 왜 생기는가?"라는 점에 대해 이야기를 나누는 가운데, 보니는 미국인인 자신과 캐나다인인 자신을 느낄 때가 있다고 설명했고, 예니는 "나는 정체성은 하나인 것으로 생각하고 있었는데 보니와 이야기를 하는 중에 보니는 그렇게 생각하고 있지 않은 것을 알 수 있었다. 보니에게 있어서는 한 사람 안에 여러 개의 정체성이 있다. 그것은 나에게 있어서 대립적인 의견이 아니라 나는 보니와 같이 생각할 수도 있겠다고 생각했다"고 이야기하기에 이른다.
　이와 같이 타자와 교실에서 함께 텍스트를 읽는다는 활동은 <그림 3>에서 말한 대상(=텍스트)과 대치하며(맞서며), 또한 타자를 이해하려고 하고, 그리고 자기자신을 자리매김하는 활동이 되게 되었다. 텍스트의 테마를 자기자신의 문제로 파악함으로써 대상과 타자와 자신을 잇는 삼위일체가 촉진되게 된 것이라 할 수 있겠다. 이렇게 텍스트를 둘러싼 타자와의 대화를 통해 상이점과 공통점을 의식하고 자기자

신을 사회적 혹은 역사적으로 자리매김하는 것이야말로 "교실에서 글을 읽는다"는 것의 의미이지 않을까? 이와 같이 세 개의 삼각형이 성립하게 된 것이 두 번째 스테이지다.

　교사는 학습환경을 디자인하면서도 실제 수업에서는 상기의 삼위일체가 실현되도록 촉진시키는 역할을 가지고 있다고 할 수 있을 것이다.

3. 함께 만들다─협동의 세 번째 스테이지

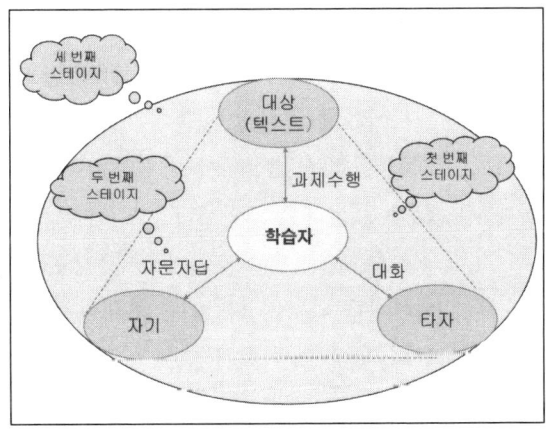

〈그림 6〉 협동을 통한 배움의 '장'의 세 번째 스테이지

　어떠한 텍스트가 학습자들에게 있어 자신 스스로와 관련지을 수 있는지 알 수 있는 것은 교사가 아니라 학습자들이다. 두 번째 스테이지는 학습자 자신과 관련지을 수 있는 장을 마련하는 것이 중요했다. 두 번째 스테이지 실천 속에서 당연한 흐름으로, 텍스트 선택에 대해 학습자들의 의견을 구하게 되어갔다. 또한 활동 내용도 그들과 함께 만들어가게 되었다. 즉, 세 가지 삼각형이 성립하는 '장' 자체를 교사와

학습자들이 하나가 되어 함께 만들어가게 된 것이다. 이것이 세 번째 스테이지다.

1) 갈등 속에서 '함께 만들다/창조하다' – 실천사례로부터

두 번째 스테이지까지의 수업실천에서는 학습자에게 원하는 테마를 물은 적은 있지만 기본적으로는 교사가 텍스트를 선정하고 수업디자인을 하여 수업을 실시해왔다. 하지만 그러던 어느 날, 톰이란 학습자로부터 "이것을 읽으면 어떨까요?"하고 텍스트를 제안 받았다. 그를 계기로 반 전체가 텍스트 선택과 바람직한 수업 상에 대해 이야기를 나누게 되었다. 이 경위에 대해서는 '톰 프로젝트'라는 이름으로 이미 몇 차례 논한 바 있으므로[7] 여기에서는 간단히 서술한다.

학습자 톰은 담당교사에게 뉴스위크 일본어판 중에서 식량문제에 관한 기사를 가지고 와서 이것을 교실에서 다루면 어떨지, 그 문제를 반 전체와 함께 생각해보고 싶다고 제안했다. 그를 계기로 애당초 이 수업에 있어서, ①'좋은 텍스트란 어떤 것인가?", ②'좋은 수업이란 어떤 것인가?"에 대해 이야기를 나누게 되었다[8]. 대화 속에서 각자의 의견이 충돌하는 가운데 왜 톰이 그 기사를 읽고 싶은지가 화제로 떠올랐다. 톰에 따르면, 인턴쉽으로 아프리카에 갔을 때부터 아프리카의 식량문제를 자신의 문제로 생각하게 되어 반 전체와 함께 그 기사를 읽고 생각해보고 싶다고 생각했다고 한다. 이 대화는 톰에 의해 제안된 텍스트를 수업에서 사용할 것인지 여부를 결정하는 것 이상의 의미가 있는 것이었다.

대화를 나눈 결과, 교사와 학습자들의 합의 하에 지금까지의 스케줄을 변경하여 부랴부랴 '식량문제'라는 새로운 유니트를 만들게 되었

---

7 다테오카(舘岡, 2010 ; 2012)를 참조.
8 수업은 '크리티컬 리딩'이란 이름의 피어리딩을 통한 독해수업.

다. 교실의 다른 학습자들의 요구에 따라 톰은 배경 설명을 하게 되었고 또한 수업도우미로 들어와 있던 리라는 학생도 자국의 식량문제에 대해 발표를 하게 되었다. 단어리스트를 만든 것도 학습자들이었다. 즉, 텍스트의 선택뿐만 아니라 수업 자체를 함께 만들어나간 것이다.

이 대화에 대해서는 다테오카(舘岡, 2010)에 상세히 기술되어 있는데, 그 중에서 "교실에서의 '배움'은 교사가 만들어 학습자에게 전달하는 것이 아니라, 학습자 스스로가 구심력과 원심력의 갈등(struggle)의 소용돌이 속에서 타자와 협동하면서 주체적으로 만들어내는 것이라 할 수 있을 것이다"고 논하고 있다. 과연 어떠한 수업을 좋다고 할 것인가? 어떠한 텍스트를 좋다고 할 것인가? 교실에는 학습자들과 교사들의 다양하고도 다른 가치관이 존재하고 자칫 각자의 주장은 그 다양성으로 인해 확산해나가 버리고 만다. 그러나 이 원심적인 힘뿐만이 아니라 교실이란 공동체(community)에는 공통의 목표를 향해 협력하며 나아가고자 하는 구심적인 힘도 작용한다. 앞서 말한 대화에서는 바로 이 원심력과 구심력의 '갈등'을 목격할 수 있다. 학습자들은 주어진 것을 주어진 방식으로 읽는 것이 아니라, 서로 좋다고 여기는 것, 가치가 있다고 여기는 것을 실현하기 위해서 스스로 주장하고 타자의 주장을 듣고 그 갈등 속에서 사고하며 '스스로의 배움'을 실현하고자 하려 했던 것으로 생각된다.

여기에서는 <그림 4>에서 나타낸 삼각형의 장, 협동에 의한 학습환경 자체가 교사에 의해서라기 보다도 교실 참가자 모두에 의해 만들어지고 있었다. 이것이 세 번째 스테이지다.

2) '톰 프로젝트'가 가져온 것

교실 참가자 모두가 함께 만들어낸 '톰 프로젝트'는 참가자 각자에게 다양한 배움을 가져왔다.

학습자들에게는 주체적인 참가를 촉진하게 되었다. 그를 뒷받침했던 것으로 생각되는 것이 학습자 자신의 학습관에 대한 깨달음과 변화였다. 앞 절에서 등장했던 수업도우미로 수업 만들기에 입후보했던 리는 자신이 예전에는 교사로부터 주어진 것을 일방적으로 받는다고 하는 학습관을 가지고 있었던 점에 깨달아, 수업에서는 학습자에게도 역할이 있다고 생각했기 때문에 수업 만들기에 입후보했다고 말한다. 리는 이 수업을 '라이브와 같은 수업'이라고 평하고 있으며 이 말은 바로 '함께 만든다'는 것을 잘 나타내고 있다. 함께 만들어나감으로써 리는 '배움'을 일방적으로 받는 사람에서 스스로 만들어내는 사람으로 변화해나간 것이다.

또한 실습생[9]에게는 학습자에게 있어서의 '배움'의 의의를 생각하는 기회가 되었다. 예를 들어, 텍스트를 고를 때나 과제를 생각할 때, "왜 그것이어야 하나?"라고 물어나가는 것의 중요함을 체험하게 되었다.

학습자와 실습생 뿐만 아니라 교사(필자)에게도 배운 점이 있다. 학습자에게 좋을 것으로 생각해 고안한 교사의 디자인이 만약 그대로 고정화되어 버리면 교사가 자신의 생각을 절대화할 가능성을 가지고 있다는 것을 깨닫게 되는 기회도 되었던 것이다. '함께 만든다'고 하는 것은, 교사 자신이 좋은 수업을 목표로 주도면밀하게 준비를 하고 거기에 학습자를 참가시켜 일탈하지 않게끔 콘트롤하는 것이 아니라, 교실이란 '장'의 역동성 안에서 그 '장'에 맡기는 것을 뜻한다. 즉, 교사가 바지런히 만들어낸 수업에 학습자가 참가해주거나/학습자를 참가시키는 것이 아니라 '만들다=참가하다'라는 동시성을 뜻한다. 거기에는 '만드는 사람 = 교사', '그것을 사용해 배우는 사람 = 학습자'라고 하는 사람과 역할의 고정화와 이항대립이 없어져 가변성이 발생한다.

---

9 본 실천은 일본어를 주전공으로 하는 대학원의 실습수업의 대상이 되어 있다. 실습생인 대학원생들은 팀을 꾸려 교사 역할을 하며 수업을 디자인하거나 교단에 서서 지시를 하며 함께 학습활동에 참가해왔다.

이것은 반드시 교사는 있을 필요가 없다고 말하고 있는 것도, 교사는 아무런 준비를 하지 않아도 좋다고 말하고 있는 것도 아니다. 교사는 교실공동체에 참가한 참가자 한 사람 한 사람이 주체적으로 배울 수 있는, 주체적으로 참가할 수 있는 학습환경의 장을 마련하는 사람이기는 하지만, 교실이란 '장'의 일원으로서 참가자이기도 하다. 교사가 디자인하고 학습자가 그에 따라 배운다고 하는 것이 아니라, 교사와 학습자는 교재는 물론 수업까지 함께 만들어감으로써 '참가 = 배움'의 동시성이 실현되는 장이 창출되는 것이 아닐까? 주체적인 배움을 실현한다고 하는 의미에 있어 학습자 자신이 스스로가 배울 교과서나 교재를 만들고, 장을 만들고, 수업을 만든다고 하는 가능성에 대해 더욱 검토해나갈 필요가 있을 것으로 생각한다.

Ⅴ 맺음말 – 다시 한 번 '학습환경디자인'이란

본고의 목적은 '학습환경디자인'이란 발상을 제시하는 것이었다. 물론 학습이 일어나는 '장'은 서두에서 말한 바와 같이 교실에만 국한되는 것이 아니라 학습환경은 교실 밖에도 펼쳐져 있다. 학습의 주체인 학습자를 둘러싼 학습환경 전체를 시야에 넣은 검토가 필요할 것이다. 그 중에서 본고에서는 특히 교실이란 특별한 학습환경에 대해 교수법과의 대비를 통해 학습환경디자인이란 발상을 제시했다. 여기에서는 '학습환경디자인'에 대해 우선 "학습환경은 누가, 누구를 위해 디자인하는가?"에 대해, 그리고 두 번째로 "디자인하는 것과 수업은 어떠한 관계에 있는가?"라는 점에 대해 생각하고자 한다.

먼저 첫 번째인 '누가, 누구를 위해'에 대해서는 교육현장에서 '교사가 학습자를 위해' 디자인한다고 생각할지도 모른다. 하지만 그래서는

교수법과 마찬가지로 학습자의 배움은 교사의 디자인 안에 있게 된다. 학습자가 주체적으로 배우는 장을 교사가 디자인한다는 것 자체가 자기모순인 것이다. 실제로는 학습자의 배움은 교사가 디자인한 범위에 다 들어가지 않는다. 따라서 교사가 어떠한 환경을 만들어서 학습자에게 전하는 것이 아니라, 세 번째 스테이지에서 나타낸 것과 같이 교사와 학습자가 이항대립을 넘어서 함께 다지인하고 수업을 만들어간다는 것이 아닐까 생각한다.

　다음으로 두 번째인 '디자인과 수업의 관계'에 대해서 생각해보자. 먼저 디자인을 하고 다음으로 그에 기초하여 수업을 하는 것이 아니라 동시에 이루어진다고 하는 점이다. 디자인과 수업에 관련하여 언어교육('말' 교육)에서 종래에 생각되어오던 것은 어떠한 "요구(needs)를 만족시키기"위한 방법이다. 문제A에 대처하기 위해서 방법B가 이용되고 그에 따라 결과C가 생겨난다. 여기에서는 문제A와 방법B와 결과C는 서로 제각각 분리되어 있으며 A를 올바르게 고정시키고 B를 적절히 사용함으로써 예측되는 결과C가 생겨나는 것이다. B의 방법은 교수법이거나 교재가 된다. 어떤 학습자가 독해력이 향상되지 않는 것은 한자를 모르기 때문이라는 문제A가 고정되면 그를 위해서는 이러저러한 한자 학습방법과 연습문제 등이 이용되고 그것들은 어떠한 성과를 올린다.

　하지만 학습환경을 디자인하고 학습자 서로가 피어러닝을 한다고 하는 것은 질문A와 방법B와 결과C가 동시에 일어난다는 것이 된다. 순서적으로 A→B→C가 되는 것이 아니라, 그에 앞서 먼저 테마에 대해 생각한다고 하는 협동적인 활동이 있다. 활동하는 속에서 "이것을 못 하겠다, "이것을 잘 모르겠다"고 하는 문제를 깨닫는다. 활동을 해보지 않고서 무엇이 문제인지는 알 길이 없으며 또한 학습자 한 명 한 명이 가지게 되는 문제는 제각각이다. 다시 말해, 사전에 교사가 문제

가 A일 것으로 예상하고 준비를 하고 그를 위한 대처방법으로써의 학습방법B를 제안하여 수업 중에 그것을 써봄으로써 그에 대한 해결능력C가 체득된다고 하는 것이 아니다. 먼저 활동을 해 본다. 어떠한 방법이 언제나 유효한 것이 아니라 여러 가지 방법으로 활동을 전개하는 속에서 어떠한 방법에 있어서 어떠한 문제가 해결되는 지를 체험한다. 즉, 어떠한 방법으로 활동하는 것과 어떠한 결과가 나타나는 것은 동시에 일어나는 것이다.

예를 들면, 테리와 샐리가 협동해서 텍스트를 읽었을 때, 샐리는 (아마도 처음에는 잘 이해가 가지 않아서였겠지만) 처음에는 그냥 읽어 넘기던 부분에 대해서 테리로부터 나온 다른 각도에서의 질문에 대답을 하는 프로세스 속에서 갑자기 납득이 가지 않던 부분을 알게 되어, "아아, 이런 거였구나!"하며 스스로 이해하고 확인하고 있다. 이것은 문제 자체가 명확하지 않았음에도 불구하고 대화 활동 속에서 문제와 해법과 결과가 동시에 나타난 예다. 이 일련의 '배움'은, 어떠한 것에 대해서는 교사가 사전에 그물을 쳐둔 점도 있겠지만, 학습자들의 깨달음의 범위는 교사의 예측을 훨씬 뛰어넘고 있다. 키티나 예니의 깨달음도 본인들이 나라에 대해서 어떻게 파악하고 있는지는 교사로서는 알 길이 없으므로 여기에서의 '배움'을 예상하는 것은 불가능하다.

지금까지 논한 먼저 교사와 학습자가 "함께 만든다"는 것과 두 번째로 디자인과 수업이 동시라는 점은 실제로는 일체인 것을 알 수 있다. 활동 속에서 배운다고 하는 것은, 그 활동을 통해 문제에 대한 해결방법과 결과가 동시에 일어나고 그것이 연속적으로 계속해서 발생해나가는 것이며 그 활동 프로세스를 교사와 학습자가 함께 만들어나가는 것이다.

반복이 되겠지만, 학습을 하는 것은 학습자다. 그 학습자가 자신의 '말'로써 타자를 향해 일본어를 사용하고 타자의 일본어를 이해하며

더욱더 소통을 이어나가는 것, 그러한 '장'을 교실에서 실현하는 것, 그것이 피어러닝이 실현하고자 하는 학습환경이다. 학습자는 스스로 그 학습환경을 만들고 주체적으로 참가하며 '스스로의 배움'을 만들어 나가는 것이다.

그렇다면 '함께 만드는' 속에서 교사가 해야 할 일은 무엇인가? 학습환경디자인의 전문가로서 배움의 장을 마련하기 위한 '토대'를 제시하는 것과 진지하게 배워나가는 자세를 가지고 배움의 장을 계속해서 만들기 위해서 학습자와 함께 토대를 무너뜨리고서 새로운 배움의 장을 또 다시 만들어가는 것이 아닐까 지금의 시점에서는 생각하고 있다.

참고문헌

池田玲子·舘岡洋子(2007)『ピア·ラーニング入門』ひつじ書房

ガーゲン、ケネス／永田素彦·深尾誠訳(2004)『社会構成主義の理論と実践―関係性が現実をつくる』ナカニシヤ出版

久保田賢一(2000)『構成主義パラダイムと学習環境デザイン』関西大学出版部

舘岡洋子(2000)「読解過程における学習者間の相互作用―ピア·リーディングの可能性をめぐって」『アメリカ·カナダ大学連合日本研究センター紀要』23, pp.25-50

_____(2001)「読解過程における自問自答と問題解決方略」『日本語教育』111号, pp.66-75

_____(2002)「日本語でのアカデミック·スキルの養成と自律的学習」『東海大学紀要留学生教育センター』第22号, pp.1-20

_____(2003)「読解授業における協働的学習」『東海大学紀要留学生教育センター』23, pp.67-83

_____(2005)『ひとりで読むことからピア·リーディングへ―日本語学習者の読解過程と対話的協働学習』東海大学出版会

_____(2007)「ピア·ラーニングとは」池田玲子·舘岡洋子前掲書, pp.35-69

_____(2010)「多様な価値づけのせめぎあいの場としての教室―授業のあり方

を語り合う授業と教師の実践研究」『早稲田日本語教育学』第 7 号，
1-24(http://dspace.wul.waseda.ac.jp/dspace/bitstream/2065/29807/1/Was
edaNihongoKyoikugaku_07_Tateoka.pdf)

Deci, Edward L.; and Ryan, Richard M.(1985). *Intrinsic motivation and self-determination in human behavior.* New York: Plenum

Mehan, H.(1979) *Learning lessons — Social organization in the classroom.* Harvard University Press.

Wood, D., J.S.Bruner and G.Ross(1976) The role of tutoring in problem solving. *Journal of Child Psychology and Psychiatry.* 17, pp.89-100

일본어학과 일본어교육

日本語学・日本語教育

7 일본어 교육(日本語教育)

『일본어학·일본어교육강좌』 한국인 학습자를 위한 일본어 음성 연구와 교육

도다 다카코 *
와세다대학교 교수

I 머리말

일본어교육현장에서 한국인 학습자는 문법의 습득은 빠르지만 발음에는 특유의 억양이 남는 경우가 많다고 종종 지적된다. 확실히 한국어와 일본어 문법에는 많은 유사점이 있어, 이러한 유사점이 일본어습득의 긍정적 요인으로 크게 작용하는 듯 하다. 하지만 발음에 있어서는 상급 수준이라 하더라도 청탁의 혼동, ザ행의 발음, ツ의 발음, 특수박, 악센트, 인토네이션 등의 과제가 남는 경우가 많다. 음성상의문제는 발음뿐만 아니라 청해와 어휘의 습득 등 일본어교육의 다른 영역에도 영향을 끼치고 있다(도다(戸田, 2010)).

* 戸田貴子 : 早稲田大学

이와 같은 문제들은 예전부터 일본어교육 관계자들이 지적해 온 사항들이지만, 현재의 일본어교육 현장에서도 음성교육의 실천이 충분히 이뤄지고 있다고는 말하기 어려운 실정이다. 이러한 이유로서는 '발음이 다소 부정확하더라도 의미가 전달된다면 문제없다'는 교사의 신념과 '한정된 수업시간 내에 발음까지 다루기가 힘들다'는 물리적인 제약 등을 들 수 있다. 또한 '성인이 된 후의 발음 습득은 불가능 한 것이 아닐까'라는 음성습득 가능성 자체에 대한 의문을 갖는 경우도 있다. 분명 발음이 부정확해도 의미가 통하면 된다고 하는 커뮤니케이션관은 일리가 있다. 하지만 정말로 발음에 문제가 있어도 청자에게 그 의도가 분명히 전달되는 것일까? 또한 성인학습자는 실제로 발음연습을 한다고 해도 높은 수준의 음성습득이 불가능한 것일까? 이러한 의문들에 관한 체계적인 조사 및 연구로부터 알게 된 결과는 그 수가 놀랄 정도로 적으며, 연구의 여지가 많이 남아있다.

실제로 일본어학습자의 발음상의 문제는 단순히 '정확성'이나 '자연스러움'이 부족한 것에 그치지 않는다. 최대 문제점은 커뮤니케이션에 지장을 초래한다는 점이다. 다음은 어느 한국인 학습자의 경험담이다. 더운 날씨에도 불구하고 하루 종일 아파트를 함께 구해 준 친절한 일본인에게 '죄송한' 마음으로 '그래요(そうですか)'라고 말하려고 했지만, 인토네이션의 오용으로 인해 상대방을 '의심하고 있는' 듯이 오해되어 상대방의 기분을 상하게 만들어버렸다. 또한 발음상의 문제는 상대방에게 자신이 의도하지 않은 인상이 전해지는 원인이 되기도 한다. 필자가 이전 학교에서 발음 지도를 했던 때의 일이다. 어느 한국인 학습자는 '筑波大学で物理の研究をしています(츠쿠바대학에서 물리를 연구하고 있습니다)'를 'ちゅくばだいがくでぶちゅりのけんきゅをしています'로 발음했다. 이것을 한글로 표기하면, '츄쿠바다이가쿠데 부츄리노겐큐오 시테이마스'가 된다. 전문적인 연구를 하기 위해 일본에

온, 일본어 능력도 높은 학습자였다. 하지만, 한국어 모어의 간섭을 심하게 받아 더듬거리는 그의 발음은, 일본어 모어화자들에게 어린아이의 발음을 연상시켜, 본인이 갖고 있는 지적인 인상과는 동떨어진 것이 되어버렸다. 따라서 '자기소개를 하면 웃음거리가 되어버리기 때문에 발음 연습을 하고 싶다'고 했다.

　장래에 일본어를 사용하여 활약하고자 하는 직업적 동기를 가진 학습자들에게 발음은 더욱 절실한 문제이다. 와세다대학에도 수많은 유학생이 일본어교육 전문가가 되고자 일본에 와서 매일같이 절차탁마하고 있다. 하지만 재학 중인 유학생으로부터 발음 문제로 인해 구두발표와 수업실습 등에 자신이 생기지 않는다는 고민을 듣곤 한다. 또한 귀국한 수료생으로부터, 모어 특유의 발음이 강하게 남은 한국인 일본어교사의 수업은 학생들이 잘 수강하려고 하지 않는다는 냉정한 현실을 듣기도 하였다.

　위와 같은 예로부터 학습자 음성의 연구와 교육의 최종 목표는 단순히 언어구성 요소로서의 음성상의 정확성과 규범으로서의 '정확한 발음'이 아닌, 학습자 스스로가 목표로 하는 일본어 능력 달성을 위한 음성표현력, 즉 청자에게 전달하고자 하는 내용과 마음, 인상 등을 사유롭게 표현할 수 있는 음성의 육성이라고 생각한다. 필자는 이와 같은 관점에서 일본어교육에 공헌하고자 학습자 음성의 연구와 교육에 종사하고 있다. 아래에서는 최근의 조사연구 성과를 소개하고 한국인 학습자를 위한 일본어음성의 연구와 교육에 대해 생각해 보고자 한다.

Ⅱ 한국인 학습자 발음상의 문제점

　와세다대학 일본어교육연구센터에 설치된 발음코스의 수강희망자

1216명을 대상으로 앙케이트 조사를 실시했다(도다(戸田, 2008a)). 한국인 학습자가 스스로 인식하고 있는 발음 상의 문제점으로서 ザ행의 발음, ツ의 발음, 특수박, 악센트, 인토네이션에 관한 기술이 많았다. 다른 문제점으로는 청탁음의 혼동과 [h]의 탈락 등이 있었다.

1. ザ행의 발음·ツ의 발음

- 발음 중에서도 특히 「ザ, ジ, ズ, ゼ, ぞ」가 잘 안됩니다. 이런 어려운 일본어 발음을 배우고 싶습니다.
- ザ행의 발음과 ジャ행 발음의 구별이 안됩니다.
- 한국에는 없는 발음(예를 들어「ザ」, 「つ」등)이 어렵습니다.
- 「つ」의 발음이 「ちゅ」로 들린다고 지적을 받습니다.

2. 특수박

- 주의하며 발음하는데도 'ん'박(拍)의 길이가 짧다고 자주 지적 받습니다.
- 장음과 촉음이 잘 안 들립니다. 구별을 잘 못하겠습니다.
- 장음과 단음의 구별이 어렵습니다. 예를 들면 "よ"와"よう"입니다.
- 작은「つ」와「ん」등의 발음이 좋지 않습니다. 장음을 제대로 발음하지 않는 경우도 있습니다.

3. 악센트·인토네이션

- 한국어로 말하듯이 일본어를 발음합니다. 또한 혼자서 책을 읽으며 공

---

1 원문 그대로를 인용하였다.

부해왔기 때문에 악센트와 인토네이션을 연습할 기회가 없었습니다.

- 악센트와 인토네이션이 걱정입니다. 일본사람에게 종종 이바라키현 출신이냐는 질문을 받고는 합니다.
- 인토네이션이 엉망진창입니다. 그래서 이번 기회에 제대로 공부해보고 싶습니다.
- 일본인의 발음과 제 발음에서 인토네이션이 다르다는 것은 알고 있지만 좀처럼 고쳐지지 않습니다.
- 한국어로 말할 때의 악센트와 인토네이션이 그대로 남아있어서 일본어의 발음이 부자연스럽다고 생각합니다.

이 외에도 청탁음의 혼동에 관한 예가 있다.

- 「が」의 발음이 어려운데, 종종 일본사람에게는「か」로 들리는 듯 합니다.
- 「゜」발음이 잘 안 들리고, 발음할 때에도 좀 어색합니다.

또한, 한국인 학습자의 기술 중에는 다음과 같은 청탁음의 혼동이 나타난 예도 있다. 이러한 문제는 단순한 발음의 부자연스러움만이 아니라 어휘를 부정확하게 외우거나 키보드 입력의 문제로 한자변환이 제대로 안 되는 등의 문제로 이어진다.

- 탁음(たくおん)을 틀린다. (だくおん)
- 다른 사람으로부터 '네 일본어는 때때로(ときとき)한국어로 들려'라는 이야기를 듣고는 합니다. (ときどき)
- 탁점(でんでん)이 있는지 없는지를 잘 모르겠습니다. (てんてん)

이와 같은 조사 결과로부터 발음 학습을 희망하는 한국인 학습자의 대부분은 자신의 문제점을 잘 인식하고 있으며 모어의 간섭에 관해서도 구체적으로 기술하고 있다고 할 수 있다. 이러한 학습자의 니즈에 부응하기 위해서는 'ザ행 음의 발음에 주의합시다', '인토네이션이 문제이네요' 등의 '지적'만으로는 충분하지 않으며, 구체적인 발음연습을 통한 '지도'의 필요성이 시사된다.

Ⅲ 발음상의 문제가 일본어 학습자에게 끼치는 영향

1. 커뮤니케이션

음성은 화자의 의도를 전달하는 데 중요한 역할을 담당한다. 표기상으로는 같은 문장이라도, 발음했을 때 의미가 변해버리는 경우마저 생긴다(구보조노(窪園, 2008)). 아래의 코멘트는 앞에서 말한 한국인 학습자의 인토네이션 오용례와 같이 발음상의 문제가 커뮤니케이션에 장애가 된다고 학습자가 인식하고 있음을 나타내는 것으로, 이는 매우 절실한 문제이다. 일본에 와서 일본인과의 접촉장면이 늘어나고, 더욱이 한국에서처럼 현지 한국인 학습자의 발음에 익숙해져 있는 교사와 일본인이 아니기 때문에, 발음상의 문제점이 더더욱 커뮤니케이션에 영향을 끼치는 것이 아닌지 사료된다.[2]

---

2   커뮤니케이션에 지장이 생기는 원인은 문법적인 오용과 어휘의 문제 등 발음에 한정된 것이 아닐 가능성이 있다. 하지만 여기서 예로 든 코멘트는 '자신의 발음의 문제점을 자세히 써 주세요(자유기술)' 의 조사항목에 대한 답변으로써 자신이 발음의 문제가 커뮤니케이션에 장애가 되고 있다는 인식을 학습자가 가지고 있다는 것을 보여준다.

- 일본어로 말할 때, 특유의 말투 때문에 전하고자 하는 말이 상대방에 게 잘 전달되지 못한 적이 있습니다.
- 탁음의 발음이 정확하지 못해서 일본인이 잘 못 알아듣습니다.
- 종종 악센트와 인토네이션이 이상해서 일본인 친구가 지적하거나 다시 물어보거나 합니다.
- 일본인 친구와 이야기를 하면, 제 인토네이션이 너무 많이 틀려서 재미있다고 합니다.

이상으로, 학습자 스스로 발음상의 문제가 커뮤니케이션에 지장을 주고 있다는 인식을 갖고 있다는 사실을 알 수 있었다. '발음이 다소 부정확해도 의미가 전달되면 문제 없다'는 교사 측의 신념과, '발음상의 문제로 인해 의미가 전달되지 않는다'는 학습자 측의 인식의 차이를 볼 수 있으며, 커뮤니케이션을 위한 음성교육의 필요성이 시사된다.

2. 학습자세

학습자의 코멘트를 통해, 발음에 자신이 없으면 학습자세가 나소 소극적이 되어가는 모습을 볼 수 있다.

- 지금껏 발음에 대해서 공부한 적이 없었기 때문에 일본친구와 이야기할 때 갑자기 발음이 신경 쓰여서 대화 도중에 '내 발음 괜찮아?'라고 물어보곤 했습니다. 발표를 할 때에도 발음이 너무 신경 쓰여서 제대로 발표를 하지 못한 적도 있습니다. 이 수업에서 발음에 대해서 공부하고 연습하면 좀 더 자신을 갖고 이야기 할 수 있을 것 같습니다.
- 일본어를 배울 때 교과서의 문법위주로 하는 공부가 대부분이었고, 발음과 인토네이션에 대해서는 배운 적이 없습니다. 그래서 말할 때 발

음이 자연스럽지 않은 것에 너무 신경을 쓰는 나머지 목소리가 작아지기 일쑤입니다. 특히 끊어 읽어야 할 곳을 찾기 어려운 긴 문장이 더 힘듭니다. 탁음과 촉음도 어렵습니다. 이 수업을 통해서 듣는 이에게 알아듣기 쉬운, 자신감 있는 목소리로 말할 수 있게 되면 좋겠습니다.

• 자신이 없는 발음은 얼버무리며 발음해버립니다.
• 장음, 탁음, 인토네이션 등 전체적으로 발음이 부정확하고 잘 못하겠습니다. 특히 자신이 없어서 목소리가 작아져 버리는 것이 걱정입니다.

앞서 말했듯이 발음이 이상하다고 지적을 받거나, 발음상의 문제가 커뮤니케이션에 지장을 초래하여 '전하고 싶은 것이 전해지지 않는' 경험을 반복하거나 하는 사이에, 학습자세가 소극적이 되어버린다. 모처럼 일본에 와서 일본인과의 접촉장면이 늘어났음에도 불구하고, 학습기회를 활용하지 못하게 되기도 한다. 또한, 이와 같은 상황이 학습의욕의 저하로 이어지지는 않을까 걱정된다.

Ⅳ 성인학습자의 음성습득 가능성

그렇다면 성인학습자에게 음성습득의 가능성은 있는 것일까? 지금까지 언어습득에 있어서 모어의 영향이 가장 현저하게 나타나는 언어영역이 음성·음운영역이라고 알려져 왔다. 실제로 어릴 적에 학습을 시작한 경우, 금방 네이티브와 같은 발음으로 말할 수 있지만, 성인이 되어 학습을 시작한 경우에는 모어의 '말투'가 남아버린다는 통설은 실제로 우리가 느끼는 것과 일치한다. 성인이 된 후 시작한 학습에 있어서 고도의 음성습득이 불가능하다고 한다면, 학습자에게도 발음연습의 의의가 생기지 않으며, 또한 교사가 한정된 수업시간을 할애하여

발음지도를 하는 것에 의문을 갖게 되는 것도 당연하다.

언어습득에는 연령요인이 관여하고 있기 때문에, 언어에는 학습 가능한 기간이 존재한다고 하는 설을 '임계기 가설'이라고 한다. 이에 도다(戶田, 2008b)는 100명의 조사협력자를 대상으로 음성습득에 관한 연령요인의 관여와 네이티브 수준 음성습득의 가능성을 조사했다.[3] 그 결과, 학습개시연령과 발음습득도에는 상관관계가 있으며, 조기에 학습을 시작하는 편이 유리하다는 것이 밝혀졌다. 하지만 연령이 모든 것을 결정짓는 것이 아니라, 임계기가 지난 후 학습을 시작했음에도 불구하고 한국인 학습자를 포함한 복수의 학습자가 네이티브 수준의 음성습득을 달성한 것도 밝혀졌다. 조사 결과는 다음과 같다.

(1) 학습개시연령과 발음습득도에는 상관관계가 있으며, 조기에 학습을 시작하는 편이 습득에는 더 유리하다.

(2) 그러나 임계기를 지나서 학습을 시작한 경우에도, 학습에 따라 네이티브 수준의 발음습득이 가능하다.

(3) 학습성공자의 언어배경은 특정 모어(모 방언)에 한정되지 않았다.

본 연구의 결과 (1)은 음성습득에 관한 연령요인의 관여를 지지히고 있으며, 이는 어린아이는 금방 네이티브와 같은 발음으로 말할 수 있으나 성인이 된 후에는 모어의 '말투'가 남아 버린다는 통설을 뒷받침하는 결과이다. 하지만 연구 결과 (2)는 성인일본어학습자의 고도의 발음 습득 가능성을 보여주고 있어, II에서 서술한 발음상의 문제점을 인식하고 발음능력의 향상을 원하는 학습자들을 대상으로 하는 음성교육실천의 의의를 뒷받침하는 결과라고 할 수 있을 것이다.

모어(모 방언)와 일본어 음운체계의 대조에 근거하여, 일본어의 고

---

3   임계기에 관한 여러 가지 설과 네이티브 수준의 정의에 대해서는 도다(戶田, 2008b)를 참조 바란다.

저 악센트와 유사한 음운체계를 가지고 있는 한국어의 부산 방언화자가 서울 방언화자보다 발음습득에 유리하다고 말하기도 한다. 하지만 본 연구의 결과 (3)에는 서울방언화자도 다수 포함되어 있어, 모어(모방언) 이외의 요인(의식/ 학습방법/ 입력량 등)이 발음습득에 끼치는 영향이 모어(모 방언)전이의 영향을 넘어서는 것으로 생각된다.

종래의 연구에서는 모어(모 방언)/ 일본어 수준 등에 의거한 양적분석이 많이 이루어졌다. 하지만 본 연구의 결과로부터 음성습득의 실태를 해명하기 위해서는, 학습주체인 학습자의 다양한 개인적 요인을 무시할 수 없다는 것을 알 수 있다. 앞으로의 연구에서는 음성습득에 영향을 끼치는 개인적 요인도 고려해야 할 것이라고 생각한다.

<표 1> 학습성공자의 프로필

	학습자	국적	모어	모 방언	태어나고 자란 곳	도착 연령	학습개시 연령	조사시기 연령
1	KB1	한국	한국어	부산방언	부산	22	18	33
2	CS1	중국	중국어	상해방언	상해	22	18	25
3	CC1	중국	중국어	광동어	홍콩	20	19	22
4	KS1	한국	한국어	서울방언	서울	16	16	21
5	KS2	한국	한국어	서울방언	전주	26	19	32
6	CS2	중국	중국어	상해방언	상해	13	13	16
7	KS3	한국	한국어	서울방언	서울	26	26	32

Ⅴ 발음의 달인의 학습방법

앞장에서 성인이 된 후 학습을 시작한 경우라도 어떻게 학습하느냐에 따라 네이티브 수준의 발음습득이 가능하다고 하였다. 실제로 학습성공자는 어떻게 고도의 발음습득을 달성할 수 있었던 것일까? 만약

학습성공자의 학습방법에서 공통점을 찾아낼 수 있다면 음성교육실천에도 그 지견을 응용할 수 있지 않을까?

이와 같은 관점에서, 성인이 된 후 학습을 시작했는데도 불구하고 고도의 발음습득을 달성한 학습성공자의 특징을 밝히기 위해, 학습성공자를 대상으로 앙케이트 조사와 사후 인터뷰[4]를 실시하고, 그 결과를 분석했다(도다(戸田, 2008c)). 사후 인터뷰 결과로부터, 학습성공자가 예외적인 고도의 외국어학습능력보유자(도다(戸田, 2008b))라기 보다는, 발음학습에 대한 의식/ 학습방법/ 입력량 등의 이유로 인해 높은 발음습득도를 달성한 '발음의 달인'이라는 것이 밝혀졌다. 학습성공자의 공통된 특징은 다음과 같다. 1)음성적 측면에 초점을 맞춰, 메타언어로서의 일본어 음운을 학습, 2)발음에 대한 의식화, 3)풍부한 리소스(예: 텔레비전, 라디오, 드라마)의 활용[5], 4)음성화된 발음학습방법(예: 섀도잉, 음독)의 실천 및 지속, 5)음성에 대한 관심 및 높은 도달목표의 자가설정, 6)학습초기에 경험한 입력의 홍수

이하, 한국인 발음의 달인(KB1: 부산방언화자, KS1: 서울방언화자)외 하습방법을 중심으로 한 코멘트를 살펴본다.

1. 메타언어로서의 일본어 음운 학습

조사 결과, 학습성공자의 음성학습은 의미전달 속에서 이루어진 자연습득이 아니라, 오히려 언어형식을 초점화시킨 상황에서 이루어진 것이라는 특징이 나타났다. 학습성공자는 음성학이나 발음 수업을 통해 자신의 발음에 대한 의식화가 진행되었다는 코멘트를 반복하며, 음운규칙에 대한 이해가 목표언어음성의 산출에 도움이 되었다고 하였다.

---

4   필사와 학습성공자가 일대일로 반 구조화 인터뷰(30~45분)를 실시하였다.
5   인적 리소스(예 : 클럽활동을 통해 알게 된 친구, 선배)도 포함.

임계기를 지난 후 학습을 시작한 성인학습자가 단기간에 네이티브 수준의 발음습득을 달성하기 위해서는 언어형식을 초점화하여, 메타언어로서 일본어 음운의 학습 기회를 만드는 것이 효과적이라고 생각된다.

KB1 : 일본에서요. 대학교 학부에서. 일본에서 대학에 입학해서 1학년 때에 음성학 수업이 있어서 거기서 일본어 악센트에 대해 배웠어요. 아마 저의 말에도 이런 문제가 있을지도 모르겠다고 느꼈어요. 그래서 자신의 소리에 대해 조금 객관적으로 생각해 보자는 의식이 강해졌던 것 같아요.

T　 : 그 지식이 도움이 되었나요?

KB1: 네, 굉장히(강조) 도움이 되었어요. (중략) 그 음성학 수업을 들었기 때문에 이론적인 부분도 조금 알게 되어서, 음…… 한국어의 소리 체계에 따라서 달라질지도 모른다는 것과, 그리고 소리가 어떤 식으로 어느 위치에서 발음되는지 등의 지식을 알게 되어서, 제 스스로를 객관적으로 볼 수 있게 되었던 것 같아요. 예를 들어 ザ행의 발음을 ジャ행으로 발음했을지도 모르는데, 그것을 스스로 조금씩 고치려고 했었던 것 같아요.

KS1: 발음 수업이 무척 중요하다고 생각해요 저는. 발음 수업시간에 언제 내려가는지 등을 배우기 때문이에요, 1년 동안. 그런 것을 몇 개 샘플로 배우고 나면 이런 단어의 경우에는 이거랑 비슷하니 여기서 내려가겠구나 라고 머리로 알게 되어서…… 말할 때 한번 말해보면 다른 점을 금방 알게 되요. 기초지식이 없는 사람은 말해도 음, 거기서 내려가나? 라고 하잖아요. 규칙을 모르면…… 음…… 귀도 모르는 것은 알아듣지 못한다고 하잖아요. 그래서 들

리지 않거나 자기 입에서도 나오지 않기 때문에 기초지식은 어느
정도 필요하다고 생각해요.

2. 발음에 대한 의식화

학습성공자의 코멘트에는 '의식하다' '주의하다' '신경을 쓰다'의 표
현이 반복해서 나타나고 있어, 네이티브 수준의 발음습득을 달성하기
위해서는 발음에 대한 의식화가 중요하다는 것을 알 수 있다.

> KB1: 음…… 도중에 제가 발음에 대한 의식을 스스로 갖게 되었는데 그
> 때부터 꽤 많이 변하기 시작했다고 생각해요.
> (중략)
> T : 대학교 1학년이나 2학년 때의 강의가 꽤 영향을 끼치는 것 같나
> 요?
> KB1: 네. 영향을 많이 받았어요. 그 영향으로 무의식이었던 것이 의식으
> 로 변화 한 느낌이에요.

> KS1: 아, 의식을 하는 것이 가장 중요하다고 생각해요. (중략) 신경을 쓰
> 면서 말을 하면 점점 좋아질 것이라고 생각합니다. 의식이 중요해
> 요. 이야기하는 도중에도 이게 맞는 악센트인지를 주의하면서 말
> 하면…… 음, 제가 말하고 난 후에 이건 좀 이상한데? 라고 생각
> 하기도 하고…… (중략) 반드시 의식을 하는 것이 중요하다고 생
> 각합니다. 의식을 하지 않으면 모국어가 아니라서 의식 없이
> 는…… 음…… 네이티브, 여기에서 태어나지 않은 한 자연스럽게
> 나오지는 않기 때문에 머리를 사용해서 의식을 하지 않으면 안
> 된다고 생각합니다.

3. 풍부한 리소스의 활용

학습성공자는 텔레비전, 라디오, 드라마, 애니메이션 등 풍부한 리소스를 적극적으로 활용하고 있다. 이 외에도 악센트 사전과 아나운서 연구회의 기초연습장 등의 리소스를 사용한다는 코멘트가 있었다.

> KB1: 제일 먼저, 음, 기억하고 있는 것은 역시 밤에 혼자서 라디오, 일본 라디오 방송을 계속 들었던 것인데요 (중략)
>
> KB1: 아, 맞다. 일본어학교에서 그 한국의 일본어학원에서. 비디오, 일본의 애니메이션이나 드라마를 녹화해서 빌려줬었어요. 자주 빌려서 봤었어요. (중략)
>
> T : 악센트 사전을 확인하거나 하나요?
>
> KB1: 네. 하고 있어요. 스스로 이렇게 쓰거나 말하거나 읽거나 할 때, 이 악센트는 뭐였지 하고 생각할 때 사전을 찾아 보고는 합니다. 네.
>
>
> T : 아나운서 연구회의 연습장? 그건 어떤 거예요?
>
> KS1: 음, 대대로 기초연습위원이라는 분이 만드는 연습장인데요. 일본어 발음 전부가 실린 책을 아나운서 연구회가 독자적으로 만들고 있어서, 그것을 음, 올해 버전으로 새롭게 만들어요. 내년에는 다시 새로운 기초연습장이 출판되지만요. (중략)
>
> T : 아 그래요. 그것을 가지고 항상 연습해온 거군요.
>
> KS1: 기초연습이라는 시간에요. 다양한 시간이 있는데요, 기초연습이라는 시간에는 그 책을 사용해서 연습을 합니다.
>
> T : 악센트 사전 같은 것도 사용하나요?
>
> KS1: 네, 사용해요. 모두가 모르는 경우에는 반드시 모두가 찾아보고 표시를 해서 말하거나 해요.

4. 음성화된 발음학습방법의 실천 및 지속

사후 인터뷰를 통해 학습성공자는 일본어의 섀도잉[6], 스피치, 노래, 연극, 음독 등 음성화된 학습방법을 꾸준히 실천하고 지속하고 있음이 밝혀졌다. 그 중에서 특히 출현빈도가 높은 것이 섀도잉이다. 학습성 공자는 텔레비전, 라디오, 드라마, 애니메이션 등 풍부한 리소스를 적극적으로 활용하고, 그것들을 시청하고 있을 때에도 그 자리에서 리피트하거나, 흉내를 낸다고 하는 표현이 반복되어 사용되었다. 단, 수업에서 섀도잉을 몇 번 해보는 것이 아닌 네이티브 수준의 발음을 달성한 현재에도 '지금도 하고 있다'고 하는 것처럼 습관이 될 정도로 계속하고 있었다. 이것은 교실 내에서만이 아닌, 교실 밖에서도 섀도잉을 지속하는 것이 중요하다는 것을 보여준다. 섀도잉은 음성화된 방법이 대표적이지만, 작은 목소리로 속삭이는 '멈블링'과 목소리를 내지 않고 하는 '사일렌트 섀도잉'의 종류도 있는데, 학습성공자들은 이러한 방법들도 교실 내외에서 실천하고 있었다. 이것은 '언제 어디서나 섀도잉'을 실천하고, 지속하기 위한 방안이라고 할 수 있다. 또한 다음의 예와 같이 전부가 들리지 않더라도, 틀린 부분만을 섀도잉 한다고 하는 유연한 자세가 이른 시기부터 섀도잉의 실천을 가능하게 하지 않았을까 생각한다.

> KB1: 처음에는 들으면서 단순하게 뭐 일본어의 소리에 익숙해지자는 의미로 들었어요. 그 후로는 그…… 섀도잉을 하는 것처럼 되었어요. 주로 뉴스 프로그램이나 보통 휴머니즘 다큐멘터리, 음악 방송 같은 것을 들으면서 따라했던 것 같아요. (중략)

---

6 모델 음성을 들으면서 거의 동시에 가능한 한 정확히 재생하는 연습방법. 한 문장이 끝나기끼지를 기다리지 않고 따라하는 짐에서 리피딩과는 다트다.

T   : 뉴스 같이 꽤 빠른 속도로 말을 하면 쫓아가지 못하지 않나요?

KB1: 물론 못 쫓아가지만 들린 부분만 우선은 이렇게 머릿속으로 떠올
      리면서 해요. (중략)

KB1: 집에서는 혼자서 소리를 들으면서 계속 음, 중얼중얼중얼 말하고
      있었던 거 같아요.

KS1: 거울이 있어서 자신의 얼굴을 보면서 그 사람이 된 기분으로 해요.
      모두의 앞에서는 부끄러우니까 집에서 혼자 있을 때 그 아나운서
      를 따라하거나 하면 그게 자신의 말이 되니까요. 제가 사용한 또
      다른 방법은 그 드라마의 대사를 흉내내거나 뉴스를 따라 말하거
      나 했어요. 혼자 있으면 텔레비전을 보면서 문장이 끝난 후에 기
      억에 남은 단어 등을 반복했어요. 지금도 그건 하고 있어요.

새도잉은 통역양성 등에서도 자주 사용되는 방법으로서, 발음 습득
상의 음운 데이터 베이스 구축에도 도움이 된다고 한다. 새도잉은 목
표언어의 음의 정확한 재생을 의식하는 방법이다. 특히 음율 특징을
단어 수준뿐만 아니라 문장수준으로도 파악할 수 있기 때문에 통째로
(덩어리) 학습하는 방법으로서 적절하다. 이와 같은 음성화된 발음연
습을 실천하고 지속하는 데에 음성습득의 성공을 위한 열쇠가 있다고
생각된다.

지면의 제약으로 학습성공자의 공통된 학습방법의 한 예로서 새도
잉에 초점을 두었지만, 새도잉만 하면 '발음의 달인'이 된다는 것은 단
락적인 생각이다. 오히려 본 연구의 결과가 시사하는 것은 학습성공자
에게 보이는 여러 공통점이 상호적으로 작용하고 있다는 것이다. 예를
들어 학습성공자의 음성습득은 의미전달을 통한 자연 습득이 아닌 언
어형식을 초점화시킨 상황에서 이루어진 것이라는 특징이 밝혀졌다.

상기의 공통점 1)과 같이, 학습성공자는 메타언어로서의 일본어 음운 학습을 통해 자신의 발음이 의식화 되었다는 코멘트를 거듭하며, 음운 규칙에 대한 이해가 목표언어 음성의 산출에 도움이 되었다고 말한다. 즉 음성적 측면에 초점을 맞춰, 발음을 의식화한 후에 섀도잉을 하는 것이 최대의 효과를 불러오는 것이 아닌가 생각한다.

이처럼 의식하며 연습을 지속한다면 다음의 코멘트와 같이 임계기를 지났다고 하더라도 단기간에 고도의 발음습득을 달성할 수 있다고 한다. 성인을 대상으로 한 일본어교육 현장에서도 충분한 성과가 기대된다고 할 수 있을 것이다.

> KB1: 어느 정도를 원하는 가에 따라 달라질 수도 있겠지만, 한 1년 반에서 2년 정도 그런 의식을 가지고 한다면 꽤 괜찮은 선까지 갈 수 있지 않을까 생각해요. 1년 반에서 2년 정도, 네. 제대로 그런 의식을 가지고 한다면요.
>
> T : 18살부터 시작한 경우에도요?
>
> KB1: 네. 스무 살이 지났어도 저는 문제 없다고 생각해요. 네.

Ⅵ 맺음말

최근의 연구성과로부터 임계기를 지난 후에라도 고도의 음성습득을 달성할 수 있다는 것이 밝혀졌다. 이 결과는 음성표현력의 향상을 목표로 하는 한국인 학습자의 음성교육실천에 대한 의의와 가능성을 시사하는 것이라고 할 수 있다. 또한 고도의 음성습득을 달성한 발음의 달인들의 학습방법에는 공통점이 있으며 여러 방면으로 실천하고 노력하고 있다는 것을 알 수 있었다.

본고에서 소개한 연구성과를 기반으로 음성교육실천을 위한 교재를 개발하였다. 발음의 달인들의 학습방법과 노력방법을 집대성하여 작성한 '일본어로 섀도잉'은 2012년 5월 15일 현재, 인터넷에 일반공개 되어 자유롭게 볼 수 있다. 또한 도다(戸田, 2012)는 일본어의 음운적 특징을 초점화하면서 자연스러운 발음의 습득이 용이하도록 만들어진 발음연습용 교재이다.

일본어학습자의 다양화가 진행되는 가운데, 직업적 동기와 학술적 관심을 위해 일본에 와서 고도의 일본어능력의 습득을 목표로 하는 학습자도 적지 않다. 이러한 학습자를 대상으로 하는 일본어교육 현장에서는 '발음이 다소 부정확해도 의미가 전달되면 된다'고 하는 교육만으로는 충분하지 않다. 학습자가 목표로 하는 일본어능력 달성을 서포트하는 음성표현력의 육성을 위해서도, 앞으로 이론적 기반과 연구성과를 뒷받침하는 교재개발과 더욱 발전된 음성교육실천의 전개가 기대되는 바이다.

❘ 참고 문헌

李香蘭(2011)「韓国人学習者の日本語発音の難易度調査と指導方案—初級学習者と中上級学習者の発音現象を中心に—」『日本語教育』54, 韓国日本語教育学会, pp.13-24.

李明姫・鮎澤孝子・西沼行博(1997)「ソウル出身日本語学習者の東京語アクセントの知覚」『日本学報』38, 韓国日本學會, pp.87-98.

窪薗晴夫(2008)「プロソディーの基礎研究と日本語教育」『日本語教育と音声』くろしお出版, pp.101-116.

司空煥(2005)「韓国語話者による『ザ行音』の調音的特性に関する時間的・空間的研究」『日本語學研究』12, 韓国日本語學会, pp.143-156.

孫在賢(2008)「韓国慶尚道方言の四型アクセント」『音声研究』12(1), 日本音声学会, pp.58-70.

_____(2009)「日本語と韓国語の音韻」『日本学報』79, 韓国日本學會, pp.39-49.

戸田貴子(2003)「外国人学習者の日本語特殊拍の習得」『音声研究』7(2), 日本音声学
　　　会, pp.70-83.

_____(2004)『コミュニケーションのための日本語発音レッスン』スリーエーネット
　　　ワーク(韓国版(2004)『일본어발음 레슨』, (2010)『일본어발음』).

_____(2006a)「音声教育研究の歴史と展望」『早稲田日本語教育の歴史と展望』
　　　アルク, pp.75-99.

_____(2006b)『第二言語における発音習得プロセスの実証的研究』平成16-17年
　　　度科学研究費補助金基盤研究(C)(2)研究成果報告書.

_____(2007)「日本語教育における促音の問題」『音声研究』11(1), 日本音声学会,
　　　pp.35-46.

_____(2008a)「日本語学習者の音声上の問題点」『日本語教育と音声』くろしお
　　　出版, pp.23-41.

_____(2008b)「大人になってからでも発音の習得は可能か」『日本語教育と音声』
　　　くろしお出版, pp.43-59.

_____(2008c)「『発音の達人』とはどのような学習者か」『日本語教育と音声』く
　　　ろしお出版, pp.61-80.

_____(2009)「日本語教育における学習者音声の研究と音声教育実践」『日本語
　　　教育』142, 日本語教育学会, pp.47-57.

_____(2010)「音声教育と日本語能力」『早稲田日本語教育学』9, 早稲田大学日本
　　　語教育研究科・日本語教育研究センター, pp.59-65.

_____(2012)「日本語でシャドーイング」『音声習得ストラテジーと発音学習シ
　　　ステムに関する実証的研究』平成18-20年度科学研究費補助金基盤
　　　研究(B)<http://www.gsjal.jp/toda/shadowing.html>(2012/5/20)

戸田貴子編著(2012)『シャドーイングで日本語発音レッスン』スリーエーネット
　　　ワーク.

閔光準(1987)「韓国人の日本語の促音の知覚について」『日本語教育』62, 日本語教育
　　　学会, pp.179-193.

_____(1989)「韓国語話者の日本語音声における韻律的特徴とその日本語話者によ
　　　る評価」『日本語教育』68, 日本語教育学会, pp.175-190.

_____(2007)「韓国人日本語学習者の発話に見られる促音挿入の生起要因」『音声
　　　研究』11(1), 日本音声学会, pp.58-70.

일본어학과 일본어교육

日本語学・日本語教育

7 일본어 교육(日本語教育)

ACTFL-OPI와 일본어교육

미네자키 토모코 *
홍익대학교 교수

I 머리말

본고에서는 먼저 구두능력테스트인 ACTFL-OPI(The American Council on the Teaching of Foreign Languages 이하, OPI)에 대한 개요를 설명한다. 다음으로 한국에서의 OPI 활용의 상황에 대해, 그리고 마지막으로는 앞으로 일본어교육에서의 OPI가 갖는 가능성에 대해서도 언급한다.

---

* 峯崎知子 : 弘益大學校

II OPI의 개요

1. OPI란 무엇인가

OPI란 ACTFL(The American Council on the Teaching of Foreign Languages 미국 외국어교육협회)이 기준을 설정한 외국어회화능력시험으로 정식 명칭은 ACTFL Oral Proficiency Interview다. 현재 약 40개국의 언어로 사용되고 있고, 일본어는 그 가운데 하나다. OPI는 "일반적인 능력기준을 참조하면서 외국어학습자의 회화 과제(task) 달성 능력을 대면 인터뷰 방식으로 판정하는 테스트(마키노 세이치(牧野成一, 2001))"로 정의될 수 있는데, 그 특징으로는 다음과 같은 것이 있다. 첫째, 구두능력에 초점이 있다. 둘째, 15분에서 30분 정도의 인터뷰 형식으로 행해진다. 셋째, 일정기간에 학습했던 내용을 묻는 성취(achievement) 테스트가 아니라 학습자의 현시점에서의 구두능력을 측정하는 능숙(proficiency) 테스트라는 것이다.

2. 판정과 평가 기준

판정으로는 초급·중급·고급·최고급으로 4개의 주요 수준이 설정되어 있고, 초급·중급·고급에서는 3개의 하위 수준이 있어서 총 10개의 수준으로 평가된다. 주요 수준의 특징을 간단하게나마 요약하면 다음과 같다. 초급은 상투적인 말과 암기한 어구를 나열하는 정도로 자발적으로 문장을 만들어내어 의미 있는 커뮤니케이션을 거의 할 수 없다. 중급은 일상적인 것에 대해 간단한 질문을 한다든지 답할 수 있고 단순한 상황에 대처할 수 있다. 고급은 주요한 시제와 아스펙트(aspect)를 활용해서 묘사와 서술을 할 수 있고 복잡한 상황에도 대처

할 수 있다. 최고급은 근거를 제시할 수 있는 의견을 말한다든지 가설을 세울 수 있다. 더욱이 구체적인 화제도 추상적인 화제도 논의할 수 있고, 언어적으로 익숙하지 않는 상황에 대해서도 대응할 수 있다.

초급·중급·고급의 하위 수준은 각각 −상·−중·−하로 나뉜다. 하위 수준 −상은 해당하는 수준의 과제는 어렵지 않게 달성할 수 있다. 하지만 하나 위의 주요 수준의 과제를 부과하면 반 이상은 할 수 있지만 완전하게는 유지할 수 없고, 언어적인 좌절을 보인다. −중은 해당 수준의 기준에 있는 특징은 충분히 수행할 수 있지만 하나 위의 주요 수준의 과제는 부분적으로 할 수 있는 정도이다. −하는 해당 수준의 기준을 해내는 것이 경우이고, 하나 위의 주요 수준의 과제는 거의 할 수 없다.

이들 수준을 판정하는 기준은 '총합적 과제/기능', '사회적 장면과 화제', '텍스트의 형식', '정확성'의 네 개로 구성되고, 그 가운데 '정확성'은 6개의 능력으로 하위 분류된다(<표 1> 참조).

<표 1−①> 판정의 기준(개략)

	기능·과제	장면 / 화제	텍스트의 형식
최고급 (Superior)	증거를 제시할 수 있는 의견을 말할 수 있다. 가설을 세울 수 있다. 언어적으로 익숙하지 않은 상황에 대응할 수 있다.	공식적·일상적 상황에서 추상적인 화제 및 전문적인 화제를 폭넓게 해결할 수 있다.	복수석 단락
고급 (Advanced)	상세한 설명과 서술을 할 수 있다. 예상하지 못했던 복잡한 상황에 대응할 수 있다.	일상적인 상황에서 구체적인 화제를 다룰 수 있다. 공식적인 상황에서 말할 수도 있다.	단락
중급 (Intermediate)	의미 있는 진술과 질문을 모방이 아니라 창조할 수 있다. 서바이벌 과제를 수행할 수 있지만 회화의 주도권을 쥘 수는 없다.	일상적인 장면에서 일상적인 화제로 이야기할 수 있다.	문장
초급 (Novice)	기능적인 능력이 없다. 암기한 어구를 사용해서 지극히 한정된 범위 내에서 말할 수 있다.	대단히 일상적인 장면에서 하는 인사를 할 수 있다.	단어 / 구

<**표 1-②**> **정확성**

	문법	어휘	발음
최고급	기본 구문에 실수가 우선 없다. 빈도가 낮은 구문에는 실수가 있지만 전달하는데 지장은 없다.	어휘가 풍부하다. 특히 한자어 계통의 추상 어휘를 구사할 수 있다.	누가 들어도 알 수 있다. 모어 흔적이 거의 없다.
고급	담화 문법을 사용해서 통괄된 단락을 만들 수 있다.	한자어 계통의 추상 어휘를 부분적으로 쓸 수 있다.	외국인이 말하는 일본어에 익숙하지 않은 사람도 알수 있지만 모어의 영향이 남아 있다.
중급	빈도가 높은 구문을 상당히 구사할 수 있다.	구체적이고 일상적인 기초 어휘를 사용할 수 있다.	외국인이 말하는 일본어에 익숙한 사람은 이해할 수 있다.
초급	어와 구의 수준이기에 문법은 사실상 없는 것과 같다.	불과 얼마 안 되는 통째로 외운 기초 어휘와 인사말을 쓸 수 있다.	모어의 영향이 강하고 외국인이 말하는 일본어에 익숙한 사람도 이해하기 어렵다.

<**표 1-③**> **정확성(계속)**

	사회언어학적 능력	어용론적 능력(전략)	유창함
최고급	반말과 공손한 표현도 할 수 있다.	turn-taking, 중요한 정보의 강조하는 방식, 대화 이어가기, 맞장구 등을 제대로 구사할 수 있다.	회화 전체가 자연스럽다.
고급	주요한 스피치 수준을 쓸 수 있다. 경어는 부분적으로 구사할 수 있을 뿐이다.	맞장구를 치거나 표현 바꾸기를 할 수 있다.	때때로 사용할 수 있지만 혼자가 빈번히 말할 수 있다.
중급	평서문체와 경어체 어느 쪽도 사용가능하다.	맞장구나 표현 바꾸기에 성공하는 경우는 드물다.	사용하는 경우가 많고, 혼자서 계속 말하는 것은 어렵다.
초급	암기한 대우표현만 쓸 수 있다.	어용론적 능력은 거의 없다.	유창하지 못하다.

마키노(牧野, 1991)에서 발췌.

3. OPI의 구성

OPI는 최장 30분 내에서 인터뷰가 이루어진다. 인터뷰는 도입 (Warm Up)·하한 탐색(Level Checks)·상한 탐색(Probes)·마무리(Wind Doun)의 4 단계를 반드시 거쳐야 한다.[1] 수준 체크와 조사는 반복해서 행하여 무리 없이 말할 수 있는 수준을 확정하고 그 다음 단계의 수준에서의 운용 능력의 한계를 측정한다. 어느 정도 피험자의 수준을 확정한 후, OPI에서의 마무리에 들어가기 직전에 롤플레이를 한다.[2] 롤플레이는 수준 체크와 조사로써 이루어지고, 회화 모드만으로는 측정할 수 없는 커뮤니케이션 능력을 측정한다. 인터뷰는 반드시 녹음하여, 녹음된 테이프를 몇 번이고 반복하여 들어가면서 최종적으로 판정한다.

Ⅲ OPI의 일본어교육연구에의 응용

여기서는 한국에서 행해진 OPI와 관련된 연구성과에 대해 소개하고자 한다. 야마우치 히로유키(山內博之, 2001)에 따르면 OPI를 활용한 연구는 다음과 같이 크게 2개의 타입으로 나뉜다.

(1) 인터뷰의 순서와 방법을 이용한 연구
(2) 피험자의 발화를 데이터로써 이용한 연구

또한(1)(2)의 연구는 다시 2개의 타입으로 나뉜다.

---

1 구성의 각 단계는 심리면·언어면·평가면에서 그 목적이 규정되어 있다. 자세한 것은 마키노 세이이치(牧野成一)가 감수한 일본어OPI연구회번역프로젝트팀번역(1999)을 참조해주기 바란다.
2 초급의 중 이하라고 판단될 경우는 하지 않는다.

(1) ① 회화 테스트의 개발에 관한 연구, ② 교수법 개발에 관한
연구
(2) ③ 언어 자체에 관한 연구, ④ 언어 습득에 관한 연구

우선 ① 의 연구 성과로써 현재 한국에서 OPI의 기준을 사용해서
개발된 텍스트에 대해 소개한다. 다음으로 ② 의 연구 성과로써 OPI
의 기준으로 교실에서의 활동을 재검토한 미네자키 토모코·이와이
아사노(峯崎知子·岩井朝乃, 2006)의 논문의 일부를 소개한다. 마지막
으로 ③ 과 ④ 에 관련된 연구로써 OPI의 코퍼스(corpus) 이용에 대해
언급한다.

1. 한국에서의 OPI의 기준을 활용한 구두능력테스트

현재 한국에서의 여러 가지 구두능력테스트가 행해지고 있지만 그
가운데 OPI의 기준을 활용하여 개발된 구두능력테스트로 SJPT와 JST
그리고 OPIc가 있다.

1) SJPT

SJPT(Spoken Japanese Proficiency Test)는 CBT(Computer Based
Test)와 MBT(Mobile Based Test) 방식으로 시행되고 있다. 테스트는
50분(오리엔테이션 20분＋시험 30분)으로 이루어지고, 문제는 7부문
26문항으로 구성된다. 테스트 구성은 다음과 같다.

<표 2> SJPT의 구성

구분	구성	내용	생각할 시간 (초)	답변 시간 (초)	문제수
제1부	자기소개	간단한 자기소개	0	10	4
제2부	간단한 응답	그림을 보고 간단한 질문에 답하기	3	6	4
제3부	민첩한 응답	일상적인 상황에 빠르고 적절하게 답하기	2	15	5
제4부	짧은 응답	일상적인 질문에 대해 설명하거나 이유를 말하기	15	25	5
제5부	긴 응답	의견을 묻는 질문에 논리적으로 답하기	30	50	4
제6부	장면 설정	주어진 상황에 적절하게 말하기	30	40	3
제7부	연속된 그림	4개의 연속된 그림을 보고 스토리 구성하기	30	90	1

((http://exam.ybmsisa.com/sjpt/index.asp)에서)

수준은 1~10까지의 10단계로써 수준의 설정은 OPI의 초급 하에서 최고급까지의 10수준과 대응하고 있다. 단지 SJPT에서는 Level1과 Level2를 초급, Level3에서 Level7까지를 중급, Level8에서 Level10을 고급으로 하고 있다. 평가는 총합평가에다가 문법, 어휘, 발음, 유창성의 4영역의 평가와 4영역의 해당 수준에 있어서의 능력 도달도가 포함된다. 채점은 OPI테스터에 의한 멀티플 레이팅(Multiple Rating)으로 이루어진다. 테스트는 한 달에 2회로 1년간 12회 실시되고 있다.[3]

2) JST

JST(Japanese Speaking Test)는 시사일본어사가 개발한 테스트로 대

___
3 2012년 3월 현재.

면방식으로 이루어진다. 테스트는 20분 정도의 인터뷰로 테이프에 녹음된다. 수준은 초급, 중급, 상급, 고급의 4단계로, 초급과 중급 그리고 상급에는 상 중 하의 하위 수준이 설정되어 있다. 평가는 '총합과제와 기능', '장면·화제', '정확성'의 영역으로 구성되어 있고, 각각의 수준에 대한 평가기준은 OPI의 초급에서 최고급까지의 것과 거의 대응하고 있다. 채점은 직접 인터뷰를 실시한 자와 테스터의 자격을 갖춘 일본인의 JST평가위원에 의해 여러 각도에서 총합적으로 평가되고 판정된다. 판정 후 JST평가위원에 의한 코멘트가 NIKKEN시험관리위원회에 보내지고, 피험자에게 전달된다. 수험은 누구나 가능하고, 희망자가 있으면 실시된다.[4]

3) OPIc

OPIc는 ACTFL과 한국의 회사인 (주)크레듀가 개발한 테스트로 iBT (internet based testing)로 시행된다. OPI의 기준을 활용해서 개발된 구두능력테스트 가운데 OPIc는 ACTFL공인 하에서 시행되는 테스트이다. 2012년 3월 현재, 영어, 중국어, 스페인어, 러시아어가 실시되고 있다. OPI가 최장 30분 정도의 면접(혹은 전화)으로 이루어지는 데 대해, OPIc는 20분의 오리엔테이션과 40분의 테스트, 합계 60분으로 이루어진다. 문제는 12문항에서 15문항이고, 오리엔테이션으로 개인의 흥미와 관심분야를 조사하여 거기에 부합한 토픽의 질문이 출제된다. 수준은 초급의 하에서 고급의 하까지 7단계. 채점은 ACTFL공인의 평가자가 하고, 시험결과는 시험 후 5일 이내에 통지된다. 한국의 20개 지역에 있는 54개의 센터에서 수험가능하고 한 달에 6회에서 8회 정도 실시되지만 더 추가될 수도 있다. 자주 응시할 수 있는 시험인 것이다.

---

4 JST에 관한 내용은 NIKKEN시험관리위원회발행의 자료를 따름.

2. OPI적 관점에서의 교실 활동 분석

OPI는 테스트라는 측면만이 아니라 평가기준과 인터뷰 기술을 일상의 교실활동에서도 이용할 수 있다. 여기서는 그 한 예로써 회화 수업에서의 OPI의 활용례를 소개하고자 한다.

1) 교실활동의 검토

일반적으로 고교나 대학에서 이루어지고 있는 일본어교육에서는 반(class)을 수준별로 설정하는 것이 어렵다. 때문에 한 반에 다양한 수준의 학생이 수강하게 되어 한 사람 한사람에 맞는 수준의 교육을 하는 것이 대단히 어렵다. 그러나 교사는 각각의 학습자에 맞는 수준에서 교육하는 것을 요구받는다. OPI에서는 수준을 판정을 할 때 피험자에 맞는 수준의 질문을 해야 한다. 결국 피험자의 특성을 알고, 그 개인에게 가장 적합한 질문을 해야 하는 것이다. 그 기술을 일반 수업에 도입하면 수준차가 있는 교실에서도 다양한 수준에 대응할 수 있다.

야마우치(山內, 2005)는 'OPI적 일본어교수법'을 제창하고, 그 특징으로 다음과 같은 3가지 든다. (1) 과제선행형이다, (2) 교시는 학습자의 수준과 특성에 맞추어 '화제'·'기능'·'장면'을 고려한 과제를 작성한다, (3) 과제와의 관련 속에서 문법을 가르치고, 정확성을 높인다. 교사는 이것들을 실현하기 위해 ① 학습자의 수준과 니즈를 정확하게 파악하는 능력을 갖출 것, ② 학습자에 필요한 장면, 수준에 적합한 난이도의 화제와 기능을 갖춘 과제를 만들어 낼 것, ③ 학습자의 발화를 토대로 정확성의 지도를 행하는 것이 바람직하다.

미네자키·이와이(峯崎·岩井, 2006)는 위의 조건을 고려한 후에 회화 수업에서 자주 사용되는 교실활동을 OPI적 관점에서 검토했다. 여기서는 스피치를 예로 하여 OPI의 요소를 도입하여 교실활동을 행하는

경우 어떤 점에 주의하여 활동해야 하는 것이 좋은 지를 소개한다.

2) 학습자의 수준과 니즈를 파악한다

우선 학습자의 수준을 파악하기 위해 사전 프레스먼트 테스트 (placement test)라든지 수업을 시작한지 며칠 지난 후에 OPI를 실시하여 수준을 정확하게 파악해두는 것이 이상적이다. 단지 시간적 제약이 있다든지 교사가 테스터가 아니라든지 현실적으로 OPI를 행하는 것이 어려운 경우는 <표 1>를 참고하여 학습자의 수준을 상정하여 교실활동을 설정한다. 그리고 어느 정도의 과제를 달성할 수 있고, 어느 정도의 언어적 좌절을 보이는가를 관찰하면서 수준을 파악하게 된다.

한편 학습자의 니즈와 목표는 학습기관과 개인에 따라 다르다. 예컨대 일본어능력 향상 자체가 목적인 경우에는 학습자의 니즈에 폭넓게 해당하는 교실활동을 실시하는 것이 좋을 것이다.

3) '고급 교실활동'과 '최고급 교실활동'[5]

야마우치(山內, 2005)도 이미 언급하고 있듯이 학습자의 구두능력향상을 위해서는 항상 현재의 수준보다 한 단계 위의 과제를 목표로써 설정하는 것이 바람직하다. 그러나 OPI에서 하위수준이 －하 단계의 학습자의 경우는 한 단계 위의 주요 수준의 과제는 장벽이 너무 높아서 강한 좌절감을 맛볼 수 있는 가능성이 있기에 자신의 실력을 발휘할 수 있는 해당 수준의 과제에서 시작하는 것이 보다 현실적이다. 그래서 명확한 목표의 제시와 교실활동의 난이도를 파악하기 위해 중급의 상, 고급의 하를 대상으로 한 활동을 '고급 교실활동'으로 명한다. 또한 고급의 중, 고급의 상을 대상으로 한 활동을 '최고급 교실활동'이

---

5 여기서 말하는 「고급」「최고급」은 OPI에서 말하는 「고급수준」「최고급수준」을 의미한다.

라 명한다. '고급 교실활동'과 '최고급 교실활동'은 대상으로 하는 수준과 목표가 다를 뿐만이 아니라 기능과 과제, 장면과 화제, 산출되어야 하는 텍스트의 형도 다르다.

'고급 교실활동'은 중급의 상의 주요 수준을 올리는 것, 고급의 하에 대해 고급의 수준의 과제 정착을 시야에 넣는 것을 목적으로 한다. 또한 중급의 상의 학습자의 경우는 조사(probes)의 역할 체크를, 고급의 하의 학습자의 경우는 수준 체크를 목적으로 한다. 이 수준의 학습자는 일상회화에 문제는 없고, 일상적인 화제라면 가볍게 말할 수 있다. 단지 일반적인 화제로 상세한 설명을 필요로 하는 장면에서는 중급의 상은 반 이상 할 수 있지만, 말이 막힌다든지, 적절한 말을 찾지 못한다든지 할 수 있다. 고급의 하는 고급의 과제를 달성할 수는 있지만 현재의 언어능력을 전부 소모해버린 듯한 상태이다. 교실활동으로서는 비공식적인 혹은 부분적으로 공식적인 장면에서 구체적인 화제에 대해 단락으로 묘사와 비교 등의 상세한 설명과 서술을 하는 것, 또한 예상하지 못했던 복잡한 상황에 대한 대응을 포함한 총합적인 과제·기능이 요구된다.

'최고급 교실활동'의 대상은 고급이 중과 고급의 상으로 최고급을 목표로 한다. 이 수준의 학습자는 외국인이 말하는 일본어에 익숙하지 않은 모어화자와의 의사소통에도 문제가 없이 상세한 설명과 서술도 여유를 가지고 할 수 있다. 그래서 일본인 모어화자에게는 '일본인같다'·'더 이상 가르칠 것이 없다' 등과 같이 평가되는 경우도 있다. 그러나 공적인 장면에서 전문적 및 추상적인 화제를 다루는 데 곤란하고, 경어나 반말투를 자유자재로 쓸 수 없다. 교실에서는 자연스런 장면도 설정하는 것이 이상적이다. 하지만 추상적 및 전문적인 화제에 대해 근거를 댈 수 있는 의견과 가설을 말할 수 있어야 하기에 공적인 장면이 보다 적합하다고 생각한다. 더욱이 복수 단락에서 근거를 댈

수 있는 의견을 구성해서 이야기한다든지 가설적인 의견을 말하는 듯
한 장면을 설정할 필요가 있다. 또한 많은 사람 앞에서 특정한 문제에
대해 의견을 말하는 장면, 대립하는 그룹과 주장을 서로 말하는 토론
등 언어적으로 익숙하지 않은 상황인 것이 바람직하다.

4) 교실활동의 있어서의 한 가지 예

교실활동의 예로써 여기서는 스피치를 들고 싶다. 스피치는 OPI 수
준의 중급에서 최고급까지 대응할 수 있는 교실활동이며, 화제와 학습
자가 다루는 텍스트의 형식과 기능에 의해 대상수준이 변한다. 교실이
라는 공적 장면에서 혼자서 다수에게 일정 시간 동안 계속 이야기할
필요가 있기에 특히 고급 이상의 활동으로 받아들이기 쉽다. <표3>
은 고급 및 최고급 교실활동의 구체적인 예다.

<표 3> 활동 수준과 스피치의 구체적인 예

활동 수준	텍스트	화제	기능	구체적인 예
고급	단락	일반적인 화제	구체적인 설명, 묘사, 비교, 서술	「나의 추천」(대상에 대해 구체적인 설명) 「일본여행에서 생긴 일」(서술) 「일본의 ○○, 한국의 ○○」(동일한 토픽에서 한일비교)
최고급	복수 단락	추상적인 화제, 전문적인 화제	근거가 있는 의견 제시, 반론, 가설의 제시	「나의 추천」(그것이 얼마나 좋은가에 대해 논증) 「최근 뉴스·시사문제에 대한 나의 생각」 「일본의 사회문제 : ○○에 대해」(일본의 사회문제를 하나 골라 설명하고 자신의 의견을 말하고 해결책을 제안한다)

고급 교실활동으로서의 스피치는 우선 화제는 일반적인 것, 구체적
인 것을 골라 상세한 설명, 묘사, 서술을 포함하는 듯한 테마를 설정한

다. 예를 들면 '나의 추천'을 큰 테마로 하여 같은 반 동료에게 자신이 추천하는 것, 관심이 있는 것을 소상하게 소개하는 과제라면 필연적으로 설명을 포함한다. '인상에 남은 일' 등도 마찬가지로 자유도를 확보하면서도 사건을 말하는 데 서술이 필요하게 된다. '일본의 ○○, 한국의 ○○'등으로 동일한 토픽에 대해 비교하는 것이 좋다. 이 때 중급 수준이라면 단문과 연문(連文)으로 이어지는 스피치가 되지만, 고급 활동에서는 스피치에 적합한 텍스트의 형식은 문이 아니라 단락이다.

최고급 교실활동이라면 추상성을 높여 논증의 필요성이 있는 의견 제시를 이끌 수 있는 듯한 테마가 좋다. 고급과 같이 '나의 추천'을 테마로 한다고 해도 그 대상의 설명보다도 왜 그것을 권하는지, 어떻게 그것이 좋은 지를 논증하는 듯한 형태가 된다. 또한 시사문제나 사회문제를 화제로 하여 거기에 대한 자신의 의견을 말하고, 해결책을 제안하는 것도 최고급 활동으로써 적당하다. 그리고 스피치 활동의 일환으로 사회를 맡기는 공적인 장면에서의 회화에 주의를 주는 것도 이 수준에 적합한 활동이다.

스피치를 도입할 때에는 학습자에게 의미 있는 토픽을 고를 수 있도록 테마를 가능한 한 폭넓게 실정할 것, 질의응답 시간을 두어 반 동료와 관심사를 공유하는 것이 중요하다. 사전에 시간을 투자해 스피치를 준비하는 단계가 있기에 다음 단계로의 스텝으로 사용하기에 적합하다. 한편 당일 질의응답에서는 어떤 질문이 나올까 알 수 없기에 발표자로서는 예기치 못한 상황에 대처하는 기회가 된다. 또한 사전에 원고의 어휘와 문법을 체크하고, 당일 스피치를 녹음 및 녹화해 두고 나중에 음성적인 측면, 어용론적인 측면, 사회언어적인 측면에서 정확한 지도를 하는 것이 바람직하다.

5) 정확성의 지도

각 활동을 우선 실행한 후, 나중에 반드시 피드백을 하여 정확성의 지도를 하는 것이 '과제 선행형' 교수법이다. 어떤 점을 어떻게 피드백 하는가는 활동 내용에 따라 다르다. 예를 들면 스피치라면 사전에 원고를 확인하고, 문법과 어휘 측면에서 그리고 당일 스피치 후에 발음과 유창성 측면에서 피드백한다.

정확성의 지도에는 세 가지 방법이 있다.

(1) 녹음과 녹화 자료를 본인이 체크한다.(본인 모니터링)

(2) 반(class)에서 체크하여 반 동료로부터 피드백을 받는다.(피어 모니터링)

(3) 교수자가 직접 언급한다.

이 가운데 어느 것만을 사용하는 것이 아니라 (1),(2)를 한 후에 충분하지 못한 점에 대해 선생이 코멘트하는 등, 복합적으로 사용해야 한다. 또한 인터뷰, 디스커션, 디베이트 등 일정한 시간을 들여 활동에 대한 녹음 및 녹화자료를 사용한 피드백에는 대략 수업 1회분 정도의 시간이 필요하다고 상정하는 것이 좋을 것이다.

한국에 거주하는 일본어학습자의 대부분은 한국어모어화자라는 공통된 속성을 가지고 있기에 모어간섭의 경향이 어느 정도 추측 가능하기에 정확성의 지도를 하기 쉽다는 특징이 있다. 이것을 활용해서 수준별로 틀리기 쉬운 부분을 미리 정해, 체계적으로 정확성의 지도를 가는 것도 가능하다.

6) 교실활동선택에서의 유의사항

교실활동선택에서의 유의사항으로는 무엇보다도 교수자에게 OPI적 소양이 요구된다는 점이다. 학습자의 수준을 파악하기 위해 사전에

OPI를 하는 것이 이상적이라고 II-2-2)에서 이미 언급했지만, 현실적으로는 OPI테스터의 자격을 갖고 있는 교수가 적어서 이것을 실현하는 것은 곤란하다고 예상된다. 또한 실제 OPI를 할 수 있다고 해도 교수자와 학습자 모두 시간적으로 부담이 된다는 측면이 있다. 이와 같은 것을 고려한 현실적인 대안으로는 학습자의 수준을 <표 1>을 참고로 상정한 다음, 본장을 참고하여 교실활동을 설계하고, 그 속에서 달성도와 언어적 좌절 정도를 살펴보는 것이 될 것이다. 그 때 교수자가 OPI의 기준을 제대로 파악하고 있는 것이 중요하다.

교실활동의 도입 방식으로는 실력에 차이가 적지 않은 반에서는 처음에는 '고급 활동'에서 시작하여 학습자의 반응을 보고 가능하다면 코스의 중반에서 종반에 걸쳐 '최고급 활동'을 하는 것도 가능할 것이다. 또한 같은 활동이라도 화제를 변경하여 서서히 난이도를 올린다든지 활동 속에서 사회자와 코멘테이터 등 학습자가 담당하는 역할을 바꾸어 각자의 수준에 대응하는 노력을 할 수도 있다. 그 조정은 학습자의 달성도와 언어적 좌절의 정도를 보고 행해야 한다. 교수자의 역량이 평가되는 부분이기도 하다.

또한 OPI의 기준을 도입한 수업 설계를 하면 실제 실력보디도 한 단계 위의 활동을 하기 위해 학습자가 언어적 좌절을 경험하고 강한 좌절감을 느끼는 경우가 있다. 이 때 교수자가 사전 지도와 활동 후의 피드백을 생각하여 어떻게 좌절감을 달성감으로 이끌어 가는가가 교육을 성공시키는 열쇠다.

3. 코퍼스로서의 활용

3번째로 OPI 데이터의 코퍼스로서의 활용에 관해 언급하고 싶다. 야마우치(山內, 2001)는 언어 데이터로서의 OPI의 장점으로 아래와 같

은 3가지를 들고 있다.
  (a) 표준화된 형식이다.
  (b) 피험자의 최고 퍼포먼스를 유도할 수 있다.
  (c) 회화능력의 수준이 명시된다.

  이런 장점이 있기에 분석 자료로 OPI 데이터를 활용한 연구는 많이 보인다. 그러나 OPI 데이터라고해서 어느 것이나 이용할 수 있는 것은 아니다. 적절한 구성인가, 정확하게 판정된 인터뷰인가 등 인터뷰의 질이 요구된다.

  OPI의 코퍼스로써 'KY 코퍼스'[6]는 넓게 활용된다. 'KY 코퍼스'는 90인 분의 OPI 데이터를 문자화한 것으로 중국어, 영어, 한국어가 각각 30인씩이다. 수준은 초급 5인, 중급 10인, 고급 10인, 최고급 5인씩이다.

  한국에서 'KY 코퍼스'를 이용한 연구성과로 아래와 같은 것이 있다.[7] 1) 2) 3) 4)는 제2언어습득에 관한 논문, 5) 는 언어 사용에 관한 논문이다.

  1) 曹英南(2011)「初・中級レベルのOPIにおける割り込み発話の使用状況」『일본문화연구』Vol.37, 동아시아일본학회, pp.515-530
  2) 古川智樹・稲熊美保(2009)「OPI発話における学習者の「聞き手の反応」」『일본어교육연구』Vol.17, 한국일어교육학회, pp.93-107
  3) 曹英南(2008)「韓国人のOPIにおける割り込み発話の生起理由の特徴—日本人テスターと初・中級日本語学習者の会話の場合—」『일

본문화연구』Vol.26, 동아시아일본학회, pp.131-149

4) 曺英南(2008)「習得レベルにおける割り込み発話の生起理由の特徴-日本人テスターと韓国人学習者の会話の場合-」『Foreign languages education』Vol.15 No.2, 한국외국어교육학회, pp.365-380

5) 松本美里(2004)「OPIデータに見たノダの使用について」『일본어교육연구』Vol.6, 한국일어교육학회, pp.25-40

Ⅳ ACTFL-OPI의 가능성

마지막으로 테스트로써의 OPI와 교육에의 응용 가능성에 대해 언급한다.

우선 테스트로써의 가능성이다. Ⅱ-1에서 말했듯이 현재 OPI의 기준을 활용해서 개발된 회화 테스트가 실시되고 있다. 그 대부분은 진학과 취직 그리고 회사 내에서의 인사평가 등에 활용되어 그 영향력은 크다. 마키노(牧野, 2001)는 "학습자는 테스트로써 만들어진다"(p.49)고 지적하고 있는데, 앞으로 이들 테스트의 영향으로, 특히 회화 수업에서는 OPI의 기준에 토대를 둔 과제 중시 수업이 요구될 것이다. 한편 CEFR과 JF일본어교육스탠더드 등이 개발되어 세계의 교육현장에서도 그 기준에 관심을 기울이기 시작했다. 유럽에서는 CEFR에 준거한 일본어구두능력시험OJAE(Oral Japanese Assessment Europe)[8]가 개발되는 등, 평가방법의 개발도 진척되고 있다. OPI는 퍼포먼스 중심의 언어이론과 제2언어습득이론에 근거하여 고안된 것인데, 현재의 모습이 완성형인 것은 아니다. 앞으로 새로운 연구성과를 토대로 현재의

---

8 자세한 것은 CEFR준거 일본어구두산출능력평가법 홈페이지 참조
(http://www.ojae.org/home)

모습에서 개선될 가능성이 크다. 이와 같이 개선되어 감에 따라 테스트로써 보다 더 신뢰성이 높은 것이 될 것이다.

다음으로 교육에의 응용 가능성이다. Ⅱ-2에서 OPI의 교육에의 응용의 한 모델을 언급했다. 이처럼 OPI의 기준을 근거로 교육기관에서의 코스 디자인, 커리큘럼 디자인도 할 수 있다. 마키노(牧野, 2001)는 근무처인 프린스턴 대학교에서 OPI의 기준을 반의 목표설정에 활용하고 있는 예를 소개하고 있다. 또한 시마다 카즈코(嶋田和子, 2008)는 OPI의 기준을 활용해서 Can-do방식에 의한 독자적인 회화수준표를 개발하여 일본어학교에서의 수업과 테스트에 활용하고 있다.[9] 이렇게 OPI는 단순한 테스트로서만이 아니라 교육에 미치는 영향도 크다.

필자 자신도 OPI를 배움으로써 가르치는 것에 대한 생각이 크게 바뀐 사람 중의 하나다. 스탠더드의 확장과 함께 교육에의 can-do statement의 사고가 요구되는 지금, OPI는 그 실천 및 이해에 도움을 줄 수 있을 것이라고 확신한다.

┃ 참고 문헌

나카가와 마사오미, 위햇님(2010) 「한국어교육에서 ACTFL-OPI의 활용 방안」『國語教育學研究』Vol.37, 국어교육학회, pp.283-311

桜井恵子・斎藤麻子(2007) 「韓国における外国語口頭能力評価」『第6回OPI国際シンポジウム The 6th International Symposium on Oral Proficiency Interview プロフィシェンシーと第2言語教育』, pp.73-78

嶋田和子(2008) 『目指せ、日本語教師力アップ！ -OPIでいきいき授業』ひつじ書房

辛昭静(2008) 「韓国で試行されている日本語テスト概観」『日本学研究』第25輯, 檀國大學校 日本研究所, pp.347-366

牧野成一監修・日本語OPI研究会翻訳プロジェクトチーム翻訳(1999) 『ACTFL-OPI

---

9   이스트웨스트 일본어학교 홈페이지도 회화수준표가 소개되어 있다.
    (http://eastwest.ac.jp/eastwest/curriculum/curriculum_sub03_01.asp)

試験官養成マニュアル』アルク

牧野成一(1991)「ACTFLの外国語能力基準およびそれに基づく会話能力テストの
理念と問題」『世界の日本語教育.　日本語教育論集』第1号, 国際交
流基金, pp.15-32

＿＿＿＿(2001)「OPIの理論と日本語教育」牧野成一他『ACTFL-OPI入門ー日本語
学習者の「話す力」を客観的に測るー』アルク, pp.7-49

峯崎知子・岩井朝乃(2006)「OPIの基準を用いた教室活動の検討」『日本語教育Ⅰ』
보고서, pp.35-66

山内博之(2001)「OPIと日本語教育研究ー研究、データ分析などへの応用ー」牧野
成一他『ACTFL-OPI入門ー日本語学習者の「話す力」を客観的に測
るー』アルク, pp.170-183

＿＿＿＿(2005)『OPIの考え方に基づいた日本語教授法ー話す能力を高めるため
にー』ひつじ書房

일본어학과 일본어교육
日本語学・日本語教育

7 일본어 교육(日本語教育)

일본어 교육용 디지털 콘텐츠 개발 및 활용 결과분석

송 정 식*
인하공업전문대학 교수

Ⅰ 교육용 디지털 콘텐츠 개발과 필요성

일본어 교육용 디지털 콘텐츠는 일본어 학습자가 디지털 전자 기기인 컴퓨터, 노트북, 스마트폰, PMP(portable multimedia player), PDA(personal digital assistants), MP3(MPEG Audio Layer-3) 등을 이용하여 일본어를 습득할 수 있도록 콘텐츠로 제작한 자료를 말한다.

디지털 콘텐츠라는 용어는 디지털(digital)이란 단어와 콘텐츠(contents)라는 단어의 결합으로 이루어진 복합어이다.[1] 이 복합어를 인터넷 네

---

* 宋正植 : 仁荷工業專門大學
1   디지털 (digital)【명사】[컴퓨터] 연속적인 값을 갖는 데이터나 물리량을 수치로 바꾸어 처리하거나 숫자로 나타내는 방식. ──● ~ 방식을 채택하다.
    콘텐츠 (contents)【명사】[컴퓨터] 인터넷이나 컴퓨터 통신 등을 통하여 제공되

이버 지식인 등에서 검색해 보면 다음과 같은 내용으로 설명되어 있다.

"유무선 전기통신망에서 사용하기 위해 부호·문자·음성·음향·이미지·영상 등을 디지털 방식으로 제작, 처리, 유통하는 자료나 정보 등을 말한다."(출처:<http://terms.naver.com/entry.nhn?docId=301750>)

21세기에 들어서는 TV광고 등에서도 쉽게 디지털 유목민이라는 용어를 들을 수 있을 만큼 디지털 전자기기인 휴대폰, 노트북, PDA 등 첨단 디지털 장비를 자유로이 이용하는 세대가 눈에 띄게 증가하였다. 이러한 시대적 배경을 토대로 외국어 교육에 있어서도 디지털 첨단장비를 이용하거나 활용한 다양한 교육용 콘텐츠가 개발되고 있으며, 고등교육의 주체인 대학에서도 개발을 적극 독려하고 있다.

시대적 조류에 편승하여 필자도 2009년도에 교내연구비 지원을 통해 일본어 교육용 디지털 콘텐츠 제작에 참여하게 되었으며, 본 연구는 콘텐츠 개발과정에 대한 내용 소개 및 콘텐츠 활용에 관한 설문 분석 결과이다.[2]

디지털 콘텐츠 개발과 그 필요성에 관하여 결론부분이라고도 할 수 있는 콘텐츠 활용을 통해 얻은 학습효과를 제시해 보면 다음과 같다.

첫째, 디지털 콘텐츠 제작은 동영상을 중심으로 하기 때문에 시각적인 효과가 뛰어나다. 학습 내용을 일목요연하게 영상자료에 담아 제공함으로 학생들이 이해하고 정리하는데 유익하며 또한 영상을 통해 원

는 각종 정보. 또는 그 내용물.
(출처 : Hancom Dictionary, 파일버전 ; 8.0.4.486, 저작권 ; Copyright(C) 1989-2010 Hancom…….)

2 본 연구와 관련하여, 필자는 소속대학 교내연구비(교육역량강화 사업)지원 사업의 일환으로, 2009년도에 디지털 콘텐츠 개발에 참여하였으며, 제작된 교육용 디지털 콘텐츠를 학교 내 LMS(Learning Management System)에 등재하고, 2010년 1학기 호텔경영과 수업시간에 활용하였다. 콘텐츠 활용 결과는 교내지정 설문지를 이용하여 학습자 개개인을 대상으로 실시한 설문지 내용을 분석하여 정리한 것이다.

어민선생님의 발음을 직접 듣고 따라함으로 시각적 청각적 효과도 뛰어나다고 할 수 있다.

둘째, 콘텐츠를 활용하여 수업시간에 배운 내용을 언제든지 복습할 수 있으며, 미리 예습도 가능하다. 이미 제작된 내용을 미리 예습을 할 수 있으므로 학습자의 외국어 이해도를 한층 높일 수 있다는 장점이 있다. 또한 배운 내용을 수시로 반복할 수 있는 특징이 있어 학습자들이 PMP나 MP3 스마트폰 등에 내용을 담아서 때와 장소를 가리지 않고 언제 어디서든지 청취할 수 있어 학습효과에 크게 기여할 수 있다. 특히 수업시간에 부득이한 사정으로 출석하지 못한 학생들에게는 디지털 콘텐츠야 말로 매우 유익한 학습 자료라 할 수 있다. 학생들에게 콘텐츠가 어떤 측면에서 도움이 되는가를 조사해 보았을 때 많은 응답자가 콘텐츠를 통해 예습을 할 수 있다는 점, 부득이 수업에 참여하지 못했을 경우라도 진도에 뒤쳐지지 않게 된다는 점, 일본어 수업에 계속 흥미를 유지할 수 있다는 점이었다.

셋째, 수업에 집중도를 높이는데도 콘텐츠를 활용할 수 있다. 일본어를 가르치는 교수자의 입장에서는 수업시간 내내 혼자서 설명하다 보면 학생들이 무료해지기 쉬운데, 수업 도중에 부분적으로 필요한 내용을 고려하여 제작된 콘텐츠를 보여 줌으로서 학생들의 주의를 환기시킬 수 있을 뿐만 아니라 수업에 대한 집중도도 높일 수 있다는 장점이 있다.

넷째, 일본어에 대한 막연한 두려움에서 벗어날 수 있다. 한국에는 각국 외국인들이 계속 증가하고 있으며 특히 일본인 관광객이나 유학생도 점차 증가하고 있지만 일본어로 그들과 대화하기 쉽지 않은 것이 현실이다. 이러한 상황에서 각 대학에 소속된 일본인 원어민선생님들과 함께 콘텐츠를 제작하게 되면, 학습자는 영상을 통해 원어민선생님을 쉽게 만날 수 있다. 또한 영상을 통해 마주하게 되는 원어민선생님

을 통해 외국인에 대한 친근감과 신뢰가 생겨나 일본어에 대한 보이지 않는 두려움도 없어지는 것으로 나타났다. 콘텐츠를 통해 원어민선생님을 만나게 되면 자신도 모르는 사이에 친숙함과 신뢰가 생긴다는 것이다.

본 연구에서는 앞에서도 언급한 바와 같이 첨단장비를 활용한 다양한 교육용 콘텐츠가 개발되고 있는 시대적 흐름에 따라, 필자 또한 일본어 교육용 콘텐츠 개발에 참여하여, 개발된 교육용 콘텐츠의 제작과정 및 콘텐츠 활용에 관한 설문 분석 결과를 제시하고자 하였다.

Ⅱ 선행연구

일본어 교육용 디지털 콘텐츠 제작과 직접 관련된 선행연구는 거의 찾아보기 어렵고, 소수의 연구에서 주로 교육용 디지털 콘텐츠를 활용한 수업사례연구나 학습자의 선호도 조사, 교육용 콘텐츠 활용현황 등이 다루어지고 있다.

교육용 디지털 콘텐츠와 관련하여 최근에 이루어진 선행연구 중, ICT도구를 활용한 일본어 교육의 현황에 대하여 유샛별(2010)은, "이미 ICT도구들 특히, 컴퓨터나 인터넷을 활용한 교육환경이 교수활동을 체계적으로 돕고 학습자의 학습활동에 매우 긍정적인 도움을 줄 수 있다는 연구들을 통해 앞으로 대학 내의 교과과정에도 다양한 ICT도구들을 활용한 수업방식으로의 변화가 필요하다고 생각된다." 며 다음 4가지 연구 결과를 도출하고 있다.

"첫째, 94개의 조사 대상 학교에서 ICT활용 교과가 개설되어 있는 학교 수는 81개 대학으로 109개의 교과가 개설되어 있었다. 둘째, 가장 많이 사용되는 ICT 도구는 오디오/비디오 테이프, CD-ROM, 영상

도구, 인터넷 등이며 교과명으로는 '시사일본어', '시청각일본어', '인터넷일본어' 교과가 많이 개설되어 있었다. 셋째, 그러나 대부분의 학교가 한정된 ICT도구를 사용하고 있었으며 비슷한 교과명을 사용하고 있었다. 넷째, 현재까지 전체 교과과정 개설 과목 안에서 ICT활용 교과가 큰 비중을 차지하지는 못하고 있으나 ICT활용 교과가 과거보다는 늘어나고 있는 추세이다."

결론적으로 ICT(information communication technology)도구들 특히, 컴퓨터나 인터넷을 활용한 교육환경은 향후 꾸준히 증가될 것으로 보인다.

Ⅲ 디지털 콘텐츠의 개발 범위 및 대상

디지털 콘텐츠 제작에 있어 가장 중요한 부분이 콘텐츠 제작의 범위와 대상이다. 즉 대상 학습자에 대한 레벨을 고려하여 학습 기간에 맞는 콘텐츠를 제작해야 한다.

본 장에서는 필자가 2010년에 제작한 1학년 1학기(한 학기분량) 일본어 기초 과정에 해당하는 콘텐츠를 토대로 개발범위에 대하여 설명하기로 한다.

(1) 먼저 콘텐츠 전체의 틀을 설정한다. 그 후 커리큘럼을 편성한다. 각각의 챕터에서 취급할 문형을 정하고, 문형은 일본어능력시험 출제 기준을 참고하며, 뼈대가 되는 문형을 중심으로 각 과를 편성하기로 한다. 이 부분에 관해서는 콘텐츠 개발 대상자가 대상 학습자의 레벨을 고려하여 콘텐츠 작업에 참여하는 원어민선생님과 충분한 토의와 논의를 거쳐 결정할 필요가 있다.

(2) 커리큘럼이 결정되면, 문형과 필요한 어휘를 선정하여 본문을

만든다.

본문은, 학습의 기초가 되는 문형을 제시하고 이어서 전개되는 문형에는 자연스럽고 일상적인 회화문을 근거로, 초보적인 회화가 가능한 문을 저절로 암기할 수 있도록 편성한다. 문형에 나오는 문법적인 측면은 간단하게 설명하여 줌으로 처음 일본어를 접하는 학습자가 쉽게 이해할 수 있도록 제시한다. 특히 본 과정에서 어휘의 선택에 매우 어려움이 있을 것으로 판단되므로 일본어능력시험 출제 기준 5급부터 4급과 3급 어휘 등을 참고로 하며, 문법도 가능한 단순한 어구중심의 문형을 통해 익히도록 배려한다.

(3) 청취 연습

청취 내용을 편성하는 과정에서는 문형연습을 통해 배운 내용을 반복하여 청취함으로서 앞서 배운 문형을 확실히 기억할 수 있도록 배려한다. 가능한 원어민선생님의 정확한 발음과 반복 청취를 통해 자연스럽게 악센트와 인토네이션에도 익숙해지도록 배려한다.

(4) 문법 설명

문형에 제시된 문법항목에 대해서 설명은 필자가 원어민선생님과 충분한 토의를 거쳐 간단 명료하고 쉽게 이해할 수 있도록 제시한다. 대다수의 학생들이 문법이라는 말만 들어도 어학공부에 흥미를 잃기 쉽기 때문에 문법의 개념을 어구설명이라는 형태로 정리한다. 어구를 말로써 이해하면 곧 그 자체가 문형이 되므로 학습자가 쉽게 받아들일 수 있다고 판단된다.

(5) 콘텐츠 제작(녹음 및 영상 제작)

녹음 및 영상 제작 부분에서는 커리큘럼 편성 때부터 어떤 부분을 포함할지 미리 정하고, 콘텐츠 제작은 어도비(Adobe) 프리미

어프로 CS4³를 이용한다. 본 연구가 1학년 1학기(한 학기분량) 일본어 기초, 즉 16주에 해당하는 녹음 분량이기 때문에 그에 맞도록 편성을 할 필요가 있다. 먼저 녹음에 필요한 장비를 구비하고 구비된 장비로 원어민선생님과 함께 제시된 문형의 일부를 녹음하고 편집하여 학습자 중심의 교육이 이루어 질 수 있는지를 테스트할 필요가 있다. 또한 녹음과정에서 발생할 수 있는 다양한 문제점을 파악하여 전체 녹음 과정에서 발생할 수 있는 문제점을 사전에 차단할 수도 있다.

일본어 교육용 콘텐츠 제작의 중심은 학습자 중심의 교육이기 때문에 학습자가 혼자서도 쉽게 이해할 수 있고 각과를 마치면 자연스럽게 다음과에 이어지도록 배려할 필요가 있다. 특히 각과에서 등장하는 단어와 문형을 반복해서 따라할 수 있도록 배려할 필요가 있다. 그리고 녹음은 보통 남녀가 진행하는 경우가 많으므로 본 콘텐츠 제작에서는 원어민선생님(여성)과 개발대상자(필자)가 함께 참여하였다.

Ⅳ 디지털 콘텐츠 제작 과정

디지털 콘텐츠 제작에 관한 개발과정을 간단히 정리해 보면 다음과 같다.

(1) 디지털 콘텐츠 개발 계획수립 및 자료수집

(디지털 콘텐츠 제작에 있어 개발계획을 수립하고 자료를 준비하는 과정은 가장 많은 시간과 노력이 필요한 부분이다. 1학기

---

3 어도비(Adobe) 프리미어프로 CS4는, Adobe사 발매 콘텐츠 제작 솔루션으로, 운영체제는 보통 윈도우7 64비트, cpu i5이상, 메모리 2기가 이상, 그래픽카드 2기가 이상, 하드디스크 약 500기가 이상이 필요하다.

분량 일본어 기초 과정에 해당하는 수업자료를 준비하고, 콘텐
츠 제작 과정에 필요한 모든 장비를 사전에 준비해 둘 필요가
있다.)

(2) 수업자료 PPT작업 시작

(준비된 수업자료를 중간고사 기말고사를 제외하고 14주로 나누
어 PPT작업을 진행한다. 그 후 제작된 자료를 토대로 8주차 중
간고사와 16주차 기말고사 PPT작업을 완성한다.)

(3) 수업자료 PPT작업 완료 및 전체 내용 확인 및 수정작업

(4) 디지털 콘텐츠 제작을 위한 동영상 녹화, 1차 4회분 진행

(동영상 자료 녹화는 원어민선생님과 교내 스튜디오에서 진행한다.)

(5) 디지털 콘텐츠 제작을 위한 동영상 녹화, 2차 6회분 진행

(6) 디지털 콘텐츠 제작을 위한 동영상 녹화, 3차 6회분 완료

(7) 영상편집 및 마무리

(디지털 콘텐츠 제작을 위한 동영상 편집은 프리미어프로 CS4
를 이용하여 진행한다.)

(8) 디지털 콘텐츠 자료(동영상자료) 수업 시연 및 활용

(완성된 디지털 콘텐츠 자료는 대학 홈페이지 LMS(Learning
Management System)에 등록하고, 실제 수업에 활용한다.)

V 디지털 콘텐츠 활용 결과에 대한 설문 분석

디지털 콘텐츠 제작 자료 활용 및 설문조사는 2010년 1학기(3월-6
월) 필자의 소속대학 호텔경영과 1학년 수업, 호텔일어회화(1) 과정
A/B/C반에서 수업이 이루어졌으며, 수업에 참가한 학생 수는 140명이
다. 이중 110명이 설문결과에 응답하여, 전체 학생 수에 약 78.5%에

해당하는 학생이 설문에 참여하였다. 설문항목은 총 5가지이며, 디지털 콘텐츠의 구성, 학습효과, 콘텐츠 구성에서 수정을 요하는 부분, 콘텐츠학습 주당횟수, 학습경로 등이다. 이하 설문 조사 결과를 정리해 보면 다음과 같다.

첫 번째 설문의 내용은 다음과 같다.

1. [호텔일어회화(1)] 과목명으로 제작되어 있는 디지털 콘텐츠 구성은 어떠했습니까?
    ① 매우 좋았다　　　　② 좋았다
    ③ 보통이다　　　　　④ 좋지 않다
    ⑤ 매우 좋지 않았다.

위의 첫 번째 설문 내용을 반별로 조사했을 때, 디지털 콘텐츠 구성에 대한 설문결과를 알기 쉽게 정리하여 표와 차트(그림)로 제시해 보면 다음 <표 1>, <그림 1>과 같다.

〈표 1〉 디지털 콘텐츠 구성은 어떠했습니까?

조사내용	반별			총합계
	A	B	C	
① 매우 좋았다	2	7	2	11
② 좋았다	31	18	10	59
③ 보통이다	15	14	8	37
④ 좋지 않다	1		2	3
⑤ 매우 좋지 않았다.				0
합계	49	39	22	110

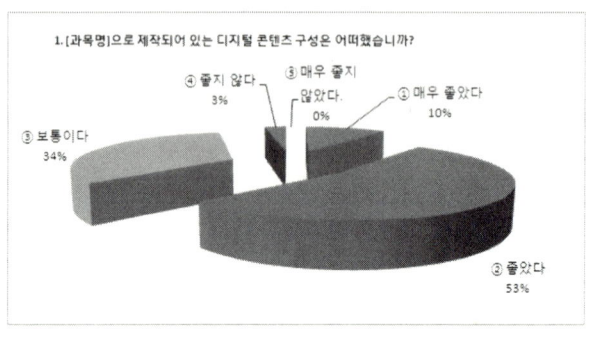

〈그림 1〉

첫 번째 설문조사 내용인 [호텔일어회화(1)]과목명으로 제작된 디지털 콘텐츠의 구성에 대해서는, 위에 제시된 〈그림 1〉의 전체 응답자를 보면 알 수 있듯이, '좋지 않았다'라고 응답한 3명을 제외하면, '매우 좋았다'라고 응답한 학생이 11명으로 약 10%이며, '좋았다'는 59명으로 53%, 그리고 '보통이다'가 37명으로 34%를 나타내고 있어, 디지털 콘텐츠의 구성면에 대해서는 대체적으로 만족하는 경향을 나타내고 있다.

이어서 두 번째 설문의 내용은 다음과 같다.

2. 등록되어 있는 디지털 콘텐츠가 학습에 도움이 되셨는지요?
　　① 매우 도움이 된다.　　　② 어느 정도 도움이 된다.
　　③ 보통이다　　　　　　　④ 그저 그렇다
　　⑤ 별로 도움이 안 된다.

위의 두 번째 설문 내용을 반별로 조사했을 때, 디지털 콘텐츠가 학습에 도움이 되었는가에 대한 설문결과를 정리하여 표와 차트로 제

시해 보면 다음 <표 2>, <그림 2>와 같다.

<표 2> 디지털 콘텐츠가 학습에 도움이 되었는가?

조사내용	반별			총합계
	A	B	C	
① 매우 도움이 된다.	7	9	3	19
② 어느 정도 도움이 된다.	21	24	7	52
③ 보통이다	13	6	10	29
④ 그저 그렇다	6		2	8
⑤ 별로 도움이 안 된다.	2			2
합계	49	39	22	110

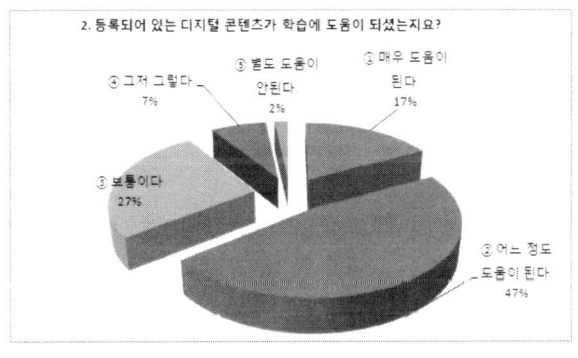

<그림 2>

두 번째 설문조사 내용인 [호텔일어회화(1)]로 제작된 디지털 콘텐츠가 학습에 도움이 되었는가? 라는 항목에 대해서는, 위에 제시한 <그림 2>와 같이, '별로 도움이 안 된다'라고 응답한 학생이 2명 그리고 '그저 그렇다'라고 응답한 학생이 8명으로 약 10명 정도의 학생이 학습에 크게는 도움이 되지 못한 것으로 응답하였다.

반면에 '매우 도움이 된다'라고 응답한 학생이 19명으로 약 17%이

며, '어느 정도 도움이 된다'는 학생은 52명으로 47%를 차지하여 압도
적으로 많고, 이어서 '보통이다'가 29명으로 27%를 차지하여, 전체적으
로 도움이 된다고 느끼는 학생들이 많았음을 알 수 있다. 다만 도움이
되지 않았다는 학생들의 경우는, 실제 외국어로서 일본어 수업에 큰 흥
미를 느끼지 못하거나 제대로 수업에 출석하지 못한 경우도 있을 수 있
으므로, 설문 조사시 학습자의 수업태도나 등도 고려할 필요가 있겠다.

다음 세 번째 설문의 내용은 이하와 같다.

> 3. 등록되어 있는 디지털 콘텐츠 구성에 어떤 점을 수정하면 좋을지 기
>   술해 주시기 바랍니다.
>   ① 강의의 난이도 조절   ② 화질 및 음질의 향상
>   ③ 다양한 예제 및 예시 화면   ④ 콘텐츠의 접근성
>   ⑤ 기타 (   )

위의 세 번째 설문 내용을 반별로 조사했을 때, 디지털 콘텐츠 구성
에 어떤 점을 수정하면 좋을지에 대한 설문결과를 정리하여 표와 차트
로 제시해 보면 다음 <표 3>, <그림 3>과 같다.

〈표 3〉 디지털 콘텐츠 구성에 어떤 점을 수정하면 좋을지 기술해 주시기 바랍니다.

조사내용	반별			총합계
	A	B	C	
① 강의의 난이도 조절	4			4
② 화질 및 음질의 향상	12	13	9	34
③ 다양한 예제 및 예시 화면	16	11	8	35
④ 콘텐츠의 접근성	12	11	2	25
⑤ 기타 ( )	5	4	3	12
합계	49	39	22	110

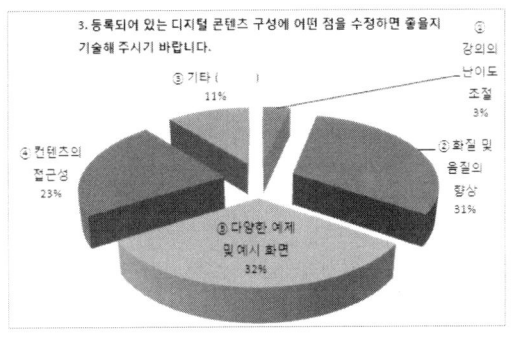

〈그림 3〉

세 번째 설문조사 내용인 [호텔일어회화(1)]의 디지털 콘텐츠 구성에 어떤 점을 수정하면 좋을지 기술해달라는 항목에 대해서는, 위에 제시된 <그림 3>과 같이, 가장 높게 나타난 부분은 '다양한 예제 및 예시 화면'이라고 응답한 학생이 35명 그리고 '화질 및 음질의 향상'이라고 응답한 학생이 34명으로 각각 약 32%와 31%를 차지하여 전체 학생의 과반 수 이상의 학생이 콘텐츠 예시 화면과 화질 음질의 향상을 기대하였다.

특이 이번에 제작한 콘텐츠의 경우는 가정용 캠코더를 이용하여 제작하였기 때문에 잡음이 다소 발생하였다. 콘텐츠 제작시 비록 학교 교수학습지원센터의 스튜디오를 이용하였음에도 불구하고 소음처리가 제대로 되지 않아 잡음이 삽입된 것이 원인인 것으로 파악된다.

이어서 콘텐츠의 접근성의 경우 25명으로 약 23%에 해당하는데 이 경우는 학교에서 제공하는 LMS시스템 용량이 다소 작다보니 학생들이 일시에 몰리게 되면 화면이 움직이지 않게 되거나 동시에 접속하게 되면 접속량이 폭주한다는 문자로 인해 학생들의 접근이 쉽지 않았기 때문에 나온 결과라고 할 수 있다. 이 부분은 시스템 용량을 늘리게 되면 문제되지 않을 것으로 판단된다.

  그리고 강의의 난이도 조절에 대해서는 4명의 학생이 지적했는데 이 부분은 앞으로도 학생들의 눈높이 수준에 맞는 콘텐츠 제작에 주의를 기울일 필요가 있겠다.

  마지막으로 기타 항목에 체크한 학생들이 모두 12명으로 그 지적사항을 살펴보면 다음과 같다.

  (1) 다시 들을 수 있는(반복) 장점, 반복하다보면 집중력저하로 쪽지시험 등 요망
  (2) 컴퓨터에 따라 재생이 안 되는 경우가 있었음 수정요망
  (3) 교과와 관련된 일본드라마나 영화 활용 수업 요망
  (4) 홈페이지에서 메뉴를 찾아들어가기가 복잡하다.
  (5) 지루하지 않게 만들어 주시면 좋을 것 같다.
  (6) 쉽고 재미있게 흥미를 가질 수 있게 수정하면 좋겠다.
  (7) 강의실 외의 공간에서 장시간 시청할 수 있도록 제작해 주기 바란다.

  위의 지적사항들을 종합해보면 콘텐츠의 접근성 그리고 흥미위주의 콘텐츠 제작에 대한 내용들임을 알 수 있었으며 그에 맞도록 시스템을 개선하고 향후 콘텐츠 제작에 신경써야할 부분이 어떤 점인지를 잘 알 수 있다.

  다음 네 번째 설문의 내용은 이하와 같다.

  4. 등록되어 있는 디지털 콘텐츠(과목명)는 주 몇 번 정도 학습하십니까?
    ① 주 1회 이하   ② 주 1회
    ③ 주 2회   ④ 주 3회
    ⑤ 주 3회 이상

위의 네 번째 설문 내용을 반별로 조사했을 때, 디지털 콘텐츠(과목명)는 주 몇 번 정도 학습하는가에 대한 설문결과를 알기 쉽게 정리하여 표와 차트로 제시해 보면 다음 <표 4>, <그림 4>와 같다.

〈표4〉 디지털 콘텐츠(과목명)는 주 몇 번 정도 학습하십니까?

조사내용	반별			합계
	A	B	C	
① 주 1회 이하	15	12	6	33
② 주 1회	29	18	9	56
③ 주 2회	3	8	7	18
④ 주 3회	2	1		3
⑤ 주 3회 이상				0
합계	49	39	22	110

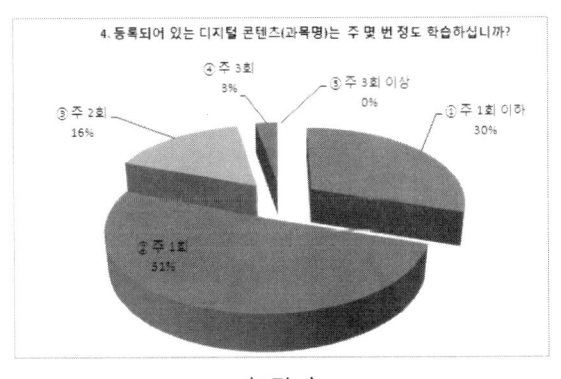

〈그림 4〉

네 번째 설문조사 내용인 [호텔일어회화(1)]로 등록되어 있는 디지털 콘텐츠(과목명)는 주 몇 번 정도 학습하십니까? 라는 항목에 대해서는, 위에 제시한 <그림 4>와 같이, '주1회'라고 응답한 학생이 56명으로 전체의 51%를 차지하여 가장 많았으며, 이어서 '주 1회 이하'라

고 응답한 학생이 33명으로 약 30%를 차지하였다. '주 1회 이하'라고 기술한 학생의 경우는 실제 수업시간에 시청한 것을 제외하면 별도로 1번이상은 시청하지 않은 것을 의미하여 대체적으로 수업시간외에 콘텐츠를 활용하는 것은 다소 부진한 상황임을 알 수 있다. 반면에 '주 2회'라고 응답한 학생이 18명으로 약 16%를 차지하고, '주 3회'라고 응답한 학생은 3명으로 3%를 차지하였다.

주 2회 이상을 학습한 학생들의 경우, 학교 수업시간이 너무 많다는 의견과 더불어 개인적으로 일본어에 대한 관심도가 매우 높아 방과 후 집에 돌아가서도 시청하는 경우가 있다는 응답이었다. 전문대학의 경우 4년제 대학에 비해 상대적으로 수업시간수가 많은 부분도 있어 학생들이 복습을 하거나 미리 예습을 하기가 쉽지 않다는 점을 알 수 있었다.

다음 다섯 번째 설문의 내용은 다음과 같다.

5. 등록되어 있는 디지털 콘텐츠(과목명)는 어떤 경로로 학습하십니까?
　① 다운받아서
　② 학교 홈페이지의 원격강의 접속을 통해
　③ 홈페이지의 강의 자료실을 통해
　④ PMP, PDA, 이동식 플레이어를 통해
　⑤ 기타

위의 다섯 번째 설문 내용을 반별로 조사했을 때, 디지털 콘텐츠(과목명)는 어떤 경로로 학습하는가에 대한 설문결과를 정리하여 표와 차트로 제시해 보면 다음 <표 5>, <그림 5>와 같다.

〈표 5〉 디지털 콘텐츠(과목명)는 어떤 경로로 학습하십니까?

조사내용	반별			합계
	A	B	C	
① 다운받아서	4	5	9	18
② 학교 홈페이지의 원격강의 접속을 통해	23	17	9	49
③ 홈페이지의 강의 자료실을 통해	15	11		26
④ PMP, PDA 등 이동식 플레이어를 통해	1	3	1	5
⑤ 기타	6	3	3	12
합계	49	39	22	110

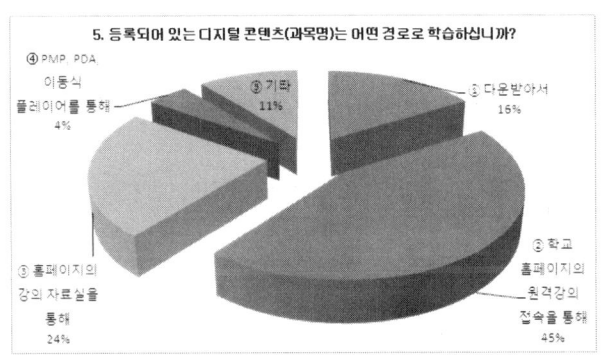

〈그림 5〉

다섯 번째 설문조사 내용인 [호텔일어회화(1)]의 등록되어 있는 디지털 콘텐츠(과목명)는 어떤 경로로 학습하십니까? 라는 항목에 대해서는, 위에 제시된 〈그림 5〉와 같이, 가장 높게 나타난 부분은 '학교 홈페이지의 원격강의 접속을 통해'라고 응답한 학생이 49명 그리고 '홈페이지의 강의 자료실을 통해'라고 응답한 학생이 26명으로 각각 약 45%와 24%를 차지하여 전체 학생의 절반 이상이 홈페이지 원격강의 접속이나 강의 자료실을 통해서 학습하는 것으로 조사되었다.

기대했던 학생들의 홈페이지 자료를 '다운받아서'나 'PMP, PDA, 이동

식 플레이어를 통해 활용'하는 경우는 많지 않았다. '기타'라고 응답한 12명의 학생의 경우는 특별히 그에 상응하는 대답을 적지 않아 어떤 형태로 학습했는지를 알 수 없었다. 다만 콘텐츠 제작시 등록도 중요하지만 학생들이 콘텐츠 자료를 다운받아 어디서나 쉽게 듣고 시청할 수 있도록 PMP나 MP3에 담을 수 있는 인코딩 방법 등도 알려줄 필요가 있겠다.

그리고 강의의 난이도 조절에 대해서는 4명의 학생이 지적했는데 이 부분은 앞으로도 학생들의 눈높이 수준에 맞는 콘텐츠 제작에 주의를 기울일 필요가 있겠다.

Ⅵ 디지털 콘텐츠 활용 분석에 따른 향후 추진 계획

21세기에 들어선 오늘날에도 외국어 교육의 필요성은 날로 중시되어지고 있다. 특히 한국의 경우 이웃나라 일본과의 관계는 과거 어느 때 보다 더 긴밀한 협력과 협조를 이루어가야만 하는 것이 현실이다. 이러한 현실을 바탕으로 일본어 교육에 대한 관심과 그에 따른 학습자들은 매년 꾸준히 증가되어 오고 있으며, 일본어 교육의 방법에 있어서도 다방면의 연구를 통해 보다 효율적인 교육이 이루어지도록 다양한 매체를 활용한 교재들이 속속 등장하고 있다. 특히 일본어의 경우는 1990년대 후반까지만 해도 주로 고등학교 교과과정에서 제2외국어로 편성되어 가르쳐 왔으나 2000년 후반에 이르러서는 중학교 교과과정에도 생활일본어 과목이 도입되어 배움의 기회는 날로 확대되어 가고 있다. 물론 외국어교육에 특별한 관심을 가진 학부모들은 이미 유치원 때부터 제2외국어로서 일본어를 자녀에게 배우도록 하는 경우도 많아지고 있다.

하지만 교재 면에 있어서 일본어 교육의 중심은 아직도 쓰기와 듣

기에 편중되어 있으며 실제 듣고 말하는 청취와 회화에 대한 교육 부분은 여전히 미흡한 것이 현실이다. 듣고 말하기에 필요한 기본문형과 어휘에 대한 교육은 아직까지 제대로 체계가 잡혀 있지 않아 보인다. 영어의 경우는 다양한 매체를 통해 이러한 교재들이 출시되고 있음에도 불구하고 일본어 교재는 아직까지도 이러한 교재 개발과 보급이 제대로 이루어지지 않고 있다. 이러한 현실을 감안하면 향후 교육용 디지털 콘텐츠 제작은 더욱 확대될 것으로 보이며, 위의 지적사항들을 종합해 볼 때 향후 콘텐츠의 접근성을 높이고 구성을 다양화 하는 등 보다 내실 있는 콘텐츠를 제작한다면 일본어 교육의 차원을 높이는 계기가 될 것으로 판단된다.

▌ 참고 문헌 ──●

유샛별(2010) 『ICT활용 일본어교육 현황에 대한 고찰』 가톨릭대학교 대학원 학위논문(석사)

윤호숙(2008) 「e-learning 외국어 교육에 있어서의 콘텐츠 구성방식과 학습효과 일본어능력시험을 중심으로』 『일본언어문화』 제12집 한국일본언어문화학회, pp.95-123

조대하(2005) 「인터넷콘텐츠를 활용한 일본어 수업 사례연구」 『日本語教育研究』 9輯 韓國日語教育學會, pp.157-171

조대하(2009) 「日本語教育을 위한 온라인프로젝트 학습방안 연구」 『日本語教育研究』 17輯 韓國日語教育學會, pp.167-182

千昊載(2009) 「웹 기반 일본어교육 콘텐츠에 대한 학습자 선호도 조사」 『日本學研究』 제26집 檀國大學校 日本研究所, pp.429-448

久保田美子(2006) 『国際交流基金 日本語教授法シリーズ 第1巻 「日本語教師の役割/コースデザイン」』 ひつじ書房

島田徳子·柴原智代(2008) 『国際交流基金 日本語教授法シリーズ 第14巻 「教材開発」』 ひつじ書房

일본어학과 일본어교육
日本語学・日本語教育

7 일본어 교육(日本語教育)

일본어 특수 음소의 생성구조
-일본어학습자의 가타카나어 표기 지도를 위해-

온즈카 치요 *
강원대학교 교수

I 문제제기

일본어 학습자에게 있어서 외래어의 습득이 어려운 것은 주지하는 바이다. 그 중에서도 대부분의 일본어교사가 고민하는 것은 그 표기의 습득이 어려움이라고 생각된다. 일본어 학습자가 구두로는 외래어를 정확히 발음하고 있는 것처럼 생각하지만, 막상 쓰도록 해 보면 표기할 수가 없다는 문제에 직면하는 일본어 교사가 적지 않다.

이러한 상황에 즈음하여, 근래에 일본어 교육의 관점에서 외래어 습득, 특히 그 표기의 어려움에 대해서는 어느 정도 연구도 되어 지고 있다. 그러나 일본이나 한국에 있어서 지금까지 일본어 학습자에 대한

---

* 恩塚千代 : 江原大學校

표기·문자 교육이라고 하면, 거의 한자 교육을 가리키고 있었다. 따라서 한자교육에 관한 연구는 비교적 많고 선행연구도 많지만, 가타카나 교육에 관해서는 히라가나와 일괄한 「仮名教育」으로 다루고, 가타카나 문자 교육 그 자체에 관한 선행연구는 그다지 많지 않다. 이처럼 연구자, 교사 측에게도 가타카나로 하는 표기 교육을 경시하는 풍조가 있었기 때문에, 실생활에서는 이미 필요불가결하게 되어 있는 가타카나 문자의 정착이나 가타카나로 표기된 어휘 습득에 이르지 못한 채, 상급 수준으로 올라가는 학습자도 많다. 본고에서는 이러한 문제를 바탕으로, 학습자에게 있어서 가장 표기가 곤란한 일본어의 특수음소를 들어, 그것들이 외국어음에서 받아들여지는 때에, 어째서 한국어와 다른 구조를 보이고 있는가를 중심으로 살펴보고자 한다. 그리고 일본어 교육의 현장에 새롭게 가타카나어 표기의 지도법을 제안하고자 한다.

Ⅱ 연구 목적과 방법

본고는 일본어 교육의 관점에서 한국어를 모어로 하는 학습자가 일본어 음운을 어떻게 인식하고, 그것을 어떻게 표기로 나타내는가를 다양한 실험을 통해 분석 조사하고, 왜 학습자가 외래어를 주로 한 가타카나로 표기하는 어(본고에서는 이후 이것을 '가타카나어'[1]라 한다)를

---

1 본고에서 다루는 가타카나 표기의 사용 범위는 반드시 일본어로 정착한 외래어만이 아니라, 의성어·의태어나 일본어학습자가 표현하고자 하는 자국어의 단어, 자국의 요리명, 학습자 자신의 이름 등, 외래어로서 일본어 표기가 정착하고 있지 않은 어에도 해당되기 때문에 여기에서는 가타카나로 표기하는 어라는 의미에서 「가타카나어」라는 표현을 사용한다. 이 「가타카나어」라는 용어는 가타카나로 표기되는 어를 나타내는 용어로서 현재에는 일반화하고 있고, 『カタカナ語の辞典』(三省堂), 『例文で読むカタカナ語の辞典』(小学館), 『新カタカナ語便利辞典』(有紀書房), 『角川モバイルカタカナ語辞典』(角川書店), 『ど忘れカタカナ語辞典』(教育図書), 『大きな字のカタカナ新語実用辞典』(学研) 등에서 처럼 다수의 출판사에서

쓸 수가 없는지, 그리고 어떻게 하면 그 습득을 지원할 수가 있는지에 대해서 필자의 일련의 연구에서 발췌한 것이다. 여기서는 온즈카 치요 (恩塚千代, 2011e)의 실험결과 분석을 바탕으로 학습자의 음운인식 프로세스에서 표기행동으로 이어지는 이론적인 뒷받침을 제시하기 위해 지배음운론에 의거한 특수음소의 생성에 대해 기술한다. 즉, 외국어음이 어떻게 해서 한일양언어의 모어 화자에게 다른 음으로서 인식되는가를 이론적으로 설명한다. 이것은 실험결과와 인지적 이론연구 쌍방에서의 종합적인 접근을 지향하기 위해서이다.

본 연구가 목표하는 바는, 최종적으로는 이들 실험이나 분석을 통해서 한국어 모어 화자가 가진 음운체계 중에서 일본어음이 어떻게 인식되고 표기되어 행동으로 연결되어 갈 것인가 하는 뇌내에서의 메카니즘[2]을 밝히는 것이다. 현대 일본어는 어휘에 있어서 더욱 가타카나어의 비율을 확대하고 있고, 앞서 언급했듯이 이미 가타카나의 습득 없이는 관광일본어나 비즈니스 일본어의 학습도 제대로 되지 않는 상황이다. 이러한 학습자의 필요성에 근거하여 본 연구는 어디까지나 한국어 모어 화자에 대한 일본어의 견지에서 학습자의 음운인식과 표기의 구조를 밝히는 것이다.

Ⅲ 일본어 특수음소의 음운생성에 관한 원리

「hamburger([hæmbə:rgər])」를 「ハンバーガー([hamba:ga:])」로 인식하는 일본어와 「햄버거([hɛmbɔgɔ])」라고 인식하는 한국어의 차이는 무

나오고 있는 기존의 사전 타이틀에서도 넓게 볼 수 있다.

2 여기에서 말하는 「메카니즘」이란 것은 「신경 전달의 메카니즘」이라는 예에서 볼 수 있듯이 어떤 자극이 어떠한 구조로 표출되는가 라는 관련성이나 구조를 의미하고 있고, 단순한 양자의 관계를 나타내는 것은 아니다

엇인가. 또, 「step([step])」의 원어에서의 단모음을 「스텝([sitʰep])」으로 그대로 단모음으로 받아들이는 한국어와 「ステップ([steppɯ])」처럼 촉음화 하는 일본어와의 차이는 무엇인가. 이처럼 같은 어를 어원으로 하면서 이 두 개의 언어가 자국어의 음운체계에 받아들인 어형이 너무나도 다르기 때문에, 상호 서로 알 수 있을 거라고 생각한 외래어가 실제는 전혀 통하지 않는 것에 당황한 적이 많다. 그리고 그것은 서로의 언어학습에 있어서도 커다란 장애가 되고 있다.

본 연구에서는 인가·지배음운론(LGP)[3]의 이론을 이용해서, 일본어가 외국어음을 특수음소로서 받아들이는 메카니즘을 설명해 간다. LGP의 이론에서는 음절(Syllable)[4]은 모음 앞의 자음(군)인 Onset와, 모음과 그 후의 음(군)의 연쇄인 Rhyme로 나누어진다. Rhyme은, 더욱이 (단)모음의 핵(Nucleus)과, 모음 후의 자음(군)의 Coda로 나누어진다.

---

3   인가·지배음운론(Licensing Government Phonology ; 이하 LGP로 생략한다)는 생성음운론을 축으로 전개해 온 음운연구 중에서도 참신한 음운 모델이고, 1970년대 후반부터 알려진 비선상음운론이라 총칭되고 있는 일련의 개별 이론의 하나이다. 구체적으로는 1980년 중반부터 연구가 진행되어 온 이론이지만, 그 주요한 특징은 다음의 2가지이다. 즉, 하나는 자의적인 순열로 적응되고 있던 바꿔 쓰기 규칙을 제거하고, 음운현상의 설명을 표시의 적격성만으로 추구한 점이다. 그리고 또 하나는 음운현상이 통어현상과 마찬가지로 자연적인 것으로 다루고, GB이론에서 제창된 '원리와 매개변수'라는 접근에 의거하여 이론의 생성능력에 극히 엄격한 제약을 부여한 점이다. 그 후 이 이론을 일본어에 적용한 것이 吉田(1990), Yoshida(1996)이고, 전자에서는 장모음, 이중모음, 요음의 음배열에 같은 이론이 어떠한 음절구조를 예측하는지를 시도했다.

4   지배음운론에서는 '음절'이라는 구성소/단위를 인정하고 있지 않다. 다른 이론에서 음절이라고 불리는 것은 Onset와 Rhyme의 연쇄로 간주되고 있다. 따라서, a인가의 대상이 되는 것은 에레멘토라 불리는 음운최소단위이다.

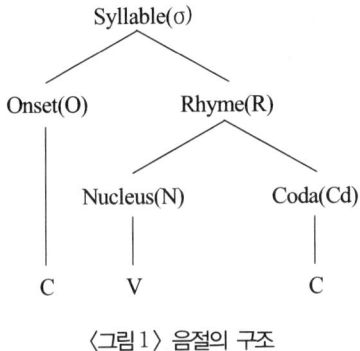

〈그림 1〉 음절의 구조

    온즈카(恩塚, 2011f)에서는 외국어의 모음을 한일양언어가 받아들이는 구조에 대해서도 상세하게 기술했지만, 본고에서는 일본어가 외국어의 이중모음이나 단모음을 장음이나 촉음으로 받아들이는 구조를 중심으로, 언어 구조적으로 그 절차가 없는 한국어를 모어로 하는 학습자가 일본어의 특수음소를 인식하기 어려운 원인을 모색하고자 한다.

    특수음소를 개별적으로 보기 전에, 우선 일본어와 한국어, 그리고 언어구조는 다르지만, 가장 익숙한 영어에 있어서의 제약과 매개변수(parameter)를 정리 해 둔다. <표 1>에서는 영어와 비교해서 일본어와 한국어에는 제약이 많고, 그 때문에 한일양언어 사이에도 특수음소의 존재나 인가의 차가 나타나는 것을 일람할 수 있다.

〈표 1〉 英·日·韓 3언어의 제약과 매개변수

	영어	일본어	한국어
Onset가 분리되어진다. (이중자음의 존재)	○	×	×
핵이 분열한다. (장음의 *存在*)	○	○	×
공범주를 인가한다. (자음으로 끝나는 어의 존재)	○	×	○

1. 장음(長音)의 생성

일본어는 원래 이중모음인 외국어의 모음을 장음으로 받아들이는 경우가 많다. 원래 외국어음에 있는 중모음을 일본어에 장음으로 받아들이는 과정과 그대로 이중모음으로 인식하는 과정을 이하에서 보기로 한다.

<표 2>에서 알 수 있듯이, 한국어에서는 원어에 장음이나 이중모음이 포함되어있는 경우 이중모음은 충실하게 생성되지만, 장음은 생성되지 않는다. 그것은 <표 1>의 제약에서도 확실하다.

〈표 2〉한일양언어에서의 중모음이 나타나는 방식

영어	일본어	한국어
diesel [diːzel]	ディーゼル[diːzeɾɯ]	디젤[tiʒel]
juice[dʒuːs]	ジュース[dʒɯːsɯ]	주스[dʒusi]
cake[keɪk]	ケーキ[keːki]	케이크[kʰeikʰi]
show[ʃoʊ]	ショー[ʃoː]	쇼[ʃo]
ice[aɪs]	*アイス[aisɯ]	아이스[aisi]
boiler[bɔilər]	ボイラー[boiɾaː]	보일러[poillɔ]
sound[saʊnd]	*サウンド[saɯndo]	사운드[saundi]
career[kəriə(r)]	*キャリア[kjaɾia]	커리어[kʰɔɾiɔ]
tour[tʊər]	ツアー[tsɯaː]	투어[tʰuɔ]

앞에서 기술했듯이, LGP에서는 음절 구성소는 O : Onset, N : Nucleus, R : Rhyme의 3요소로 본다. 그리고 단모음을 핵으로 하는 Rhyme의 구조는 (1a)처럼 되고, (1b)처럼 핵이 갈라져 나누어지면, 모음이 장음화한다고 생각된다. 그리고 (1c)처럼 핵을 거치지 않고 Rhyme이 나누어질 때에는 후속하는 [X₂]는 음절말의 자음이 된다.

(1)

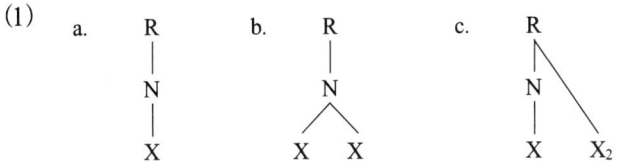

(2) 음율인가(Prosodic Licensing) I

    a. 구성소내 인가 : 구성소내에 있어서 인가관계에서는 주요부가 선행한다.

    b. 구성소간 인가 : 다른 구성소 사이에 성립하는 인가관계에서는 주요부가 후속 한다.

요컨대, 분리되어진 Onset 내에서는 어의 왼쪽에 있는 음이 오른쪽의 것을 인가하고(2a), 구성소가 다르면, 그 분리된 왼쪽 음이 그 앞에 있는 다른 구성소를 인가한다(2b). 어의 구조는 이러한 Onset와 Rhyme의 연속이고, 어구조의 어말에는 반드시 모음이 없으면 안 된다. 즉, 어말의 모음이 그 선행부의 Onset를 인가하지 않으면 마지막 자음은 존재하시 않는다.

그러나 언어에 따라서는 Onset와 핵이 갈라져 나오지 않는 것이 있다. 예를 들면 일본어와 한국어는 Onset가 분리되어 나오지 않는다. 따라서 영어와 같은 이중자음 구조의 Onset[5]가 처음부터 존재하지 않는다. 그리고 일본어와 영어가 핵이 분리되어 나누어지지만, 한국어는 분리되어 나누어지지 않기 때문에 (1b)에서 볼 수 있는 것 같은 장모음구조가 존재하지 않는다. 즉, 일본어에 있어서는 핵이 나누어져도 같은 요소가 헤드(head)가 되는 모음은 동화하고, 이중모음이 아니라 장음이 된다. 그러나 핵이 분리되어 나누어지지 않는 한국어에서는 같

---

5 「st」, 「tr」이나 「tl」과 같은 구조를 가리킨다.

은 요소를 가진 모음에서도 음절이 이분화해서 (3b)의 예와 같이 다른 Rhyme을 구성하게 된다.

(3) 이중모음을 포함한 단어 : 「cake ([keɪk])」
    a. (일본어의 경우)   「ケーキ([keːki])」
    b. (한국어의 경우)   「케이크([kʰeikʰɨ])」

(4) 이중모음을 포함한 단어 : 「ice ([aɪs])」
    a. (일본어의 경우)   「アイス([aisɯ])」
    b. (한국어의 경우)   「아이스([aisɨ])」

그러나 일본어에 있어서도 (4a)와 같이 헤드가 다른 경우는 동화하지 않고 이중모음인 채로 받아들여지게 된다. 그리고 한국어와 마찬가지로 모음 앞에 Onset를 생성하고 다른 구성소가 되어 분화한다. 그러나 「キャリア(career)」나 「コンピュータ(computer)」처럼 철자에 「er」의 구조를 가지고 있음에도 불구하고 원어의 발음 그 자체가 [kəriə(r)]나 [kəmpjuːtə(r)]처럼 흔들리고 있는 경우나 일본어의 표기에도 흔들림이 있는 경우는 장음화 하지 않는 단어도 있다.

2. 촉음(促音)의 생성

다음으로 장음과 마찬가지로 한국어에서는 일어나지 않는 음운현상, 촉음의 생성에 대해서 검증해 본다. 촉음 삽입에 관한 설명에는 (2)의 음률인가(Prosodic Licensing) Ⅰ 원리에 근거해서, 더욱이 Onset와 Coda 사이에서의 인가에 대해서 기술한 (5)의 원리가 유효하다고 생각된다.

(5) 음률인가(Prosodic Licensing) II

　　a. Onset인가 : Onset의 주요부는 후속하는 핵에 인가되지 않으면 안
　　　된다.

　　b. Coda인가 : Rhyme부가부분은 후속하는 Onset에 인가되지 않으면
　　　안 된다.

이러한 원리에 따르면, 자연언어에 있어서 어는 모두 핵(모음)으로
끝나지 않으면 안 된다. 그러나 영어나 독일어처럼 폐음절언어는 어
말의 핵이 비어있는 것이 허가되고 있다. 바꾸어 말하면, 공핵(empty
nucleus)의 존재를 인정하는 요소가 설정되어 있는 언어는 어구성의
가장 말미에 나타나는 공핵이 음성해석을 받지 않기 때문에 음성상과
표기상은 자음으로 끝나는 말을 허락되게 된다. 한국어도 이 요소를
가진 언어이다[6]. 한편, 상기의 요소가 off로 설정되어 있는 이탈리아어
나 일본어와 같은 언어에서는 모든 단어의 마지막에 모음이 나타나지
않으면 안 된다[7].

　이 공범주(空範疇)의 음성해석을 억제하는 또 하나의 원리가 다음의
'적정통솔'이다.

(6) 적정통솔(Proper Government)

　　α와 β가 그 투사 레벨에서 인접하고, 동시에 α는 그 자체 인가를
　　받지 않고, 또 α와 β사이에 통솔 영역이 개입하지 않은 경우, α는 β

---

[6]　그러나 한국어에서는 자음으로 끝나는 외래어를 받아들일 때, [i](으)를 첨가하는
　　경우도 있다.

[7]　일본어의 경우, 자음으로 끝나는 외래어의 어말에는 통상 /ɯ/를 첨가하지만 외래
　　어가 정착한 시대의 차이나 의미 변별 때문에 같은 원어에 /ɯ/ 와 /i/를 병용하는
　　경우도 있다.

　　(예) · 「ink」→ 「インキ([inki])」, 「インク([inkɯ])」

　　　　· 「strike」→ 「ストライキ([sɯtoɾaiki])」, 「ストライク([sɯtoɾaikɯ])」

를 적정 통솔한다.

이 논리에 기준해서 α와 β를 모음(V), 그 외를 자음(C)에 바꿔 놓아 보면, 상기 (7)과 같은 구조가 된다. 또한 (8)의 원리에 따르면, 어말의 핵에 의해서 적정통솔된 앞의 Rhyme의 핵(모음)은 해석을 받지 않는다. 즉, 음성적으로 구현하지 않는 것이다.

(7)

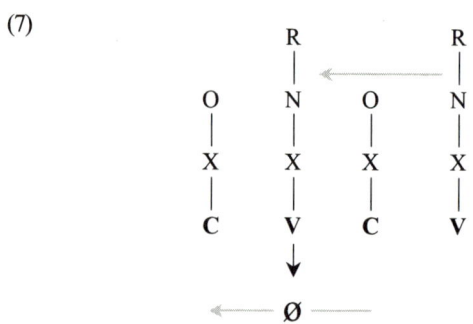

(8) Onset 통솔(Onset Government)
적정통솔을 받은 핵은 그 핵을 끼운 Onset 사이에서 통솔관계가 성립하는 경우, 음성적으로 해석을 받지 않는다.

일본어에서는 일반적인 규칙으로서 외래어의 단모음에 무성폐쇄음·무성파찰음·무성마찰음[8]이 이어지는 경우, 그것에 후속하는 Onset 사이에 촉음이 삽입된다. 이 외래어의 단모음이 촉음화하는 일본어의 음

---

8 따라서 이 원리에 의한 촉음화 때문에 본래는 유성음인 어말 음절의 자음이 촉음에 후속해서 무성화하는 현상도 알려지고 있다.
   (예) · 「bag([bæg])」 → 「バック([bakkɯ])」
        · 「bed([bed])」 → 「ベット([betto])」
        · 「badge([bædʒ])」 → 「バッチ([batʃi])」

운현상은 아래와 같이 설명할 수 있다.

영어의 어말의 공핵은 앞의 Rhyme을 인가는 할 수 있지만 통솔할 수는 없다. 그러나 앞서 언급했듯이 일본어는 어말의 핵이 비어 있는 것을 허가하지 않는 언어이기 때문에 거기에도 반드시 모음이 존재하게 된다. 즉, 일본어의 매개변수는 어말의 핵이 비어 있기 때문에 자음으로 끝나고 있는 원어의 어말 자음 앞에도 또 하나의 같은 구조(같은 자음을 가진 Onset와 같은 모음의 Rhyme)을 만든다. (8)의 원리에 의해, 어말의 Rhyme이 그 앞의 Rhyme을 적정하게 통솔하고, 또 Onset 끼리 적정하게 통솔되고 있는 경우, 그 사이에 끼워진 Rhyme은 음성적으로 해석을 받지 않는다. 이렇게 해서 Onset 끼리 적정하게 통솔되는 것으로, 그 사이에 끼워진 중음절의 Rhyme(모음)이 음성으로서 구현하지 않기 때문에 같은 자음이 서로 이웃하게 되고, 촉음이 생성되는 것이다. 또한 그 뒤에는 반드시 적어도 또 하나의 구성소가 없어서는 안 되고, 일본어 구조로서도 어말에 촉음을 둘 수가 없는 것은 이 때문이다.

〈표 3〉 일본어에 있어서 촉음의 삽입화

영어	일본어	한국어
kit [kit]	キット[kitto]	키트[kʰitʰi]
step[step]	ステップ[steppɯ]	스텝[sitʰep]
rock[rɔk]	ロック[rokkɯ]	록[rok]
apple[æpl]	アップル[appɯrɯ]	애플[ɛpʰil]
relax[rilæks]	リラックス[riɾakkɯsɯ]	릴랙스[rillɛksi]
task[tæsk]	*タスク[tasɯkɯ]	타스크[tʰasikʰi]
perfect[pə:fekt]	*パーフェクト[pa:ɸekɯto]	퍼펙트[pʰɔpʰektʰi]

그러나 <표 3>에 나타나듯이 촉음화 하지 않는 예도 있다. 「カップ」나 「リラックス」의 경우는 어중의 핵이 적정통솔을 받았기 때문에 음성 해석을 받지 않으므로 자음이 이어지게 되고 촉음화하지만, 「タスク」의 경우 생성과정은 핵을 끼운 Onset 사이에서 통솔관계가 성립하지 않고, 음성해석을 받은 핵이 모음으로서 구현화 했기 때문에 결과적으로는 촉음화하지 않는다고 생각된다.

일본어도 영어도 Rhyme내의 핵은 분리되어 나누어질 수 있지만, (1)에 보듯이 일본어의 경우는 핵을 거치지 않고 Rhyme을 직접 분리해 나눌 수가 없다. 따라서 「タスク」의 「ス」와 「ク」에 해당하는 구성소에는 원래 모음을 포함한 음절이 존재하고, 같은 구조의 중음절을 만들지 않았다고 생각되어지기 때문이다. 따라서 「タスク」와 「タッスク([tassɯkɯ])」로는 되지 않고, 「パーフェクト」도 「パーフェックト([pa:ɸekkɯto])」라고 하는 촉음화는 볼 수가 없다.

한편, 한국어의 경우는 영어와 마찬가지로 어말의 공핵이 허가된다. 어말의 공핵은 그 앞의 Rhyme을 통솔할 수가 없기 때문에, 일본어와 같이 해석되지 않는 모음이 존재하지 않는다. 또 일본어와 같은 중음절을 만들지 않기 때문에 일본의 특수음소인 '촉음'이 존재하지 않는다.

3. 발음(撥音)의 생성

영어 등에서 외래어음의 일본어화 과정에서 특수음소가 생성되는 것에 대해서 분석한 것으로는 촉음이 모음의 형태와 후속자음의 유성·무성에 의존하고 있다고 지적한 가켄부슈 히로코·오소 미에코(カッケンブッシュ寬子·大曽美惠子, 1990)나 같은 유성자음이라도 그 조음법에 따라서 그 앞의 느슨한 모음이 무성화해서 촉음이 된다고 분류한 아베 야스아키(阿部泰明, 2003) 등이 있다. 또 이들 연구에서는 느슨한

모음은 촉음화 하지만 긴장한 모음의 경우는 장모음, 이중모음의 경우는 장모음이 이종모음의 연쇄가 되는 것을 많은 어를 분류하는 것으로 제시했다. 그러나 일본어의 발음이 어떻게 해서 생성되는지에 대해서는 전혀 언급하고 있지 않다.

가나문자의 「ん」 혹은 「ン」 한 문자로 표기되는 일본어의 발음은 음성적으로는 [n], [m], [ɲ], [ŋ], [N][9]과 비모음 6개의 음가를 가진다. 발음을 표기하는 문자가 한 종류 밖에 없기 때문에 일본어 모음 화자는 음의 차이를 의식하는 일은 거의 없지만, 후속하는 음의 역행동화에 따라서 실제로는 이 6개의 음을 구분 사용하고 있는, 이것도 또 촉음과 마찬가지의 특수 음소의 하나이다. 다만, 원어로 [n]에 [i], [j]가 후속하는 경우는 일본어에서는 발음이라고 인식되지 않고 「ニ」로 인식 되어[10], 모음 앞의 발음은 비모음으로 음성 처리되기 때문에 이 절에서 검증하는 외래어에서 생성되는 발음으로는 <표 4>에 보여지듯이 [ɲ]과 비모음을 제외한 4종류에 대해 생각한다.

〈표 4〉 일본어에 있어서 비음자음의 발음화

영어	일본어	한국어
contact[kɔntækt]	コンタクト[kontakɯto]	콘택트[kʰontʰɛktʰi]
computer[kəmpju:tər]	コンピューター[kompjɯ:ta:]	컴퓨터[kʰɔmpʰjutʰɔ]
Hong Kong[hoŋkɔŋ]	ホンコン[hoŋkoN]	홍콩[hoŋkʰoŋ]
King Kong[kiŋ kɔŋ]	*キングコング[kiŋɯkoŋɯ]	킹콩[kʰiŋkʰoŋ]
concrete[kɑnkri:t]/[kɔŋkri:t]	コンクリート[koŋkɯɾito]	콘크리트[kʰonkʰirritʰi]
pen[pen]	ペン[peN]	펜[pʰen]

---

9   작은 대문자[N]으로 표기되는 음은 치경비음[n], 양순음 [m], 연구개비음 [ŋ]과도 다른 구개순음으로 역행동화에 의해서 조음되는 발음 중에 있고, 후속하는 자음이 없는 일본어의 어말에만 나타나는 특수음이다.

10   「Kenya([kenjə])」는 「ケニア([keɲja])」로 표기되기 때문에 발음으로 인식되지 않는나.

재차 언급하지만, 일본어의 발음은 후속음에 의한 역행동화에 의해서 생성되는 음이므로, 「コンクリート」의 어중 「ン」도 후속하는 [k]라는 자음 때문에 조음 음성학적으로 무조건 [ŋ]으로 발음된다. 그러나 한국어의 경우는 영어의 2종류의 어느 발음 사이의 전자를 채용해서 한글표기하고 있기 때문에 그 문자 표기대로 [n]으로 발음된다. 즉, 영어나 한국어에 있어서 어중의 「n」이나 「ㄴ」의 음은 후속하는 Onset 에 통솔되고 있지 않은 것을 알 수 있다.

그런데 촉음의 생성에 대한 설명에서 일본어는 Rhyme이 직접 분리되어 나누어 질 수 없는 언어라고 기술했다. 즉, 반드시 Onset와 Rhyme 이 편성되어 하나의 구성소(=음절)을 구성한다. 그러나 모라언어인 일본어 중에서도 유일, 자음만으로 1모라를 형성하고 있는 것이 발음이다. 그리고 발음은 구성소로서 영어와 마찬가지로 앞의 Rhyme에 소속하고 있다고 생각된다. 따라서 그 앞의 핵을 형성하는 모음과 함께 후속하는 Onset(자음)에 따라서 통솔되기 때문에 후속하는 자음을 구성하고 있는 요소의 영향을 받아야 하는 것이다. 그러나 영어는 원래 어말에 공핵의 존재를 허가하므로 후속하는 Rhyme의 통솔을 받지 않고 「concrete」처럼 자유롭게 「n」발음을 할 수도 있다. 그것을 표기에 받아들인 한국어의 발음이 그것에 준하는 것은 앞서 기술한 바이다.

그리고 일본어 발음의 또 하나의 커다란 특징은 Rhyme을 형성하고 있는 핵에 소속하면서도 일본어의 매개변수인 '박의 등시성'에 따라서 그 자음에도 한 박을 가지게 한다. 이렇게 해서 일본어의 발음은 영어와 같이 앞의 절의 모음에 매달리는 비음자음이 아니라, 독립된 박을 지닌 특수음소로서 존재하게 된다.

Ⅳ 일본어 특수음소의 인식과 표기

앞에서 살펴보았듯이, 이른바 외래어는 그 받아들이는 곳의 언어 음운체계에 맞추어 음운 변화한다. 그러나 일본어 교육현장에서는 일반적으로 한국어 화자는 일본어의 장음과 촉음의 인식은 어렵지만, 발음의 인식에는 그다지 문제가 없다고 말해져 왔다[11].

그러면 같은 특수음소이면서 왜 인식에 차가 없는 것인가. 그 현상과 원인을 깊이 추구한 연구는 아직은 그다지 찾아볼 수 없다. 단순히 '한국어에도 발음은 있기 때문'라고 잘못된 생각을 가진 사람이 있지만, 한국어에 존재하는 것은 비음의 종성이고[12], 일본어의 발음과는 다르고 1박분량을 유지하지 않는 내파음이다. 따라서 장음·촉음 정도는 아니라 해도 역시 한국인 학습자에게 있어서 어말에 있는 발음은 인식하기 어려운 음이다. 이것은 또한 필자의 일련의 실험결과에서 확실히 하고 있다. 온즈카(恩塚, 2011e)에서는 한국어를 모어로 하는 일본어 학습자에게 있어서 일본어 특수음소의 인식에 관해서 아래와 같은 인식난이도를 제시하고 있다.

(9) 한국어 모어 화자가 인식하기 어려운 특수음소

　　　어말의 장음＞어말의 발음＞촉음＞어중의 장음＞어중의 발음

어렵다 ◄─────────────────────────► 쉽다

전술한 바와 같이, 발음은 다른 특수음소인 장음·촉음과는 생성 과정이 다르고, 한국어라는 언어가 가지고 있는 구성소 구조와는 그다지

11　한국어 모음 화자를 대상으로 한 일본어의 특수음소의 듣기와 가타카나어 특유의 문자열에 의한 표기에 관한 恩塚(2004 ; 2008)의 일련의 실험에서도 그러한 결과가 나오고 있다.
12　「ㅁ」, 「ㄴ」, 「ㅇ」 받침이라 일컬어지는 /m/, /n/, /ŋ/ 3음을 가리킨다.

커다란 차가 없기 때문에 그것을 표기할 때에도 비교적 실수가 적다. 그러나 어말의 Rhyme에 공핵을 허가하는 한국어를 모어로 하는 화자에 있어서 어말이 자음, 혹은 내파음(종성)으로 끝나는 말에 익숙해 있으면, 어말에 있어서 모음이 없어도 1박을 가진 발음, 즉, 「タタン」과 같은 예는 매우 인식하기 어려운 음인 것은 틀림이 없기 때문에, 어말의 발음은 빠뜨리고 쓰는 일도 많다. 요컨대 일본어의 발음은 촉음과 마찬가지로 역행동화에 의해서 생성되는 음이지만, 촉음과는 생성과정이 다르기 때문에 어말에도 존재하는 것이 가능하다. 그 때문에 발음이 뒤에 다른 구성소를 가지지 않는 경우, 바꾸어 말하면, 어말에 있는 경우는 일본어 특유의 구개순비음 [N]으로 발음되기 때문에, 한국어에도 존재하는 종음 [n], [m], [ŋ]의 범주에서는 인식 처리가 불가능하기 때문이다.

그럼, 한국어 모어 화자는 인식 혹은 오인식한 일본어 특수음소를 어떻게 표기하는 경향이 있는 것일까. 앞서 기술한 결과에서 밝혀졌지만, 어중이든 어말이든 한국어 모어 화자가 촉음이나 발음이라는 특수음소를 잘못 들은 경우, 장음으로 오인식해서 표기하는 일이 가장 많았다. 이것은 앞의 분석결과에서도 언급했듯이 박의 지속은 인식가능해도 그 구체적인 음가를 인식할 수 없기 때문에 그 직전 모음을 그대로 늘린 음, 즉 장음으로 인식해 버리기 때문이라고 생각된다. 마찬가지로 표기할 때에도 촉음·발음이 들리지 않은 상태에서 어떤 음이 1박 이어져 있는 것을 명시하기 위해서는 적당하게 장음기호를 써넣는다는 판단은 상상하기에 어렵지 않다. 그 때문에 일본어학습자는 거의 특수음소를 장음기호로 쓰는 경향이 있고[13], 또 모음이나 유성음간, 어말의 발음의 뒤 등에도 쓸데없는 장음을 삽입하는 실수가 많다. 따라

---

13 「サッカー」→「サーカ」, 「ベッド」→「ベード」, 「ソン·ミンス」(人名)→「ソー·ミース」 등의 실수를 가리킨다.

서 받아쓰기라는 수법을 이용한 인식조사에서는 어림짐작으로 어중의 장음 정답률이 높아질 가능성이 있다. 더욱이 어말에 공핵을 허가하는 언어인 한국어 모어 화자가 앞의 핵에 동화한 장모음이 어말에 있을 때에 그것을 인식할 수 없는 것은 두말할 나위 없다.

V 맺음말─표기 습득 지도법의 제안 ─

본고에서는 일본어의 음운구조 해석에 초점을 두고 영어를 모델로 한 외국어음에 대해서, 일본어와 한국어 양언어에 있어서 음운현상·음운생성의 과정을 LGP와 그 하위이론 및 원리를 통해서 고찰해 보았다. 단순히 한국어를 모어로 하는 일본어학습자에 있어서 일본어의 어느 음의 음운인식이 어려운 것인지, 그리고 그 가운데 어느 부분을 표기 할 수 없는 것인지를 실험해 분석할 뿐만 아니라, 인지음운론의 이론적 접근과 일본어교육의 실험적 방법론에서 한국어 모어 화자에게 인식이 어려운 음운을 표기에 연결하기 위한 학습지원방법을 모색하기 위해서이다. 그러나 현 시점에서 일본이의 **특수음소**의 생성과정 부분에 대한 검증이 완전하지 않고, 이 이론이나 원리만으로는 다 설명할 수 없는 예외도 있는 것을 부정할 수 없다.

한국어를 모어로 하는 일본어학습자에게 있어서 일본어 어휘습득은 언어 습득보다는 비교적 쉽다고 생각된다. 그러나 이 양언어의 음운구조는 크게 다르고, 특히 외래어를 중심으로 하는 일본어 가타카나어를 바르게 인식하고, 표현하는 것은 한국어를 모어로 하는 일본어학습자에게 있어서는 일본어의 고유어 이상으로 매우 노력을 필요로 한다. 한국어 모어 화자에게 있어서 습득하기 어려운 일본어 가타카나어 음운표기는 아래의 4개로 정리 할 수 있다.

① 청음의 표기
② 가타카나어 표기를 위한 특별한 문자열 (외래 요음) 표기
③ 외래어로부터 받아들인 모음의 차이에 의한 표기
④ 일본어 특수음소 표기

마지막 일본어 특수음소에 관해서, 지금까지는 듣기 실험을 통해서 잘못된 분석 결과만이 보고되는 경우가 많았다. 본고와 같이 인지언어학적인 관점에서 실증적으로 설명한 연구의 예는 그다지 없다. 일본어 교육 분야에서의 연구는 실천적인 보고나 실험조사 결과분석은 많이 볼 수 있지만, 이론적 뒷받침이 되어 있지 않은 것이 많기 때문이다.

특수음소의 오인식에 대해서는 한국어 모어 화자만이 아니라, 일본어학습자 전반에 '박감각의 결여'가 원인이라고 말해진지 오래다. 그러나 그러면 박감각도 있고, 일본어 특수음소에도 익숙해졌을 일본어학습자 중에서도 가타카나어 표기가 능숙하지 않은 사람이 있는 것을 설명할 수 없다. 어떠한 언어 학습에 있어서도 학습자는 그 언어 특유의 음운구조를 인식하지 않은 채, 구두만으로 모방 발음을 할 수가 있다. 그리고 교사는 어째서 학습자가 발음 할 수 있는 어를 표기 할 수 없는 것인가 라는 문제에 직면한다. 대답은 간단하다. 즉, '말할 수 있는데 쓸 수가 없다'가 아니라 '말하고 있지 않으니까 쓸 수 없다'이다. 입에서는 발음을 모방하고 있지만, 음운으로서는 뇌내에서 인식되고 있지 않다. 「デーパト」라고 쓰는 학습자의 인식에 존재하는 것은 「デパート」가 아니라 역시 「デーパト」인 것이다. 그런 까닭에 일본어 모어 화자라도 「語」로서의 인식이 없는 것이라면 일본어 학습자와 마찬가지로 다른 사람들이 말하는 음만을 들어서 기억하고 발음은 모방할 수 있어도 외래어를 바르게 쓸 수 없는 것에 이상할 게 없다. 실제로 그들도 또 음성면에서는 바르게 일본어 음운으로서 인식하고 있지 않

기 때문에 일본어 고유어에 없는 음이나 특수음소를 쓸 수 없는 것이다.

일본인의 특수음소에 대한 듣기 능력의 애매함은 오쓰보 카즈오(大坪一夫, 1980 ; 1981)의 일련의 실험에서도 확실히 하고 있다. 또 온즈카(恩塚, 1995b)에서는 일본어 모어 화자를 대상으로 특수음소를 바르게 발음하고 있지 않은 어의 위에 잡음을 겹쳐 작성한 조사음원을 이용하고[14], 가타카나어의 받아쓰기 실험을 행하고 있다. 이 실험에서는 대상 음원의 잡음을 크게 하고 듣기 조건을 더욱 나쁘게 하면 실제로 들리는 음이 아니라, 그 음에 가장 가깝다고 생각되는 가타카나어를 회답으로 쓰는 경향이 높아진다는 결과가 나와 있다. 이것은 즉, 모어 화자의 심적 사전에는 물리적인 음성에 좌우되지 않는 표기가 존재하는 것을 나타내고 있다. 이것을 이용하면 학습자에 있어서도 그 언어 구조 내의 음운과 표기의 세트로서 심적 사전에 등록된 어는 모어 화자와 마찬가지로 물리적 음성으로서 지각한 음에 좌우되는 일 없이 인식되어 표출되는 것이다.

언어행동 가운데 '듣기·말하기'는 의도하지 않고 획득하고 있는 경우가 많지만, '읽기·쓰기'는 자율적인 학습을 요한다. 그런 까닭에 자율적 학습인 '읽기' 이외의 측면에서 표기의 문제에 접근한 실증 연구는 적다. 근래 뇌파도 측정할 수 있는 기구가 발달한 덕분에 인지적인 연구가 급발전 하는 중이지만, 한자나 문자의 형태 인식에 관한 실험은 그 수가 많으나, 지금까지 '듣기'에서 '쓰기'에 이르는 과정을 실증적으로 제시한 연구가 적은 것은 그 증명이 매우 어렵기 때문이다. 본 연구의 주요 테마이기도 한 표기의 잘못은 발음이나 단순한 서기의 문제만이 아니라 학습자가 그 말을 어떻게 인식하고 있는지에 관계하고

14　「ボルペン」(ボールペン), 「ハンドバグ」(ハンドバッグ)와 같이 장음, 촉음을 삭제한 단어나 「サーカー」(サッカー)와 같이 특수음소의 종류글 바꾼 것. 「デーパト」(デパート) 처럼 특수음소의 위치를 바꾼 것 등.

있다. 입에서만 모방 발음이나 듣기 연습을 반복하는 것만으로는 학습자가 인식하고 있는 「デーパト」를 「デパート」로 정정할 수가 없는 것이다. 시각적으로 '철자'로 제시하는 것으로도 실수를 크게 줄일 수가 있다. 표기의 습득은 발음 지도를 반복하고 단순한 음성지각으로서 그것을 재생하는 것만으로는 문제가 해결되지 않는다. 그야말로 몇 번이나 언급했듯이 표층적인 모방으로 끝나버리기 때문이다. 발화자의 조음기관의 형태나 크기가 다르고 발성의 습관이나 출신지·속성이 다르면 발성신호의 특징은 변화한다. 무엇보다도 중요한 것은 물리적 음성으로서 지각한 음을 그 언어 구조 내의 음운으로 인식하고, 모어 화자와 마찬가지로 그 어를 음운과 표기 세트로 심적 사전에 등록하는 것이다.

음성지각이나 인간의 인지에 관한 연구는 그 길을 독자적으로 진행하여, 심적 사전에 두고 음운·의미·통어 어와 어의 관계가 어떻게 표상되고 있는지의 연구도 대개는 단순어 인지 과정에 관한 연구만이 선행하고, 다양한 모델화의 시도에 그치고 있다. 한편 최근 일본어 교육 분야에서는 앞서 기술했듯이 학습자를 피험자로 듣기 실험이나 쓰기 테스트 같은 실험보고 뿐인 연구가 매우 많다. 결과적으로 '이러한 음이 듣기 어렵다', '이러한 어에 잘못 쓰는 일이 많다' 등의 통계적인 데이터는 얻을 수 있지만, 그것은 어째서 인가라는 인간의 인지기능으로서의 음운인식과 표기의 메카니즘에 대해서는 분석되고 있지 않다. 최근은 심적 사전의 구조는 언어에 따라서 다를 가능성이 높은 것도 시사되고 있다. 그렇다면 한국어 모어 화자가 모어의 심적사전과 일본어의 심적사전을 구분 사용할 수 있는 방책도 필요한 것이고, 일본어 교육의 견지에서 학습자의 표기습득 지원을 고려할 때, 이후 이들 인지적인 연구를 바탕으로 해서 종합적인 접근이 필요하다고 생각된다. 따라서 일본어 교육 분야에서야말로 이러한 음성지각이나 인지과정에 관한 연구를 종합하는 새로운 패러다임에서의 연구가 기대된다.

■ 참고 문헌 ────────────────────────────────────●

노채환·심보 토모코(2008)「구성원소 이론을 통한 한국어와 일본어의 모음현상
　　　　　비교 연구」『이중언어학』제36호, 이중언어학회, pp.115-136

심보 토모코(2006)「한국어 경음화와 일본어 촉음화에 나타나는 자음간 지배관계
　　　　　－한자어를 중심으로－」『언어와 문화』2-3, 한국언어문화교육학
　　　　　회, pp.83-103

허용·이상직(1996)「지배음운론(Government Phonology)이란 무엇인가？」『언어
　　　　　학』제19호, 한국언어학회, pp.411-442

阿部泰明(2003)「外来語における子音の無声化に関する一考察」『南山大学アカデ
　　　　　ミア文学·語学編』74, 南山大学, pp.43-66

大坪一夫(1980)「日本人の長母音、短母音の判別能力について」『言語文化論集』
　　　　　2-1, 名古屋大学総合文化センター

　　　　　(1981)「日本人の促音の有無の判別能力について」『言語文化論集』3-1,
　　　　　名古屋大学総合文化センター

恩塚千代(1995b)「なぜデーパトと書くのか－日本語学習者におけるカタカナ表記の
　　　　　書き誤りについて－」『文化学研究集録』第5号, 大阪府立大学大学
　　　　　院総合科学研究科, pp.71-79

　　　　　(2004)「カタカナ語表記の指導に関する一試案」『日本語学研究』第9号,
　　　　　韓国日本語学会, pp.103-115

　　　　　(2008)「韓国語母語話者へのカタカナ指導に関する一考察－在韓日本語講
　　　　　師の指導実態と意識調査から－」『日語日文学研究』 第64輯1巻,
　　　　　韓国日語日文学会, pp.139-157

　　　　　(2010b)「統率音韻論から見る日韓両母語話者の音韻認識－外来語から生成
　　　　　される母音を中心に－」『日東学研究』第2輯, 江原大学校日本研究
　　　　　センター, pp.151-172

　　　　　(2011e)「韓国語母語話者における特殊音素の認識－音韻認識と表記：理論
　　　　　と実験からのアプローチ－」『日語日文学研究』第77輯1巻, 韓国日
　　　　　語日文学会, pp.231-252

　　　　　(2011f)『日本語の音韻認識と表記のメカニズム－韓国語母語話者へのカ
　　　　　タカナ語教育の観点から－』人文社

カッケンブッシュ寛子·大曽美恵子(1990)『外来語の形成とその教育』国立国語研
　　　　　究所

陣内正敬(2008)「日本語学習者のカタカナ語意識とカタカナ語教育」『言語と文化』
　　　　　11号, 関西学院大学言語教育センター, pp.47-60

戸田貴子(2003)「外国人学習者の日本語特殊拍の習得」『音声研究』7-2, 日本音声
　　　　　学会, pp.70-83

横山詔一(2006)「文字の認知単位」『月刊言語』35-10, 大修館書店, pp.36-43

吉田昌平(1990)「音韻論における統率について」『言語研究』 97, 日本言語学会,
　　　　　pp.95-123

_____(1998)「「ネコ」も「cat」も2音節－Government Phonologyの音節理論－」
　　　　　『横浜国立大学留学生センター紀要』5号, 横浜国立大学留学生セン
　　　　　ター, pp.92-113

Heo, Yong(1994) *Empty Categories and Korean Phonology,* SOAS, University of London

Yoshida, Shohei(1996) Phonological Government in Japanese *Faculty of Asian Studies,*
　　　　　pp.551-560 Australia National University

한국의 국가정책에 따른 일본어교육과정 변천사

윤유숙 *
교육부 교육연구관

I 머리말

　대한민국 정부 수립 이후, 1955년 8월의 '제1차 교육과정' 고시를 시작으로 2011년 8월에 고시된 '2009 개정 교육과정' 부분개정 고시에 이르기까지 크게 9차례에 걸친 교육과정의 변천이 이루어졌다.

　1965년 한일 국교 정상화 후 1973년에 일본어를 고등학교 교육과정에 제2외국어로 개설한다는 고시를 함으로써 중등학교 현장에서의 일본어 교육이 시작된 지, 어느덧 40여년의 역사가 되었다.

　그러나 1961년부터 실시되어 온 대학교육으로써의 일본어 및 일본문학 등에 비해, 중등학교 현장에서의 실용 외국어로써의 일본어 교육

♦ 尹裕淑 : 敎育部

연구는 매우 부족한 것이 사실이다.

본 연구는 광복 이후 최근까지 국가 수준 교육과정 개발 체제 속의 일본어 교육과정 분석을 통하여 현 시점에서의 일본어과의 교육과정 질의 개선 방향을 제안하는 데에 그 근본 목적이 있다.

국가 수준의 교육과정은 교육부 장관이 초·중등교육법 제23조에 의거하여 고시한 초·중등학교의 교육내용에 관한 전국 공통적, 일반적인 기준을 말한다. 이 기준에는 초·중등학교의 교육목표, 내용, 방법, 평가 등에 관한 국가 수준의 기준 및 지침이 제시되어 있으며, 공통적, 일반적, 요강적, 대강적, 거시적, 표준적인 교육과정 기준의 성격을 지니며 일반적으로 법적 구속성을 지니고 있다는 점이 특징이다. 본 연구가 '국가 수준의 교육과정'을 든 것도 일반적인 전국 공통의 교육과정을 말하기 위함이다.

본고는 우리나라 현행 일본어 교육과정 개발 체제 등의 변천사를 통한 이해와 문제점을 진단함으로써, 현행 개정이 지니는 문제점들을 보완할 수 있는 보다 바람직한 일본어 교육과정 개발의 방향을 제시하고자 한다.

Ⅱ 교육과정기별 일본어 교육과정 변천 고찰

1. 교육과정기별 시대적 배경과 일본어 교육과정의 위상

제1차 교육과정기는 대한민국 정부가 수립된 이후, 교육법의 제정과 학제가 정립되기 시작한 시기이다. 이 시기는 대한민국 수립 후, 교육의 여러 규정들이 완전히 갖추어지기도 전에 6·25사변이라는 국가적 변란과 위기를 맞이한 시기와 맞물려 여러 가지로 혼란을 겪은 과

도기적인 시기였다. 또한 이 시기에는 일본어가 외국어 과목으로서 채택되지 않았던 시기이며, 이후 1973년 2월 14일 문교부령 310호로 일본어 교육과정을 발표, 그해 4월 1일부터 일본어 교육을 시작하기까지 오랜 기간 동안 고등학교 일본어 교육에 일본어는 제외되어 있었다.

이 시기의 특징으로는, 「교육과정」이라는 용어가 처음으로 사용되었다는 점이다.

문교부령 제35호와 문교부령 제44, 45, 46호에는 「교육과정」이라는 용어와 「교과과정」이라는 용어가 사용되었는데, 이것에 유래하여 지금까지 「교육과정」이라는 용어를 사용하게 되었다. 그리고 당시 교육과정 속에 포함되었던 외국어 과목은 중학교에서 영어, 고등학교에서 영어, 독일어, 프랑스어, 중국어 중에서 하나 또는 둘을 선택하게 했고, 사범학교에서도 역시 영어, 독일어, 프랑스어, 중국어 중에서 하나를 선택하게 되어 있었다.

제2차 교육과정은 4·19라는 독재에 항거하는 내적 분출과 함께 연이어 발생한 5·16으로 인하여 민족자주교육을 강조하게 되었다. 발표 초기에는 고등학교 교육과정 외국어 교과에 영어Ⅰ를 기본으로 하여 영어Ⅱ, 독일어, 프랑스어, 중국어 중에서 1~2과목을 선택하여 가르치게 되어 있었다. 이후 1969년 9월 4일 문교부령 제251호 스페인어(에스파냐어)를 추가했다. 이 당시까지도 아직 고등학교의 교과목에 일본어는 제외되어 있었으나 1973년 2월 14일 문교부령 제310호로 제2차 부분 개정 시 일본어가 신설되었다. 당시에는 일본어학과 출신자에게 교사자격을 주지 않았기 때문에 정식 교사자격을 가진 교사가 없었으므로 문교부는 1972년 일본어과목 중등교원 자격 검정고시를 실시하여 교사를 확보하고 1973년부터는 대학의 일본어학과에 교직과목을 추가한다고 발표했다.[1]

---

1 서울신문 1972년 7월 6일사 3번 참조.

1974년 12월 31일 문교부령 제350호로 고시된 제3차 교육과정은 제2차 교육과정에서 지향했던 생활중심 교육과정을 한 단계 업그레이드시켜 지식 및 정보의 폭발적인 팽창에 효과적으로 대응하기 위한 학문중심의 교육과정과 우리 교육이 지향해야 할 좌표로써 설정한 국민교육헌장[2]을 기초로 하여 변화를 모색하였다.

제3차 교육과정의 교과목은 필수 및 필수 선택 교과목과 과정별 선택 교과목으로 나뉘어졌는데 외국어 교과목은 과정별 선택 교과목이었다. 「과정별」이라는 의미는 인문, 자연, 직업과정을 말하는 것으로, 일본어를 선택할 수 있는 과정은 인문과정과 자연과정이었다. 독일어, 프랑스어, 중국어, 스페인어, 일본어 중에서 한 과목을 선택하며 10~12단위[3]였다.

그 후 1981년 12월 31일 문교부고시 제442호로 제4차 교육과정을 발표하였다.

제4차 교육과정의 외국어교육 과정은 5개 외국어가 같은 구성으로 되어 있다.

외국어 교육의 지도항목을 목표, 내용, 지도 및 평가상의 유의점 등, 세 분야로 분류하고, 내용을 다시 언어기능과 언어재료의 두 분야, 지도 및 평가상의 유의점을 지도와 평가의 두 분야로 분류했다. 즉 모든 외국어는 분류항목이 같을 뿐만 아니라 항목 내용도 동일하다.

1988년 3월 1일, 제5차 교육과정이 문교부고시 제88-7호로 발표되었다.

앞선 제4차 교육과정의 제2외국어 교육과정은 비교적 잘 짜여졌다는 평이었으나, 추상적이며 문법적 교수요목에 의한 의존도가 높아 학생들의 실용적인 의사소통 능력향상에 중점을 둔 새로운 교육과정 개

---

2 1968년 12월 5일 발표.
3 제3차 교육과정에서 '1단위'라고 하는 의미는 50분을 1단위 시간으로 하여 매주 1단위 시간씩 1학기 동안(18주 기준) 이수하는 수업량'을 말한다.

발이 요구되었다.

달라진 것은 언어 기능간의 상관성을 나타내기 위해 구어에 속하는 듣기와 말하기 기능을 한 개 항목으로 합쳤고, 문어에 속하는 읽기와 쓰기를 한 개 항목으로 합쳤다.

나머지 한 개 항목은 문화라는 추상적인 표현을 그 나라 국민의 생활양식과 사고방식이라고 하는 구체적인 표현으로 바꾸었다.

제5차 교육과정은 지금까지의 교육과정에서의 미비점을 보완하여 실제생활과는 무관한 문법중심의 학습을 지양하고 언어의 현실생활의 활용도에 맞추어 의사소통능력의 향상에 초점을 맞추어 문장보다는 담화에, 정확성보다는 유창성에 그 중심을 두었다.

일본어 어휘 사용범위의 경우에도 4차 교육개정과 달리 사용가능 어휘가 2,200개에서 1,800개로 줄어든 반면, 기본어휘는 754개에서 846개로 늘어났다.

제6차 교육과정은 노태우 정부 말기인 1992년 10월 30일 교육부 고시 1992-19호로 발표되었다. 일본어 교육과정은 교사위주가 아닌 학생 중심의 교육, 목표보다는 과정을 중시하는 교육, 정확성보다는 유창성을 중시하는 교육, 학생의 자율학습을 중시하는 교육에 개성의 중심이 주어진 것이 제6차 교육과정의 특징이다.

제7차 교육과정 개정의 요점은 21세기의 세계화·정보화 시대를 주도하며 살아갈 자율적이고 창의적인 한국인 육성이었다. 이와 같은 시대적 요구를 배경으로 일본어는 균형 잡힌 의사소통 능력을 기르고 다른 문화에 관심과 이해를 깊게 하여 국제 교류에 능동적으로 참여하는 태도를 기르는 목표를 세우게 되었다. 변화를 보인 것은 제6차 교육과정까지 과정별 필수과목이었던 제2외국어가 제7차 교육과정에서는 선택과목이 되어 「일본어Ⅰ」은 일반선택과목, 「일본어Ⅱ」는 심화선택과목이 되었다.

  급변하는 사회적 변화와 사회 각계의 요구에 부응함과 동시에, 수시
개정체제의 취지에 따라 교육과정의 안정성을 확보하고자 제7차 교육
과정의 기본 철학과 체제를 유지하면서 적용상의 문제점을 개선, 드디
어 2007 개정 교육과정이 고시되었다. 2007 개정 교육과정 시에도 외
국어계열 교과는 상당히 적극적으로 대처하여 선택과목에서 다른 교
과군에 흡수되는 일 없이 당당히 독자의 군을 이루어 최소 이수를 확
보할 수 있었다. 즉 외국어 교과군이라는 독자군에서 하나의 언어 이
상을 선택, 6단위를 이수하도록 하였다.

  2009 개정 교육과정의 가장 중요한 특징은 그동안 국가나 교육청의
기준 및 지침에 의거하여 운영되던 경직성을 탈피하고 현장의 탄력적
인 운영체제 구축을 지향한 점이다. 고등학교의 경우 교과(군)을 8개
로 설정하였는데, 국어, 수학, 영어, 사회(역사/도덕 포함), 과학, 체육,
예술(음악/미술), 기술·가정/제2외국어/한문/교양으로 재분류하였다. 일
본어과 입장에서 보면 기존 교육과정과 비교할 때, 다른 교과와 합쳐
져서 그 중에서 선택을 당한다는 사실 자체는 불리해졌다고 할 수 있
으나, 기술·가정이나 한문, 교양 과목 입장에서도 불리하다는 측면은
같은 것이다.

  다만 정부 시책이 교과(군)을 도입, 학생들에게 부담을 덜게 하려는
목적이므로 이 개정에 대해서는 받아들이되, 일본어 교육의 내실을 기
하여 제2외국어를 각 학교마다 반드시 선택할 수 있도록 함이 필요하다.

  실제적으로 글로벌화, 국제화 시대인 추세에 비추어 볼 때 당분간
제2외국어의 선택은 불가결하다고 사료되며, 2009 개정 교육과정의
지침에서 명시한 '학교에서 제2외국어 과목을 개설할 경우, 2개 이상
의 과목을 동시에 개설하도록 노력해야 한다'와 같이 2개 이상의 외국
어 과목이 개설되도록 다방면으로 적극적인 홍보를 함과 동시에 체계
적인 내용 구성을 해나가는 것이 매우 필요하다고 하겠다.

2. 교육과정기별 일본어 교육과정의 내용 체제

각 과정기별 일본어 교육목표는 일본어가 외국어에 포함되어 있지 않았던 제1차 교육과정을 제외하고 각 과정기별 목표를 제시하고 있다.

각 과정의 교육목표는 현대적 교육의 관리 형태인 국가관리 아래에 운영되고, 민주주의적 사회제도 원칙에 따라 제도적으로 교육의 기회 균등을 보장하고 교육과정에서 동질성을 유지하며, 학습자에게 학습 성취의 평준화를 추구하고 개방된 경쟁을 통하여 인재를 등용하며, 각 교과를 가르치는 교사의 자질도 표준화되어야 한다는 교육 원칙에 그 근거를 두고 교육목표를 설정하고 있다.[4]

이렇게 국가 시책에 따라 교육제도의 조직과 운영을 맡아서 행사하는 문교부나 교육부에 의해 교육목표가 제시되면 그 교육목표를 달성하기 위해 교육목표에 맞춘 교육내용을 구체적으로 제시하게 된다.

일본어 교육이 처음 시작되었던 제2차 교육과정의 문교부령 310호에 의한 제2차 개정 시의 교육내용이 그 시발점이다.

제2차 교육과정에서는 처음 일본어 교육이 시작된 시점이기 때문에 교육내용의 초안과 발표된 확정안에는 나소의 변화가 엿보인다.

일본어 교수·학습법의 변천과정에 있어서는 각 교육과정별 그 명칭을 달리하고 있는데 제2차에서 제5차까지는 「지도상의 유의점」이라는 이름으로 제시되고 있으며, 제6차는 「교육방법」, 제7차에서는 「교수·학습방법」으로 그 명칭이 바뀌어져 왔다. 제2차에서 제5차까지 사용되었던 「지도상의 유의점」이란 각 교육과정에서 설정된 교육목표와 내용을 교육을 통하여 달성하기 위해 일련의 학습지도안을 조직적으로 구성하는 것으로 학습자에게 학습경험을 위한 방법을 제공하는 절차

---

4   이홍우 외(1981)『교육학 개론』서울 : 교육과학사

를 말한다.

마지막으로 교육과정기별 교육평가에 대한 항목은 처음 일본어가 채택된 제2차와 제3차 교육과정에서는 평가항목이 없다.

평가항목이 신설된 것은 제4차 교육과정부터이다. 제2차와 제3차에서 특별히 평가에 대한 지침이 없었다는 것은 아직 일본어 교육이 초기 단계였다는 점과 현장에서 가르치는 교사에게 평가를 전부 맡겼다는 것으로 해석할 수 있다.

Ⅲ 국가 수준 일본어 교육과정 개발 개선 방안

1. 일본어 교육과정 개발의 문제점

1) 일본어 교육과정 개발 절차의 문제

먼저 교육과정, 특히 교육과정 개발과 관련된 체제를 법적인 관점에서 보았을 때 부각되는 문제가 바로 교육과정 관련 법규가 너무 미비하다는 점이다.

현재 교육과정과 직접적으로 관련되어 있는 교육과정 법규는 1998년 12월 법률 제 5437호로 공포된 초·중등교육법 제23조뿐이다. 교육과정의 개발이나 개정과 같은, 보다 중요하며 상위 내용에 대한 관련 법규 등은 거의 존재하지 않는데 비해 그 하위 내용에 관련되는 교과용 도서에 대해서나 교육과정심의회 등에 관해서는 매우 세부적이고 구체적인 법규가 규정, 명시되어 있다는 점이다. 둘째, 개발기관과 참여 인사의 적정성 문제이다. 4차 이후 총론 시안 개발은 6차의 경우만 제외하고는 모두 교육과정 전문 연구기관에 위임되어 이루어졌다. 즉 7차까지는 한국교육개발원에 의하여 개발되었고, '2007 개정 교육과정'

이후부터는 한국교육과정평가원에 위임되어 이루어졌다. 국가 수준 교육과정 개발 기관에 교육과정 개정 업무가 위탁되어 이루어지는 상황에서 개발 과정에 다른 기관이 공식적으로 참여한다는 것은 불가능한 일이다. 여기서 공식적으로 참여한다는 것은 특정 기관이 시안 개발이라는 연구과정에 공동 연구진으로 참여한 경우는 없었다.

2) 총론과 각론의 괴리 문제

우리나라 국가 수준 교육과정의 내용 영역은 크게 보면 총론과 각론의 2개 영역으로 되어 있다고 볼 수 있다. 총론은 국가 수준 교육과정 전반에 걸친 일반적인 지침이라고 볼 수 있고, 각론은 총론의 편제 안에 포함된 교과별 혹은 영역별 교육과정 개발에 관련된 지침이라고 볼 수 있다. 이 두 교육과정의 내용은 상호 일관성이 있는 체계로서 존재하도록 되어 있고, 마땅히 그러해야만 국가 수준 교육과정이 제대로 작동할 수 있게 되는 것이다.

이러한 당위성에도 불구하고 총론과 각론의 괴리 문제는 교육과정 개정 시마다, 그리고 우리나라 국가 수준 교육과정의 문제점에 대하여 논의할 때마다 언제나 제기되는 고질적인 문제 중의 하나였다. 그 내 표적인 예가 제7차 개정의 경우 총론에서는 교과교육 내용의 양을 30% 축소할 것을 요청하였으나 실제로 각론에서는 이러한 총론의 지침이 거의 지켜지지 않았다. 그 결과 학교 현장에서는 교육내용의 과다가 지속적으로 우리 교육과정의 문제로 부각되고 있는 것이다.

이러한 문제가 지속적으로 존재하게 되는 이유는 첫째, 총론의 지침이 명료하지 못할 때 괴리 현상이 발생한다고 볼 수 있고, 둘째, 총론 지침의 내용을 일본어과 개발자들이 마음으로 수용할 수 없는 경우, 괴리 현상이 발생할 수 있다. 또한 셋째, 일본어과 시안 개발팀의 구성원 모두가 동일 전공자들로 구성되어 있다는 사실이 괴리의 원인이 될

수 있다. 마지막으로 넷째, 일본어과 시안 보고서의 체제나 내용이 총론의 지침에 어느 정도나 충실했느냐에 대한 평가 활동이 부재하다는 사실이 괴리의 원인이 될 수도 있다.

그러나 이보다 더 중요한 점은 일본어과 시안 보고서의 검토 결과, 총론 지침과의 심각한 괴리가 발견되어 수정이 요구된다는 점을 알았다고 하더라도 현재의 개발 방식에 의하면 수정할 시간적 여유가 없게 되어 있다. 즉, 각론 개발의 과정 중에는 총론과의 연계성이라는 관점에서의 평가 단계가 있고, 그 결과를 반영하여 수정, 보완할 수 있는 시간이 연구의 시간 사용 계획 속에 구조적으로 포함되어 있어야 하는데 그렇지 못한 것이 괴리 현상의 원인이 될 수 있다.

2. 일본어 교육과정 개발의 효율화 방안

첫 번째 방안은 관련 법규를 제정하는 일이다. 국가 수준 교육과정을 개발하는 절차는 다른 여러 종류의 국가적인 과제와 최소한 동등수준으로 중요한 일이다. 국가적인 과제는 대개의 경우 법률에 의하여 이루어지고 있고 이루어져야 한다. 그리하여 법률로서 규정되어야 할 국가적 사항은 대단히 많은 것이다. 그러나 전술한 바와 같이 어떤 방식과 절차로 개발, 혹은 개정되어야 하는가에 대해서는 아무런 법률적 장치가 마련되어 있지 않다. 이러한 사실은 다르게 표현하면 그 누구도 심각하게 생각하지 않았음을 의미한다.

교육과정의 개발이 끝난 후에 그 내용에 의거, 개발되는 교과서의 경우 상세한 내용들이 대통령령의 형태로 규정화되어 있고, 그 시안의 타당성을 심의하기 위한 교육과정심의회의 운영방법도 역시 다양한 내용을 넣어 대통령령으로 제도화되어 있다.[5]

---

5 교과용 도서에 관한 규정은 2002년 6월 25일 대통령령 제17634호로 공포되고

그러나 교육과정 개발과 관련되는 법규를 제정하는 일은 결코 쉬운 일이 아니다. 어쩌면 이 법규가 제정되지 못하고 교과용 도서 개발이나 교육과정심의회 운영에 관한 법이 먼저 만들어진 것은 교육과정 개발 관련 법규의 제정이 그만큼 어렵기 때문일 수도 있다.

둘째, 참여인사의 확대이다. 먼저 총론 개발 과정에서 교과 교육 전공자들이 보다 많이 참여하도록 한다. 지금까지는 총론 개발은 주로 교육학 일반 전공자들로 이루어져 왔다. 이 팀에 교과 교육전공자는 전혀 없었거나 있었다 해도 극히 일부분에 불과했다. 앞으로는 총론 연구팀의 20% 정도는 교과 전공자가 참여하도록 하여 총론 개발 과정에 교과 전공자의 관점을 보다 적극적으로 반영하도록 한다.

셋째, 총론 연구팀 구성에 교사의 참여를 필수화한다. 총론을 개발하는 초기 단계에서부터 교사 집단이 의견을 반영하는 것은 중요한 것이다. 교과 전공자를 20% 정도 포함시키는 것처럼 교사도 그 정도 포함시키도록 한다.

넷째, 총론 개정 시안의 개발 과정에 보다 다양하며 보다 많은 수의 사람들이 참여할 수 있는 기회를 확대하도록 한다. 협력진, 협의진, 자문진, 세미나나 워크숍에서의 발표진, 토론진, 설문조사에서의 참여진 등의 규모를 확대하고 시행 횟수를 증가시킴으로써 보다 많은 사람들이 참여할 수 있도록 한다.

다섯째, 참여인사의 확대 문제는 궁극적으로 개발 예산의 확대를 전제로 한다. 따라서 총론 개발 소요 예산을 현행 규모보다 확대하도록

2010년 5월 4일 대통령령 제22143호로 일부개정되었는데, 제1장 총칙, 제2장 교과용 도서의 편찬 검정 및 인정, 제3장 교과용도서심의회 등, 제4장 수정 및 개편, 제5장 발행, 제6장 가격결정, 제7장 감독, 제8장 권한의 위임 등 8장으로 되어 있다. 그리고 각 장마다 세부내용들이 보다 구체적이고 명료하게 규정되어 모두 40조로 구성되어 있다. 한편 1991년 2월 1일에 제정된 교육과정심의회 규정 역시 교육과정이나 교육과정 개정에 관한 사항보다는 훨씬 구체적이고 하위적인 요소인데도 불구하고 모두 21개의 항목을 포함한 13개의 조로 구성되어 있다.

한다. 결과적으로 예산의 확대 정도만큼 참여인사의 확대가 이루어질 것이다.

일본어과 개정 시안 연구 참여인사의 확대도 필요하다. 이 또한 일본어과에 한한 문제가 아닌 각 교과(각론) 개정 시안 참여인사 확대와 연결되는데, 구체적으로 일본어과 시안 개발팀을 구성할 때에 해당 교과 전문가들로만 구성하지 않도록 한다. 교육학 일반 전공자들의 참여 비율을 최소한 10% 정도가 되도록 하고 일본어과 전문가 이외의 다른 교과 전문가의 참여 비율을 또한 10% 이상 되도록 한다. 이렇게 함으로써 일본어 교육과정 시안 내용이 보다 넓은 의미의 타당성을 확보할 수 있게 된다.

또한, 협력진, 협의진, 자문진, 세미나나 워크숍에서의 발표진이나 토론진, 설문조사에서의 참여진에 일본어과 관계자만이 아니라 다양한 영역을 대변하는 사람들을 필수적으로 포함시키도록 한다. 교육학 일반 전공자, 타 교과 교육 전문가, 교직단체, 학부모 단체, 시민단체, 사회 유관기관의 대표자들이 위의 각종 모임에 참여하도록 한다.

그리고, 협의회 등의 규모를 확대하고 시행 횟수를 증가시킴으로써 보다 많은 사람들이 참여할 수 있도록 한다. 아울러 일본어과(각론) 개발 예산의 규모를 현행보다 획기적으로 확대하도록 한다.

한편, 총론과 각론의 괴리 극복방안을 살펴보겠다. 괴리가 발생하는 원인들을 고려하면서 앞으로 상기 언급한 괴리들이 발생하지 않도록, 발생하더라도 최소한으로 발생하도록 하기 위한 방안을 제시하면 다음과 같다.

첫째, 총론 지침의 내용을 가능한 한 명료하고, 구체적으로 진술함으로써 이해와 해석상의 문제가 없도록 한다. 총론의 내용 자체가 명료하지 않아서 이해할 수 없거나, 이해가 가능하다 할지라도 다양하게 이해되지 않는 경우 일본어과 개발자들은 총론의 취지를 반영하기 어

렵다. 따라서 총론 시안은 그 의미하는 바가 명료하도록 개발되어야 한다. 총론 시안의 내용을 명료하게 하기 위해서는 검토의 과정을 다양하고 충분하게 하도록 한다. 여러 유형의 사람들이 불명료하다고 지적하는 부분을 철저하게 찾아내고 그러한 부분을 계속적으로 수정, 보완하는 철저한 개발과정을 거쳐야 할 것이다.

둘째, 일본어 개발진이 총론 지침의 내용에 공감되지 않을 경우에 괴리가 발생한다. 그러므로 우선은 그러한 경우가 발생하지 않도록 해야 하며, 만약 그러한 경우가 발생할 경우 그에 따른 조치가 후속되어야 한다. 일본어과 개발진이 총론 지침에 공감하지 않을 경우를 최소화하기 위해서는 총론 시안 개발 과정에서 일본어과와 대화를 충분히 하여, 상호 공동이해를 구축하는 과정이 필수적이다. 대화의 과정에서 갈등이 발견되었을 경우 갈등이 조정될 때까지 끈질긴 대화를 하도록 한다. 이러한 대화를 하였음에도 불구하고 실제 총론 시안과 일본어과 시안의 내용상에 괴리가 발생하였을 경우, 쌍방간을 아우르는 조정위원회를 구성하여 갈등 내용을 조정하도록 한다.

셋째, 전술한 바와 같이 총론 연구팀 구성에 일본어과(혹은 제2외국어과)를 포함한 각론 전공자들을 포함시기며, 일본어과 연구딤 구성에 총론 연구팀원이나 총론 개발 과정에 참여했던 사람들을 포함시키도록 한다. 연구진에 포함시키기 어려울 경우, 협력진, 협의진, 자문진 등에 해당 교과이외의 다른 영역에 속하는 인사들을 일정 비율 이상 포함시키도록 한다.

넷째, 일본어과 시안 개발과정에서 이루어지는 제2외국어과 교육과정심의회에서 '총론 지침과의 일관성' 검토를 심의의 중요항목으로 부각시키도록 한다. 그리하여 심의 결과 일관성에 문제가 있다면 개발팀에 대하여 수정, 보완 명령을 내리도록 한다. 또한 일본어과 개발 지침 속에 '총론 지침에의 충실성'이라는 항목을 강조하여 포함시키도록 한

다. 또한 시안 개발이 끝나고 그에 대한 연구(답신) 보고서가 교육부에 제출된 후, 보고서의 충실성 정도, 즉 시안 내용의 총론 지침에의 충실성 정도에 대한 평가를 공식화한다. 그리하여 그 결과를 공지하도록 하는 것도 좋은 방안이라고 사료된다.

Ⅳ 맺음말

제언1. 교육과정의 개발 또는 개정과 관련된 사항은 법제화되어야 한다. 국가 수준 교육과정의 개정 사항은 학교 공교육에 관한 한 가장 중요한 사항 중의 하나로, 교육부 교육 정책의 핵심 사항이 되어야 하며, 이러한 국가 사항은 마땅히 법률로 제도화되어야 한다. 현재 국가 수준 교육과정의 개정 사항보다 하위 사항이며 그 중요도에 있어서도 훨씬 수준이 낮은 교과용 도서에 관한 사항이나 교육과정심의회, 인정도서심의회에 관한 사항은 대통령령으로 되어 있으나 교육과정 개정에 관한 사항은 법제화되어 있지 못하다. 그리하여 국가 수준 교육과정 개정에 관한 사항들이 취약한 구조 가운데 이루어지고 있다. 따라서 교육과정의 개발이나 개정에 관한 사항은 조속한 시일 내에 법제화되어야 하며, 이를 위한 구체적이고 세부적인 작업이 수행되어야 한다.

제언2. 일본어 교육과정 시안 개발 연구진의 구성 방식에 변화가 있어야 한다. 우리나라의 국가 수준 교육과정은 지금까지 총론과 각론으로 나뉘어 개정 작업이 이루어져 왔으며, 앞으로도 이러한 방식에 근본적인 변화는 없을 것으로 판단된다. 이러한 상황에서 총론과 일본어과와의 일관성이나 조화성이 매우 필요하다. 그러기 위해서는 총론 연구진에 일본어과 또는 제2외국어과 연구진이 참여하도록 할 필요가 있다. 또한 더 나아가 다양한 집단의 인사들을 일정비율 이상 포함시

키도록 하여야 한다.

제언3. 일본어 교육과정 개발 과정상에 변화가 있어야 한다. 지금까지는 일본어 교육과정 개발을 위한 연구 기간이 충분하지 못했다. 일본어과(각론) 입장에서 최소로 연구해야 할 내용을 제대로 연구하기에도 시간은 부족했다. 바로 이러한 개정 방식이 일본어 교육과정의 질 저하에 원인이 되었으며, 총론과의 괴리 현상을 빚기도 하였다. 그러므로 차후에는 교육과정 내용 가운데 가장 핵심 요소인 언어재료에 대한 심도 있는 연구의 필요성을 제언하고자 한다. 그리고 더 나아가 시안이 완성된 후 완성된 시안의 내용에 대한 최종 평가 단계가 있어야 한다. 지금까지는 시안이 제출되면 별다른 수정·보완 없이 통과되어왔던 것이 사실이었으나, 평가 단계를 반영하여 수정·보완할 수 있는 여유 시간이 일본어 교육과정 연구 시간 사용 계획 속에 미리 포함되어야 한다.

제언4. 교육부 내 교육과정 개정 작업 주무부서의 위상을 높이고, 전문성을 가진 편수 담당자가 있어야 한다. 본질적으로 교육과정 개정 작업은 교육부가 수행하는 일 가운데 매우 중요한 일이라 할 수 있다. 교육과정 개정 작업이 성공적으로 이루어지기 위해서는 교육과정 전공자 뿐 아니라 교원, 시설, 법규, 예산 등 다양한 영역의 전문 관료들이 하나의 팀으로 구성되어 긴밀한 협력 체제를 유지하여야 한다. 교육부 내의 교육과정과 관련한 여러 과목별 전문가들이 하나의 팀으로 구성될 수 있도록 교육과정 개정 담당 부서의 위상을 상승시키는 일이 매우 필요하며, 교과목별 전공자를 확보하여 해당 영역의 전문성을 확보하도록 하여야 한다. 뿐만 아니라 편수직에 임명된 사람들이 교육과정과 교과서 및 교과교육의 변화와 발전에 뒤처지지 않도록 계속적인 연수의 기회가 제공되어야 하며, 1인당 업무의 양이 과다하여 편수의 질이 떨어지지 않도록 편수 관련 부서의 인원을 확대하는 것이 요구된다.

▌ 참고 문헌 ──────────────────────────────●

곽병선(1983)『교육과정』서울 : 배영사
교육과학기술부(2011)『제2외국어과 교육과정』(사)한국시각장애인연합회
＿＿＿＿＿(2008)『초·중등학교 교육과정 별책1』대한교과서주식회사
＿＿＿＿＿(2010)『초·중·고등학교 국가수준 교육과정의 변천』나우인쇄
교육부(1992)『고등학교 교육과정』대한교과서주식회사
＿＿＿(1997a)『고등학교 교육과정(1) 별책4』대한교과서주식회사
＿＿＿(1997b)『고등학교 교육과정 해설12 외국어』대한교과서주식회사
＿＿＿(1998a)『고등학교 외국어과 교육과정(Ⅰ)』대한교과서주식회사
＿＿＿(1998b)『고등학교 외국어과 교육과정(Ⅱ)』대한교과서주식회사
＿＿＿(1995)『고등학교 외국어과 교육과정 해설(Ⅱ)』대한교과서주식회사
＿＿＿(2000)『고등학교 2종도서 검정 기준』한국교육과정평가원
교육인적자원부(2004)『제7차 교육과정 백서』선명사
유봉호(1992)『한국 교육과정사 연구』교학연구사
이경환, 박제윤, 권영민(2002)『한국 교육과정의 변천』대한교과서주식회사
이성호(1994)『교육과정 개발 전략과 절차』문음사
이홍우 외(1981)『교육학 개론』교육과학사
조문희(2011)『일본어 교육사 上』제이앤씨
조영달(2001)『교육과정의 정치학』교육과학사
한미경(2006)「고등학교 일본어교육의 현황과 과제」한국외국어대학교 일본연구
　　　　소,『일본연구』(제27호)
함수곤, 최병모(2001)『교육과정·교과서 용어 사전』한국교원대학교
홍후조(2002)『교육과정의 이해와 개발』문음사

일본어학과 일본어교육 **7** 일본어 교육

한국에 있어서의 이러닝 일본어 교육방식

윤 호 숙 *
사이버한국외국어대학교 교수

I 머리말

최근 첨단 정보통신기술의 발달과 무선 인터넷 및 모바일 기기의 사용이 빠른 속도로 확산됨에 따라 교육 현장에도 그 파급효과가 적지 않아 교육방식에 있어서도 상당한 변화가 전개되어 귀추가 주목된다. 종래에는 주로 강의실이라는 제한된 공간에서 교사의 일방적인 전달 방식에 의존하여 학습자가 지식과 정보를 얻었던 데 반해, 오늘날은 멀티미디어를 활용하여 학습자가 보다 다양한 방법으로 풍부한 지식과 정보에 접근할 수 있게 되었다.

또한 과거에는 교육이 시간과 공간 제도상의 제한성을 지니고 있었

* 尹鎬淑 : サイバー韓國外國語大學校

으나 인터넷을 이용한 이러닝 교육환경이 새로이 구현되면서 교육 패러다임에도 변화가 생겼다. 이러닝은 시공간의 제약을 받지 않고, 개별 학습자의 요구를 수용한 다양한 학습자료를 제공할 수 있으며, 학습자가 스스로 학습내용을 선택하고 학습속도를 조절하는 자기주도적인 학습을 촉진한다는 특성을 갖고 있다(이인숙 2003).

다시 말해 전통적인 교육방식에서는 교육자 중심, 일방적인 주입식 교육, 면대면 교육, 시공간의 제약이 있었다면, 이러닝 교육방식에 있어서는 자기 주도적 학습, 쌍방향 수업, 시공간 초월, 교육기회의 확대라는 특징이 있다.

1961년에 시작된 한국의 일본어교육은 1973년에 일본어가 제2외국어로 채택된 이래 활성화되었으며 이후 1980년대의 입시제도 개편의 영향으로 일본어학습자 숫자가 증가하게 되었다. 나아가 1998년과 1999년, 2000년의 3차에 걸쳐 행해진 일본 대중문화의 개방은 일본의 영화, 음악, 애니메이션, 게임 등에 흥미를 가진 청소년의 일본어에 대한 관심을 불러일으켜 일본어 학습자 수가 2009년에는 96만여 명에 이르러 전세계 일본어학습자 수의 26.4%를 차지하고 있다(국제교류기금 2009). 이와 더불어 교육방식에 있어서도 인터넷의 발달과 컴퓨터 기술의 발달에 따라 일본어 교육에 있어서 이러닝 교육이 활발하게 이뤄지고 있다.

본고에서는 이러닝의 정의와 특징에 관해 개략적으로 살펴보고 이러닝 교육방식에 대해 S사이버대학의 강의운영 사례를 중심으로 구체적으로 고찰해 보기로 한다.

▌▌ 이러닝의 정의 및 특징

이러닝의 정의 및 특징을 선행연구를 통해 살펴보면 다음과 같다.

이러닝은 1980년대 시청각 교육, 1990년대 CAI(Computer Assisted Instruction), 2000년대 ICT(Information and Communication Technology) 활용 교육 등을 거쳐 현재에 이르렀는데 용어와 개념 및 영역에 있어서 약간의 차이는 보이지만 보편적으로 원격 교육, 사이버교육, 온라인교육, 가상교육, WBI, WBT 등과 같은 개념들을 포괄하는 용어로 오늘날 자리매김하고 있다. 또한 이러닝을 "전자적 수단. 정보통신 및 전파·방송 기술을 활용하여 이루어지는 학습"이라고 정의하고 있으며, 이 이러닝을 수행하기 위해 "전자적 방식으로 처리된 부호·문자·도형·색채·음성·음향·이미지·영상 등의 이러닝과 관련된 정보나 자료"를 이러닝 콘텐츠라고 정의하고 있다. 그리고 이러닝이라는 용어도 e러닝, e-러닝, elearning, e-Learning, 이러닝 등으로 다양하게 사용되다가 2006년 11월에 산업자원부 기술표준원에서 '이러닝(영문 표현은 e-learning)'으로 표준화하여 오늘에 이르고 있다(박형주 2008).

유영만(2001)은 '이러닝은 컴퓨터 기반의 학습(CBL), 웹기반 교육(WBI), 온라인 학습(Online Learning)을 포함하는 개념으로 시간과 장소의 경계를 넘어 교육 내용을 필요로 하는 사람들에게 디지털 통신기술을 이용하여 학습내용을 전달하는 교육방식을 말한다'고 정의하고 있으며 백영균(2004)은 '이러닝은 인터넷 혹은 다른 디지털 매체를 기반으로 시·공간적 제약을 극복한 융통성 있고 상호작용이 가능한 학습 환경을 제공하며, 그러한 매체를 통하여 단순한 정보제공으로부터 탈피하여 다양한 학습활동을 보장하는 학습의 한 형태이다'라고 설명하고 있다.

또한 임창근(2005)에 의하면, 이러닝은 학습자가 학습전개 과정에서 주도성을 가지고 자신의 능력에 맞는 학습 스타일, 학습능력과 필요정보를 요구하고 제공받을 수 있어 개별학습, 자기주도적 학습, 맞춤학습을 가능하게 하는 학습 환경으로 디지털 기반의 지식정보사회에서

교육을 지원할 수 있는 새로운 방안으로 많은 관심을 끌고 있으며 교실 수업이라는 면대면 교수·학습환경의 제약에서 벗어나 개별 학습자의 요구를 수용할 수 있는 융통성으로 인해 점차 그 중요성과 효용성이 부각되고 있다.

따라서 이러닝은 정보기술을 활용하여 언제, 어디서나, 누구나 학습자가 원하는 수준에 맞는 학습이 가능한 시스템으로 종래의 교육방식에 비해 학습공간과 학습경험이 보다 확대되어 학습자의 주도성이 강해지는 교육으로서 IT발달과 더불어 학습 환경과 방법, 내용이 발달된 형태라고 할 수 있으며 다양한 멀티미디어 학습자료를 인터넷으로 연결하여 학습자와 학습자, 학습자와 교수자를 연결하는 원격의 쌍방향 학습을 의미한다.

Ⅲ 이러닝 학습 관리 및 운영

이러닝 학습은 일반적으로 이러닝 콘텐츠와 학습관리시스템(LMS, Learning Management System) 상에서 이루어지고 있다. 수업은 사전에 개발된 이러닝 콘텐츠를 통해 학습 내용을 전달하고, 학습관리시스템 상의 게시판, 학습 Q&A 등을 활용하여 교수자가 수업을 운영하는 방식으로 이루어지고 있다. 이러닝을 위해서는 학습자, 플랫폼, 콘텐츠가 필요한데, 이를 이러닝의 3요소라고 한다. 콘텐츠는 학습자 특성과 학습의 목적에 의해 결정된다. 학습자가 결정되면, 해당 학습자에게 맞는 콘텐츠가 제작되고 이 콘텐츠는 플랫폼에 탑재되어 서비스되며, 학습자는 이 플랫폼에 접속하여 탑재된 콘텐츠를 통해 학습을 하게 된다. 이러한 플랫폼을 '이러닝 플랫폼(e-learning platform)'이라고 하며, 이것은 학습자와 콘텐츠의 연결 고리 역할을 한다(박형주 2008).

1. 이러닝 콘텐츠

1) 콘텐츠 유형 및 특징

이러닝 교수·학습에서는 학습의 목적, 내용, 방법, 활동 등에 따라 다양한 교수·학습 유형이 활용되고 있는데 일반적으로 많이 활용되고 있는 콘텐츠 유형으로는 강의중심형, 반복학습형, 문제풀이형, Task형, 게임형, 시뮬레이션형, 스토리텔링형, 사례중심형, 시범학습형 등 9가지를 들 수 있다. 학습을 촉진하고 학습목표를 가장 효과적으로 달성하기 위해 교수설계전략을 세울 때 해당교과목 수업계획서의 교수·학습목표에 맞는 유형을 이용하여 각 교과목에 적합한 콘텐츠 유형을 복합적으로 다양하게 적용시킨다. 콘텐츠 유형과 각 유형의 특징 및 대표적인 과목을 들면 다음과 같다.

(1) 강의중심형 :

교수가 직접 강의로 학습내용을 전달하는 유형으로 교수의 설명식 강의가 중심인 이론중심의 교과목에 적용한다. 텍스트에 의존한 자료 제시보다는 학습내용을 구조화 및 도식화한 자료를 활용하여 구성한다. 일어교수법, 일본어학개론, 일본경제 등의 과목이 있다.

(2) 반복학습형

주요내용 또는 개념을 반복해서 학습하는 유형으로 반복이 효과적인 어학기초과목 등에 적용한다. 하나의 내용을 다양한 방법으로 반복하여 익힐 수 있도록 같은 주제에 다양한 유형의 활동으로 콘텐츠를

---

1   사이버한국외국어대학교(2011)『2011년도 사이버한국외국어대학교 자체평가결과보고서』
    윤호숙(2008)「이러닝 외국어 교육에 있어서의 콘텐츠 구성방식과 학습효과-일본어능력 시험을 중심으로」『일본언어문화』12 한국일본인이문화학회

구성한다. 일본어청해연습, 일본어독해연습 등의 교과목이 있다.

(3) 문제풀이형

각종시험의 대책에 관한 내용으로 구성되어 있으며 예상문제를 제공하는 유형으로 자격증과 시험대책 교과목에 적용한다. 실제 시험에 출제되었던 질문 문항과, 정답, 피드백 등의 자료를 활용하여 실제 문제를 푸는 방식의 콘텐츠로 구성한다. 일본어능력시험, TOEIC L/C 등의 교과목이 있다.

(4) Task형

여러 가지 Task를 통해 기술을 숙지하여 피드백을 주고 사실을 주지시키는 유형으로 여러 가지 Task가 효과적인 어학교과목에 적용한다. 다양한 유형의 Task를 제시하여 질문문항, 정답, 피드백 등의 자료를 활용하여 콘텐츠를 구성한다. 미디어로 보는 일본, World English 등의 교과목이 있다.

(5) 게임형

게임을 하면서 학습하는 것으로 특정기능을 습득하게 하기 위해 오락적인 요소가 가미된 유형으로써 고르기 쉬운 반복형, 어휘중심의 교과목에 적용한다. 반복적인 어학 Task를 응용하여 다양한 메타포를 가진 게임을 제작하여 콘텐츠를 구성한다. 일본어입문 기초일본어회화 등의 교과목이 있다.

(6) 시뮬레이션형

프로그램의 사용법을 실제 컴퓨터 화면으로 시뮬레이션을 함께 실시해 여러 가지 시스템 작동방법을 시뮬레이션하는 유형으로 소프트

웨어의 사용법과 컴퓨터의 조작방법 등, 각 매뉴얼의 설명이 필요한 교과목에 적용한다. 시뮬레이션이 필요한 상황을 직접 시연하는 영상자료 및 캡쳐화면 등을 활용하여 콘텐츠를 구성한다. 中文워드연습, 컴퓨터의 이해 등의 교과목이 있다.

(7) 스토리텔링형

학습자가 학습하는 내용을 이야기형식으로 이끌어가는 유형으로 역사, 문화, 문학 등 스토리를 활용하는 데 적절한 교과목에 적용한다. 스토리에 알맞은 삽화 및 이미지 등의 자료를 활용하여 콘텐츠를 구성한다. 일본의 역사, 일본문학감상, 일본문화여행 등의 교과목이 있다.

(8) 사례중심형

학습자가 실제로 문제해결 과제에 참가할 수 있도록 사례를 기본으로 문제를 해결하면서 학습하는 유형으로 실생활의 사례가 중심이 되는 실용교과목에 적용한다. 교과목에 등장하는 사례에 대한 이미지 및 영상자료를 활용하여 콘텐츠를 구성한다. 생활법률과 부동산, 시츄에이션 일본어회화 등의 교과목이 있다.

(9) 시범학습형

학습자 대신 강의중에 실습조교가 실습하는 것을 보여주어 간접적인 경험에 의한 학습이 가능하도록 진행하는 유형으로 통번역 활동이 중심이 되는 교과목에 적용한다. 실제 교수자가 조교등과 함께 실습을 진행하는 영상자료를 활용하여 콘텐츠를 구성한다. 일본어통역연습, 영한문장구역 등이 있다.

2) 콘텐츠 개발 관리

일반 오프라인 대학의 강의에 해당하는 이러닝 학습 콘텐츠는 오프라인 대학의 강의와는 달리 콘텐츠 제작단계와 콘텐츠 퀄리티 관리단계 등 다양한 개발 관리 단계를 거치는데 크게 콘텐츠 추가 기획, 개발방안 확정, 원고 집필 및 검수, 스토리보드 작성, 스토리 보드 검수, 프로토타입 개발, 강의 녹화, 원어민 녹음, 콘텐츠제작, 콘텐츠 검수/수정, 콘텐츠 포팅, 산출물 제출의 순으로 이루어진다. 구체적으로 살펴보면 다음과 같다.

(1) 원고수령 : 원고제출 일정 관리

(2) 원고분석 : 프로토타입 원고와 포맷이 유사한 원고인지, 누락된 내용은 없는지에 대한 검토

(3) 주차 스토리보드 작성 : 설계전략 및 프로토타입 콘텐츠와 해당 주차 스토리보드를 준수한 개발 진행인지 검토

(4) 강의 촬영 및 녹음 : 수립된 전략을 기본으로 한 강의 촬영 및 녹음인지 여부 검토

(5) 주차 콘텐츠 개발 : 프로토타입 콘텐츠와 해당 주차 스토리보드를 준수한 개발 진행인지 검토

(6) 테스트서버 포팅 : 개발된 콘텐츠의 테스트서버 포팅 내역 관리

(7) 콘텐츠 검토 : 개발 된 주차 콘텐츠에 대한 검토

(8) 콘텐츠 수정 : 콘텐츠 검토 시 제기되었던 문제 사항에 대한 수정 반영 관리

(9) 학습보조자료, 모바일 제작 : 학습보조자료 MP3 제작 및 모바일 캠퍼스에 업로드 될 모바일 강의영상 제작 여부 확인

(10) 포팅정보, 메타데이터 작성 : 주차 별 포팅정보 및 메타데이터 작성내역 관리

(11) 콘텐츠, VOD 실서버 포팅 : 콘텐츠 포팅 검수 내역 관리

(12) 콘텐츠 실서버 검수 : 콘텐츠 실서버 검수 내역 관리.

(13) 학습보조자료, 모바일 실서버 검수 : 학습보조자료 MP3 및 모바일 강의영상 실서버 검수 내역 관리

(14) LMS 기능 테스트 : 콘텐츠 LMS 기능 테스트 내역 관리.

(15) 콘텐츠 실서버 수정 및 보완 : 콘텐츠, 학습보조자료MP3, 모바일, LMS에서 문제 발생시 수정 후 실서버 재포팅 관리. 포팅 후 실서버에서 콘텐츠, 학습보조자료 MP3 모바일, LMS 모두 재확인 관리

(16) 최종 주차 콘텐츠 개발 : 최종 완료된 주차 콘텐츠의 소스에 대한 기능점검 및 수정 반영 관리

(17) 콘텐츠 유지 보수 : 운영되고 있는 주차 콘텐츠의 학습자 수정 여부 확인 및 수정 반영 관리

3) 콘텐츠의 특징

콘텐츠의 대표적인 특징을 설계, 개발, 상호작용을 중심으로 '일본어능력시험' 과목을 예로 늘어 살펴보면 다음과 같다(윤호숙 2008).

(1) 강의 내용 및 기법 상 특성

① 체계적인 강의 : 품사별로 일본어 어휘 및 문법에 대해 전반적인 정리를 하여 강의를 해 줌으로서 학습자들이 체계적으로 학습할 수 있도록 한다. 또한 어떤 문제가 출제되더라도 적응할 수 있도록 품사별로 주차 수업을 하고 어휘와 문법 등에 관한 설명과 동시에 핵심 정리 강의록을 제시하여 필요할 때마다 부분적으로 확인, 복습할 수 있도록 한 동시에 문법은 e-Stream 형태의 강의로 교수자가 직접 판서강의를 통해 설명하여 학습자들의 이해를 돕는다.

② 강의전달방법의 다양화 : 텍스트와 함께 교수자의 동영상 강의와 음성강의로 구성한다. 특히 동영상 강의는 강의실에서 직접 수업을 듣는 것과 같은 생생한 수업 효과를 내며 음성강의는 파일 용량에 대한 부담이 적고 반복적으로 들을 수 있어 학습내용을 탄탄히 다지기에 효과적이다. 또한 학습자의 환경에 따라 동영상과 음성 강의를 선택해서 수강할 수 있게 하고 동영상강의를 음성 강의로 들을 수 있도록 하여 인터넷 회선속도가 느린 학습자 환경을 고려하여 선택학습을 할 수 있도록 한다.

③ 강의전개의 다양화 및 차별화 : 실전문제풀기 및 강의, 핵심문법, 청해 등을 연계시켜 학습효과를 최대화시 킨다. 특히 일본어능력시험에서 응시자들이 가장 어렵다고 생각하는 청해 시험에 대비하여 잘못 듣기 쉬운 발음을 항목별로 정리, 분석하고 다양한 듣기 연습을 통해 청해 능력을 향상시키도록 한다. 이 밖에도 실전에서는 신속성과 정확성이 동시에 요구되기 때문에 가능하면 많은 문제를 제한 시간 내에 풀 수 있도록 타임바를 설치하여 실전에 철저히 대비 할 수 있도록 한다.

④ 학습자 수준에 맞춘 강의진행 고려 : 배속강의 및 반복듣기 선택을 가능하게 하여 동영상과 음성 강의에 0.8, 1.5 배속강의 기능을 추가하고 학습자 수준에 맞도록 강의 속도를 조절할 수 있도록 하여 학습자가 스스로 학습시간 조절이 가능하게 한다.

⑤ Edutainment 요소 가미 : 이미지 단어 연상학습, 품사별 게임요소에 HTML기법을 적용하고 부분적으로 게임, Falsh 등 다양한 멀티미디어 요소를 가미한다.

(2) 개발상 특성
본 콘텐츠의 개발 전략에 있어서 가장 큰 특성은 내용분석을 통해

학습 내용에 가장 적합한 매체를 선택적으로 적절히 혼합하여 활용한
다는 것이며 이로써 최대의 학습 효과를 창출하는 것이다. 따라서 시
험 문제풀이 및 강의 중심이라는 교과 콘텐츠의 특성에 따라 고품질
멀티미디어 기법을 활용한 WBI 유형의 콘텐츠 개발과 동영상, 음성,
플래시 애니메이션, 캐릭터 애니메이션 효과, 그래픽 등 다양한 방식
으로 학습내용을 제시하여 학습자의 흥미 및 동기유발을 꾀하였다. 화
면 개발 전략을 살펴보면 <그림 1>과 같다.

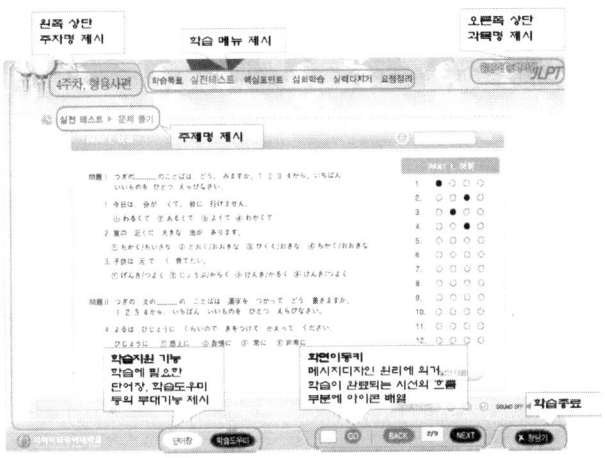

<그림 1> 일본어능력시험 화면 개발 전략

또한 학습내용을 정해진 크기의 화면에 효과적으로 제시하는 것은
학습 효과 측면에서 매우 중요하다. 특히 지각, 심리학적 원리들이 반
영된 다양한 멀티미디어 자료와 버튼, 기타 여 러 가지 학습활동을
유도하는 아이콘들의 크기와 색상, 배치의 조화는 학습 동기를 유발하
는데 매우 중요한 역할을 한다. 콘텐츠 개발 시 고려하고 있는 화면
설계의 기본요소들을 제시해 보면 아래와 같다.

화면 디자인	일관성 유지(색상, 화면구도, 버튼 등의 배치), 심리적 안정
문서 배치	연역적 제시방식, 가독성 제고, 동출 창 사용, 적절한 양 제시
학습요소별 방안	사실, 개념, 정의, 절차, 과정, 원리 등에 따른 학습활동 설계
도표 활용	2차원, 3차원 차트, 문서구조에 따른 시각화, 상황 재시도
색상 활용	분명한 색상 활용 목적, 색 선정 원리, 화면 색상 설계 원리

이밖에도 그래픽 구현 전략과 애니메이션 구현 전략, 동영상 및 음성 구현 전략 등이 있으며 3D배경화면과 일러스트형 이미지 등을 활용하고 페이지 로딩 시 속도에 문제를 일으키지 않도록 한다. 또한 애니메이션 Flash 방식으로 개발하고 대부분의 동영상과 음성의 경우는 미디어 서버에 탑재해두며, streaming 방식을 활용한다.

(3) 콘텐츠 내의 상호작용

온라인 교육에서 자칫 부족 되기 쉬운 학습자와 콘텐츠의 상호작용, 학습자간 상호작용, 학습자와 교수자의 상호작용을 고려한 요소를 콘텐츠에 충분히 반영하여 학습자를 관리하고, 학습자의 학습동기 및 참여 동기 유발을 의도한다.

① 학습자와 콘텐츠 : 문제정답 및 결과 피드백 제시, 게임이나 퀴즈 활용
② 학습자간 : 공개게시판을 활용한 학습자간 의견 및 정보 공유
③ 학습자와 교수 : Q/A게시판을 통한 질의응답에 피드백 제공

이밖에도 튜터(보조교수, asistent)를 통해 공지사항·과제물·게시판·토론방·학습진도 관리, 학습안내 및 지엽적이고 기본적인 운영·관리 역할 뿐 아니라 학습자들이 서로 인간적인 유대관계를 맺을 수 있는

학습 환경을 창출하도록 한다. 또한 학습자들이 서로 학습내용 및 각
종 정보와 자료를 공유하고, 이를 통해 다시 새로운 지식을 창출할 수
있도록 지원하는 자율·협력 학습 환경의 창출 등 보다 고차원적인 업
무를 담당토록 하여 온라인 학습자가 느끼기 쉬운 심리적 거리감 및
고립감 해소를 꾀한다.

Ⅳ 학습 관리 및 운영

1. 교수 학습 운영 전략

학기가 시작되기 전에 대학홈페이지에 과목별 샘플 강의가 학생들
에게 제공되어 직접 시청한 뒤에 수강신청을 하게 되어 있다. 학습 메
뉴에는 '강의관리' '공지사항' '학습지원실' '평가관리' '학습자관리'
'강의평가관리' '설문관리'등이 있다.

(1) 강의관리 : '강의관리'에 들어가면 '강의계획'과 '교수소개'가 있
    으며 과목명, 담당교수의 연락치, 수업개요 및 과목성격, 수입목
    표, 교재 및 참고자료, 학습방법, 수강 시 유의사항, 시스템 지원
    연락처 등이 제시되어 있다.
(2) 공지사항 : 공지를 통해 학습 진행과 학습내용 등 각종 안내를
    학습자에게 전달해 학습이 원활하게 이루어지도록 한다. 구체적
    으로는 출석 진도율, 수강방법, 시험, 과제, 특별강의 등의 안내
    외에 강의 일정 및 강의개요, 학습시간, 과목에 대한 안내 등 학
    생들에게 전하고 싶은 내용 등을 공지할 수 있다.
(3) 학습지원 : 온라인 학습활동이 행해지는 곳으로 강의록, 강의Q&A,

학습 자료실, 자유게시판, 학습게시판 등을 통해 강의와 관련된 의견교환 및 자료를 공유한다.

(4) 평가관리 : 레포트&음성과제 관리, 팀프로젝트 관리, 주제포럼 관리, 퀴즈 관리, 시험 관리, 출석관리, 진도관리, 학습참가도 관리 등의 항목으로 구성되어 있다. 공지된 평가 반영률에 따라 이상의 부분별 점수가 입력되면 종합 성적이 자동적으로 계산되며 당당교수가 최종 확인하여 결정한다.

(5) 학습자 관리 : '학생조회'와 '학생상담'으로 이루어져 있으며 학생들에게 1:1로 강의에 관한 전반적인 질문과 상담을 할 수 있다.

이밖에도 '강의평가' '메일관리' '튜터게시판' '개인정보관리' 등이 있다.

V 맺음말

이상으로 이러닝의 정의와 특징, 이러닝 교육방식에 대해 살펴보았는데 오프라인 일본어교육에 비해 이러닝 일본어 교육방식이 매우 다양하다는 것을 알 수 있었다.

인터넷 기술의 발달과 더불어 최근의 한국인 일본어 학습자 대부분이 인터넷에 익숙해진 세대이므로 종래의 면대면, 일방적인 학습방식만으로는 학습효과에 한계가 있을 것이라고 판단된다. 따라서 이러닝 일본어 교육방식에 대한 심각한 고려가 있어야 할 것으로 생각한다.

현재는 이러닝 외에 화상강의, 전자칠판강의, 블랜디드러닝, 스마트러닝 등이 도입되고 있는데 이에 대한 고찰은 금후의 과제로 삼겠다. 향후 진일보한 인터넷 기술의 발달과 더불어 일본어 교육 환경과 교육

방식 및 이러닝 콘텐츠 개발과 연구에 보다 더 지속적인 관심을 기울여야 할 것으로 생각된다.

▌참고 문헌

国際交流基金(2009)「海外の日本語教育の現状 日本語教育機関調査·2009年 概要」
篠崎大司(2009)「Moodleを活用した上級日本語読解eラーニングコンテンツの開発と学習者評価ーブレンディッドラーニングモデルの構築に向けて」『別府大学国語国文学』51 別府大学
特定非営利活動法人日本イーラーニングコンソシアム編(2006)「eラーニング白書 2006/2007」東京電機大学出版局
水町伊佐男他(2006)「ネットワーク型CALL教材を利用した日本語授業の実践」『広島大学大学院教育学研究科紀要』
_____(2009)「韓国における日本語CALL教材の学習内容に関する一考察」『広島大学留学生教育』第13号
水町伊佐男・尹槙勛・尹鎬淑(2006)「ネットワーク型CALL教材を用いた日本語授業の実践ー韓国の大学生によるクラス利用を中心に」『広島大学日本語教育研究』16 広島大学大学院教育学研究科日本語教育学講座,
박형주(2008)『이러닝교수설계실무』한국생산성본부
백영균(2004)「학교교육에서의 e-learning 도입과 활성화 방안」『공교육내실화를 위한 e-learning 체제구축 방안 세미나 자료집』연구자료 RM
사이버한국외국어대학교(2011)『사이버한국외국어대학교자체평가서』
유영만(2001)『e-Learning』물푸레
윤호숙(2008)「이러닝외국어교육에 있어서의 콘텐츠 구성방식과 학습효과-일본어능력시험을 중심으로」『일본언어문화』12 한국일본언어문화학회
이인숙(2003)「e-Learning 환경에서의 자기조절학습전략,자기효능감과 e-Learning 학습전략 수준 및 학업성취도 관련성 규명」『교육공학연구』19
임창근(2005)「E-Learning 영어 교수·학습 운영 모형 개발에 관한 연구」『이러닝과 언어교육』9 한국멀티미디어언어교육학회
정기영(2003)『멀티미디어와 일본어교육』제이앤씨

일본어학과 일본어교육

日本語学・日本語教育

7 일본어 교육(日本語教育)

한국인 일본어학습자의 중간언어와 오류분석

이 미 숙 *
명지대학교 교수

I 머리말

 1980년대까지 일본어를 습득하는 과정에서 나타나는 학습자의 오류는 모어(母語)인 한국어와 목표언어(目標言語)인 일본어와의 차이에서 비롯되며, 모어의 간섭에 의해 발생한다고 보아, 양 언어 간의 유사·상이점을 밝히려는 '대조분석(對照分析)'이 일본어연구의 주류를 이루었다.

 그러나 실제 모어가 다른 학습자 간에도 동일한 오류가 나타나며, 단순 실수를 제외하고는 습득 단계에서 반복적으로 발생하는데 점에서, 이를 분석하여 원인을 밝혀내려는, 이른바 '오류분석(誤謬分析)'이

* 李美淑 : 明知大學校

활발히 이루어지게 되었다. 그 배경에는 '학습자의 모어와 관계없이 언어발달도상에서 필연적으로 일어나는 오류가 있으며[1], '오류'를 통해 '학습자가 어느 정도 알고 어디서 부딪치는지 알 수 있고 학습자도 오류를 통해 스스로의 궤도를 수정하면서 습득해간다는[2] 점이 이를 뒷받침하고 있다.

최근, '오류'에도 여러 단계가 있으며, 오류가 일어나지 않은 올바른 사용에 대한 평가에 주목할 필요가 있고, 더욱이 학습자가 사용을 '회피'하는 경우에는 분석 대상에 넣기 어렵다는 점을 반영하여, 학습자 특유의 언어체계―중간언어(中間言語, interlanguage)[3]를 연구하려는 움직임이 일고 있다.

이러한 목표언어의 학습 단계에서 나타나는 '중간언어'의 연구는 이제부터로, 오류와 더불어 올바른 사용을 포함하여, 학습자의 외국어 습득과정에서 나타나는 독자적 언어를 분석함으로써, 오류분석의 문제점을 어느 정도 해결할 수 있을 것으로 보인다.

학습자에게 언제, 무엇을 학습시킬 것인가에 대하여 계획하는데 있어, 학습의 중점이 어떻게 변화해 가는지를 제시한 것으로, 고바야시 노리코(小林典子, 2001)가 있다. <그림 1>과 같이, 문의 골격(命題)을 배우고, 화자의 기분 및 감정을 반영하는 표현을 배우며 이를 어떠한 장면, 문맥에서 사용할지(語用)를 학습하게 된다는 것으로, 학습이 진행되면서 문법학습의 비중이 단문에서 복문으로 바뀌고 관용구를 사용하게 되며, 다양한 감정표현과 더불어 적절한 어용론 레벨에서 적절하게 사용할 수 있도록 학습중점이 변화하게 되는 것이다.

---

1   大関浩美(2010)『日本語を教えるための第二言語習得論入門』くろしお出版, pp.1-21
2   迫田久美子(2001)「学習者独自の文法」『日本語学習者の文法習得』大修館書店, pp.3-24
3   Selinker(1972)의 용어, 迫田(2001) 재인용.

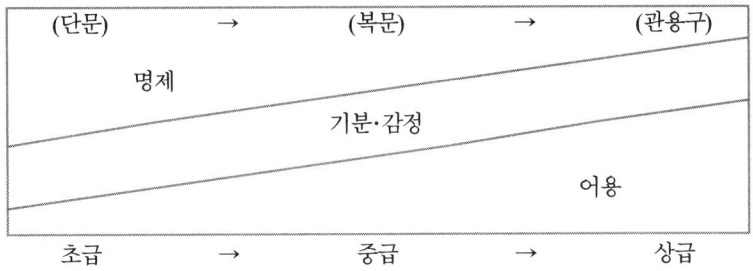

〈그림 1〉 커리큘럼의 중점과 모의 도식(고바야시(小林, 2001))

본고는 한국인 일본어학습자를 학습 기간과 일본 체재력을 바탕으로 3단계로 나누어 각 단계별 중간언어의 일본어 모어화자와의 차이, 단계별 오류 양상의 차이 등을 밝히고, 단계별 학습전략이 필요하다는 것을 재확인하려는데 그 목적이 있다.

ⅠⅠ 본고의 입장

앞서 학습자의 오류를 모두 대조분석을 통해 설명하기는 어렵다는 점을 밝힌 바 있으나, 내부분의 오류연구가 모어의 간섭에서 일어나는 한국어 모어화자 특유의 오류에 집중되어 온 것이 사실이다.[4] 다음은 이미숙(2007)에서 '대조분석'의 입장에서 학습자의 오류를 설명한 것이다. 예 (1)은 일본어에서는 「~てくる」를 사용하여 '방향'을 적극적으로 나타내는데 비해 한국어는 그렇지 않으며, 예 (2)는 일본어에서 감정적으로 '유감'을 나타내는 동작이나 변화에 대해 습관적으로 나타내는 「~てしまう」를 사용하는 데에서 오는 오류로 설명할 수 있다.

---

4 森田芳夫(1983)를 필두로, 조남성(2006), 천호재(2011) 등에 집약되어 있는데, 발음, 표기, 동사 및 조사를 중심으로 다양한 분야에 걸친 오류 패턴에 대한 연구가 이루어졌다.

(→   )는 올바른 사용을 나타낸다.

   (1) 上から何かが<u>落ちた</u>(→落ちてきた)。(한국인 일본어학습자)

      위에서 무언가가 <u>떨어졌다</u>. (필자역)

   (2) 정작 어딘가로 나가려해도 어디로 가면 좋을지 <u>곤란해 버렸다</u>(→곤

      란했다). (일본인 한국어학습자)

      いざとどこかへ出かけようとしてもどこに行けばいいか、<u>困ってし</u>

      <u>まった</u>。(필자역)

참고로 이미숙(2008)에서는 학습자를 학습력에 의해 4단계로 나누어 「~てしまう」의 사용양상을 조사한 바 있는데, 학습력이 높아지면서 점점 사용량이 많아졌으며, 상급인 4단계에서는 오히려 일본어 모어화자보다 사용량이 많아, 과잉사용의 우려가 있다는 점을 지적한 바 있다.

본고는 학습자의 단계별 중간언어를 분석하는데 있어, 오류를 중간언어의 특징으로 보고 회피를 포함하여, '문법적 정확도'는 물론, 기분·감정 표현을 나타내는 '문장·담화레벨의 적절성'을 분석해 간다.

Ⅲ 분석 방법 및 내용

한국인 일본어학습자의 단계별 '중간언어'를 분석하기 위해, <그림 2>의 4장의 컷을 제시하고 '오늘 아침 자신에게 아래와 같은 상황(① 자명종이 울리는 데 듣지 못하고 늦게 일어났으며 ② 서둘러 준비하다가 커피 등을 쏟고 ③ 서둘러 뛰어갔지만 간발의 차로 버스를 놓치고 ④ 겨우 강의실에 도착했으나 과제를 놓고 온 것을 알았다)이 발생했으니 이를 친구에게 설명하'도록 하여 얻은 자료를 사용하되[5], 그 결과

를 피조사자의 일본어 학습기간 및 일본 체재력에 따라 20명씩 3단계
로 나누어 각 발화를 분석하기로 한다.[6]

〈그림 2〉 실험에 사용한 유감스런 상황을 묘사한 4장의 그림

다음은 지면 제약상, 학습 단계별로 3명의 발화 예를 제시한 것이
다. 오류에는 밑줄을 긋고 (→　)로 올바른 사용을 제시하였다. 불필요
한 부분은 (→∅)로 나타냈다.

5　2007년 서울소재 2개 대학에서 85명의 한국인 일본어학습자를 대상으로 실시한
　　앙케트결과를 재분류하여 사용한다.
6　편의상, 학습력 2년 전후를 초급, 3년 전후를 중급, 4년 이상을 상급으로 간주하여
　　다음과 같이 세 그룹으로 나누었다. 각각 남 7명, 여 13명으로 통일하였다.

<학습기간 및 일본 체재력에 따른 분류>

학습기간 ＼ 체재력	전혀 없음	6개월 이내	1년 이내	2년 이상	계
초급(2년 전후)	19명	1명	-	-	20명
중급(3년 전후)	12명	4명	4명	-	20명
상급(4년 이상)	3명	4명	10명	3명	20명

〈표 1〉 한국인 일본어학습자의 단계별 중간언어자료

초급	① 今日は遅く起きた。そうして(→それで)朝食をはやく(→急いで)たべた。それでも(→それに)バスに乗り損なった<u>と</u>(→∅)本も持って<u>来らない</u>(→来ていなかった/よ。(남) ② きょうあさ(→けさ)、わたしはおそくおきました。そして、あさごはんを<u>はやく</u>(→急いで)<u>たべるし</u>(→食べたが)、<u>バース</u>(→バス)<u>を</u>(→に)のらなっかた(→乗れなかった)んです。がっこうにいく<u>と</u>(→行ってから)わたしはレポトがないことを<u>を</u>(→に)わかりました(→気づきました)。(여) ③ 朝、けさ、わたしはあさねぼうをした。食事をしてからコーヒーを<u>飲またかった</u>(→飲みたかった)からコップを取った。その時、手が<u>すべて</u>(→すべって)服にコーヒーが<u>載せた</u>(→落ちた)。<u>それに</u>(→それで)バスに<u>乗られませんでした</u>(→乗れなかった)。学校に到着してから朝、しゅくだいをテーブルに置き忘れたの<u>を</u>(→が)わかった。(여)
중급	① 今日さ。朝おそくおきてさ<u>バース</u>(→バス)もの<u>り損なう</u>(→乗り忘れる)しノートも忘れるし最悪だったね。(남) ② あさねぼうをしたからいそいでじゅんびしたけどバスに<u>のらなかった</u>(→乗れなかった)。また、いえに<u>リポート</u>(→レポート)をおいたままがっこうにきた。(여) ③ 今日、私は朝寝ぼうをしちゃった。それで、急いでコーヒーを飲んでパンを食べた。だがあわててコーヒーをふくにこぼしちゃった。でも時間がなくてそのまま学校に行くことにした。ところが<u>バース</u>(→バス)<u>さえ</u>(→のさえ)のりおくれちゃった。やっと着いてじゅぎょうに入ったら(→入ってみると)本も持って<u>∅</u>(→来)なかったの。(여)
상급	① 私、今日朝寝坊しちゃって、<u>忙しいで</u>(→急いで)出で来たせいでバース(→バス)に遅れたし、ノートもわすれてきたし、最悪だったよ。(남) ② <u>今日朝</u>(→けさ)時計のベルが全然きこえなくて、起きたらもう8時すぎで、もうスピードでしくしてバス停まで行ったのに、ついたとたんバスが行っちゃって。でもなんとか学校についたんだけど<u>学校に行ったら</u>(→∅)教科書忘れてきたのを思いだしたよ。(여) ③ 今朝、寝坊しちゃってさ、、めざましも聞こえなかったのよ、ぜんぜん。めし食う時間ないからコーヒー飲もうとしたら、こぼしちゃったの。めっちゃいそがしくてバタバタかばん持って家出たらバスにもおくれで　しかもさ、ようやく教室について席にすわったらノートをテーブルにわすれてきたのを思いだしたよ。最悪だ今日！(여)

　학습자의 도달목표를 명확히 제시하기는 어려우므로, 편의상 같은 조건에서 일본어 모어화자에게 앙케트를 한 자료를 사용하여 비교하기로 한다.[7] 다음은 모어화자 20명의 발화자료 중, 3명의 예이다.

〈표 2〉 일본어 모어화자의 발화자료

---

① 寝坊した。コーヒーだけのもうとしてこぼした。バスにのりおくれてダッシュ!
服がよごれている　のにも気づかずテキストもわすれた。(남)
② 今日、目覚ましが鳴ったけど起きれなくってね。とりあえず、コーヒー飲んで
学校の仕度したんだけど。コーヒーはこぼしちゃうし、バスには乗り遅れちゃ
うし。しかも、教科書忘れちゃって、最悪。(여)
③ 今日思いっ切り寝坊しちゃって、超あわてて用意とかしたから、コーヒーを服
にこぼしちゃった。おまけにバス乗り遅れてさいあく一だった。もう相当あわ
ててたからレポートのことをコロッと忘れててみんなちゃんと持ってきてんの
にホント気まずかったよー。マジ最悪デーついてなー。かわいそう、私。(여)

　이상의 단계별 각 20명(전체 60명)의 한국인 일본어학습자와 20명
의 일본어 모어화자의 동일한 상황에서의 발화 자료를 바탕으로, 단계
별로 사용 단어수 및 오류 비중, 품사별 사용양상 및 오류, 문법적 정
확성, 감정표현의 적절성 등을 분석해 간다.

Ⅳ 단계별 중간언어 분석

1. 사용 단어 수 및 오류 비중

　<표 3>은 학습 단계별로 사용된 문 및 단어의 수를 나타낸 것이다.
양으로 평가하기는 어렵지만, 학습력이 높아질수록 1인당 단어사용량
이 증가하고, 1문당 단어수도 증가하는 것을 알 수 있다. 단, 중급 이
후에서는 일본어 모어화자보다 문 및 단어의 사용량이 많은 것을 알
수 있어, 질적인 분석이 필요함을 알 수 있다.

7　2002년 같은 방법으로 일본 도쿄지역 3개 대학에서 조사한 남 7명, 여 13명의
발화 자료를 사용한다. 2002년 당시, 일본 여자대학생 50명, 남자대학생 50명을
대상으로 하였으나, 본고에서는 채록 순서대로 여1번-13번, 남1번-8번(7번은 응
답하지 않아 제외함)을 추출하였다. 이화연·이미숙외(2006) pp.71-73, pp.78-79

〈표 3〉 단계별 학습자의 문 및 단어 수

		총 문 수	총 단어 수	1인당 단어수	1문당 단어수
한국인 일본어 학습자	초급	70	546	27.3	7.8
	중급	81	707	35.4	8.7
	상급	89	848	42.4	9.5
일본어 모어화자		81	648	32.4	8.0

　이중, 단어의 일부분이 탈락하거나 불필요한 부분이 들어있는 경우나 어휘 사용이 적절치 않거나 문의 필수성분이 부족한 경우 등을 '오류'로 보아, 단계별 오류의 비중을 조사하였다. 초급은 1인당 27.3개의 단어를 사용하였는데 이중 6.7개의 오류가 나타나 오류 비중이 24.5%로 나타났으나, 중급은 12.0%, 상급은 7.0%로 낮아졌음을 알 수 있었다.[8]

　참고로, <그림 2>의 ④를 설명한 단계별 실례 3)~8)을 보면, 초급에서는 단어수가 적고 명제만을 나타내는 과정에서 오류가 없는 반면, 중·상급레벨에서 사태를 정확히 표현하려는 의도에서 단어수가 많아지면서 오류가 증가하고 있다는 점에서도 오류 비중만으로는 판단하기 어려움을 확인할 수 있다.

　(3) 本がなかったよ。(초급)

　(4) 学校に来たけど、本を忘れた。(초급)

　(5) 宿題を持って来なかったことを覚え出した(→思い出した)。(중급)

　(6) レポートをおいていく(→きた)のを考え出した(→思い出した)。(중급)

8　초급에서, 4단어밖에 표현하지 못한 학습자가 있는데, 이는 해당 단계의 평균단어 수인 27.3개에서 4개를 제외한 23.3개를 오류로 계산하였다.
　·あさに● とけいの● (초급, 남)

(7) 急いだあまり本を忘れてしまって困った朝だったよ。(상급)

(8) やっと学校に行ったけど、レポートも家におきて(→おいて)来たんだ。(상급)

2. 품사의 사용양상 및 오류

단계별로 사용된 단어를 품사별[9]로 나누어 살펴보았다(표 4). 문의 성분 부족에 의한 오류(초급 33회, 중급 9회, 상급 8회)는 제외하기로 한다. 연체사 및 감탄사의 사용예가 소수 있으나 오류가 발견되지 않았다. 결과적으로 전 단계에 걸쳐 동사의 오류가 가장 많았고 명사, 조사, 부사 순으로 높았다. 사코다 쿠미코(迫田久美子, 2001)에서 초급레벨에서 '조사'의 오류 빈도가 가장 높다고 밝힌 바 있는데, 본고는 이와 다른 것으로 나타났다.

〈표 4〉 품사별 오류 빈도((   )안은 오류 비중(%))

		명사	동사	조사	부사	형용사	접속사
한국인 일본어 학습자	초급(101)	21(20.8)	40(39.6)	17(16.8)	17(16.8)	1(0.9)	5(5.0)
	중급(76)	17(22.4)	43(56.6)	8(10.5)	4(5.3)	4(5.3)	-
	상급(52)	17(32.7)	22(42.3)	4(7.7)	5(9.6)	4(7.7)	-
계(229)		55(24.0)	105(45.9)	29(12.7)	26(11.3)	9(3.9)	5(2.2)

다음 <표 5>는 각 품사별로 전체사용수에서 차지하는 오류 비중을 조사한 것이다. 초급에서 가장 높은 품사는 부사로, 39회중 17회(43.6%)가 오류였다. 단계별로 차이가 있어, 초급은 부사, 형용사, 접속사, 동사 순이며, 중급은 형용사, 동사, 명사 순, 상급에서는 형용사. 명사·동

---

9 단, 조동사는 품사로 인정하지 않았다.

사 순이었다. 사코다(迫田, 2001)에서는 사용빈도상으로는 '접속사'의
오류가 가장 높았다고 지적한 바 있는데, 본고는 이와 다른 것으로 나
타났다.

〈표 5〉 품사별 전체 사용빈도와 오류(( )안은 오류 비중(%))

		명사		동사		조사		부사		형용사		접속사 등		기타	
		전체	오류	전체	오류	전체	오류	전체	오류	전체	오류	전체	오류	전체	오류
한국인 일본어 학습자	초급 (546)	165	21 (12.7)	150	40 (26.7)	166	17 (10.2)	39	17 (43.6)	4	1 (25.0)	17	5 (29.4)	5	0
	중급 (707)	194	17 (8.8)	214	43 (19.2)	209	8 (3.8)	54	4 (7.4)	16	4 (25.0)	14	0	6	0
	상급 (846)	204	17 (8.3)	264	22 (8.3)	239	4 (1.7)	73	5 (6.8)	30	4 (13.3)	14	0	22	0
일본어 모어화자(648)		148 (22.8)	0	201 (31.0)	0	180 (27.8)	0	52 (8.0)	0	30 (4.6)	0	13 (0.2)	0	24 (0.4)	0

'조사', '부사'는 초급에서 중급으로 넘어 가면서 오류가 줄어드는 반
면, 동사는 중급에서 상급으로 가면서 안정적인 사용을 보이는 것으로
나타났다. 단, 형용사의 경우는 조사자료의 특성상, 감정형용사가 필요
하게 되면서, 초급에서는 거의 사용예가 없고 중·상급으로 넘어가면서
사용량이 늘면서 이와 동반하여 오류 빈도도 높아진 것으로 나타났다.
또한, 위의 〈표 5〉에서 일본어 모어화자와 품사사용량을 비교해 보
면, 초급에서는 조사 및 명사비중이 높은 등 차이가 있지만, 상급으로
갈수록 일본어 모어화자와 사용양상이 유사한 것을 알 수 있다.

3. 문법적 정확성

문의 성분부족 및 회피, 접속의 문제를 들어 설명하기로 한다.

1) 문의 성분 부족 및 회피

초급의 경우, 문이 성립하기 위한 필수성분을 쓰지 않은 부분(●로 표시)이 33회로 나타났다. 중·상급은 각각 7회, 8회인데, 이 경우는 의미상 '보완'이 필요하거나 '생략'으로 볼 수 있는 경우로, 단계별 특징을 보여준다.

(9) 今日朝、私はあさねぼうしてはやくじゅんびをした。あさごはんを食べながらコーヒーをふくに●(→こぼした)。家を出て走した。バースを●(→逃した)。(초급, 오용)

(10) レポートをうっかりおいて出て●(→きて)しまった。(중급, 보완)

(11) ついた/とたん/バス/が/行っ/ちゃって●(→しまった)。(상급, 생략)

'회피'의 경우도 오류의 일종으로 볼 수 있다. 앞서 제시한, 초급 예 (3) (4)의 경우에도 감정이 배제되어 있어 올바른 사용으로 보기 어렵다. 이는 양적으로 계산하기 어려우므로, 뒤의 4장에서 종조사 및 「~てしまう」의 사용 예를 들어 설명하기로 한다.

2) 접속

문맥 흐름상, 접속이 잘못된 경우를 지적할 수 있다. 앞의 <그림 2>는 일련의 사건으로 인해 곤란함을 초래하는 상황으로, 이러한 상황을 모어화자는 「し」를 사용하여 병렬적으로 나타내는 것이 특징적으로, 20회에 이른다. 다음은 모어화자의 사용 예이다. 「し」를 빈번하게 사용하고 있음을 알 수 있다.

(12) 今日さー、すごい朝から大変でさぁー。寝ぼうする<u>し</u>、あわててコーヒー服にこぼす<u>し</u>さー。お気に入りの服だよっ！！そんでバス

にのりおくれてさいあくだし─。それに教科書忘れちゃう<u>し</u>さ
ぁー。本当にいやな1日だよ。(일본어 모어화자, 여)

(13) 今日朝起きらんなくてさあ。しかもバス乗り遅れる<u>し</u>、宿題持って
くるの忘れちゃう<u>し</u>。マジ最悪だったよ。(일본어 모어화자, 남)

반면, 한국인 일본어학습자는 초급 1회(오류), 중급 4회, 상급 5회에
불과했다. 이는 초·중급문법에서「し」를 다루지 않고 있는 것이 원인의
하나일 것이다. 특히 초급의 경우, 예 (14)와 같이 병렬적인 상황의 나
열에 그치고 있다. 예 (15)의 상급 학습자의 경우에도 이같은 문제는
여전히 남아있다.

(14) 今日は遅く起きた。<u>そうして</u>(→それで)朝食を<u>はやく</u>(→急いで)たべ
た。<u>それでも</u>(→それに)バスに<u>乗り損なったと</u>(→乗り損なった。)本
も持って<u>来らない</u>(→来ていなかった)よ。(초급, 남)

15) けさおきなけれはいけない時間よりおそくおきました。<u>そうそう</u>(→
急いで)本をかばんに入れていえを出ました。いっしょうけんめい
走ったけどバスにのりそこないました。やっとがっこうにつきまし
たけどしゅくだいをわすれてきてしまいました。(상급, 여)

4. 감정표현의 적절성

1) 종조사

화자의 감정을 나타내는 표현으로 일본어에는 종조사가 발달되어
있다. 문법적인 측면에 영향을 주지 않지만, 화자의 감정 및 기분을 나
타내는 데 필요불가결한 요소라 할 수 있다. <표 6>은 이를 단계별로
조사한 것이다.

〈표 6〉 종조사의 사용 빈도

		총 문수	총 종조사 수	よ	よね	ね	さ	かな	の	わ
한국인 일본어 학습자	초급	70	7(10.0%)	7	0	0	0	0	0	0
	중급	81	15(18.5%)	4	0	3	3	1	4	0
	상급	89	37(41.6%)	15	3	6	5	0	7	1
일본어 모어화자		81	38(46.9%)	12	3	0	19	0	4	0

종조사 사용비중은 모어화자의 46.9%에 비해 낮으며, 특히 초·중급
에서 심하였다. 더구나 초급에서는 1종(「よ」)에 불과했다. 모어화자는
「さ」의 사용예가 많은 반면(19회), 중상급 일본어학습자는 'ね'의 사용
량이 많았고, 이중에는 다음과 같은 오류 예도 포함되어 있다.

(16) さらにバスを目の前で逃がしてしまってますます最悪だったね(→
よ)。(중급, 남)

2) 유감을 나타내는 문법형식 및 어휘사용

이미숙(2003)에서는 한국인은 <그림 2>의 상황을 모어(한국어)로
표현할 때, 예 (17) (18)과 같이 속이, 부정적 의미의 어휘 등을 사용
하여 표현하는 반면, 일본인은 모어(일본어)로 표현할 때, 해당 동작에
「~てしまう」를 사용하는 경향이 있다고 설명한 바 있다. 참고로, 일본
인 100명은 「~てしまう」를 161회, 즉, 1인당 1.6회를 사용하였다.

(17) 아, 미치겠어. 오늘 일진 짱 사납네. 늦잠자고 옷 버리고 버스 놓
친데다가 레포트까지 두고 온 거 있지? 오늘 나 왜 이러니? 정말.
급해서 그냥 오긴 했는데 이 옷 어떻게 해? 아앙. 미치겠네. (한국
인 여학생)

(18) 오늘은 진짜 <u>정신없는</u> 날이다. 늦잠 자가지구 집에서부터 대충대충 하구 나와서 진짜 <u>열나게</u> 학교까지 왔는데 와서 생각해 보니까 리포트를 안가지고 온 거야. <u>아! 짜증나.</u> 오늘 하루는 진짜 <u>정신없다.</u> (한국인 남학생)

 본 연구에서 한국인 일본어학습자는 초급 8명(13회), 중급 13명(25회), 상급 16명(29회)으로, 단계가 올라감에 따라 모어화자(18명, 29회)에 가까워지고 있음을 알 수 있었다.
 한편, 유감을 나타내는 「最悪」「いやだ」「気まずい」「ついていない」등의 어휘를 사용한 경우도 모어화자는 17회인 반면(예19), 한국인학습자는 초급 2회(예20), 중급 7회, 상급 9회로, 단계별로 늘고 있으나 충분하지 않음을 수 있다. (감정을 나타내는 어휘에는 밑줄을 그어 표시했다)

(19) <u>気まずかったよー。マジ最悪デーついてなー。かわいそう、私。</u>(일본어 모어화자, 여)
(20) 友だちが笑ったので<u>はずかしかったよ。</u>(초급, 여)

V 맺음말

 이상, 본고는 한국인 일본어학습자를 학습 기간과 일본 체재력을 바탕으로 3단계로 나누고 각 단계별 중간언어의 일본어 모어화자와의 차이, 단계별 오류 양상의 차이 등에 대하여 논하였다. 습득 단계별로 문·단어 수 및 오류 비중, 품사별 사용양상에 있어 차이가 있으며, 또한, 단계가 올라갈수록 문법적 정확성은 물론 감정표현의 적절성에 있

어 모어화자에 다가감을 알 수 있었으나, 질적인 평가는 앞으로의 과제로 남아있다.

　단순히 오류의 횟수로 학습자의 습득 단계를 판단하거나 평가하기 어렵다는 점을 알 수 있었고, 단계가 낮을수록 문 성분부족이 두드러지고 감정표현과 관련된 표현을 거의 사용하지 못하며 논리적인 접속관계에 문제가 있음을 알 수 있다. 반대로, 단계가 올라갈수록 이에 대한 시도 및 적절한 어휘를 선별하는 과정에서 나타나는 오류가 나타나는 경우가 있으나, 감정표현을 나타내는 어휘 및 문법형식의 사용이 활발해지는 것을 알 수 있었다.

　단계별 중간언어의 특징이 명확히 밝혀지게 되면 학습자의 전략설정에 도움을 줄 뿐 아니라 교수자의 입장에서는 교수활동 및 단계별 교재 제작 및 테스트 작성의 기초자료로 활용할 수 있을 것으로 보인다. 앞으로의 후속연구를 기대한다.

▌참고 문헌

이덕배역(2001)『제2언어습득과　일본어교육』(迫田久美子『第2言語習得と日本語教育』) 세이앤씨

李美淑(2003)「일본어에 나타난 여성언어의 특징에 관한 연구」,『日語日文學研究』46, 韓國日語日文學會, pp.241-259

_____(2007)「韓・日兩語人對照研究の方法論再考」『日本言語文化』10, 韓國日本言語文化學會, pp.157-175

_____(2008)「한국인 일본어학습자의 目標言語와 母語간의 言語干涉연구」『日本言語文化』12, 韓國日本言語文化學會, pp.149-170

_____(2012)「한국인 일본어학습자의 중간언어분석」『日語日文學研究』82, 韓國言語日文學會, pp.453-468

이화연・이미숙외(2003)『여성의 언어와 여성의 사회문화적 위치에 관한 연구 : 한국어, 일본어, 중국어, 영어, 아랍어를 중심으로』명지대학교, pp.71-84

조남성(2006)『일본어의 오용분석』보고사

천호재·조병현(2011)『한국인 일본어학습자의 오용연구』한국문화사 pp59-89

大関浩美(2010)『日本語を教えるための第二言語習得論入門』くろしお出版,
　　　　pp.1-21

小林典子(2001)「文法の習得とカリキュラム」『日本語学習者の文法習得』大修館書
　　　　店, pp.159-176

迫田久美子(2001)「学習者独自の文法」『日本語学習者の文法習得』大修館書店,
　　　　pp.3-24

森田芳夫(1983)『韓國學生의 日本語學習에 있어서의 誤用例』誠信女子大學校出
　　　　版部

부기 : 본 논문은 李美淑(2012) 를 요약, 수정한 것임을 밝힌다.

일본어 교수법 이론과 실제 운용

정상미 *
신라대학교 교수

I 교수법이란

일본어를 진공하기나, 소위 일본어를 좀 한다고 하는 사람들 중에는 주위로부터 일본어를 가르쳐 달라는 제안을 받는 경우가 꽤 있을 것이다. 필자도 '가르치는' 일을 직업으로 갖기 전에 이러한 제의를 자주 받은 기억이 있다. 그렇다면 여기서 한 번 생각해 보자. 과연 일본어를 할 줄 아는 사람이라면 누구나 일본어를 가르칠 수 있을까? 이 질문에 대한 대답은 'yes'일지도 모른다. 하지만, '잘' 가르칠 수 있을까? 라는 질문이 되면 대답은 조금 달라지지 않을까?

인간이 자신의 모어와는 다른 언어를 이해할 필요를 느끼면서 이를

---

* 鄭相美 : 新羅大學校

‘잘’ 가르치기 위한 고민이 시작되었고, 이러한 고민의 결과가 바로 다양한 ‘교수법’의 탄생이라 할 수 있다. 하지만, 우리는 흔히 ‘교수법’을 ‘잘’ 가르치기 위한 ‘기술’ 또는 ‘테크닉’ 정도로 오해하는 경우가 많다. 그러나, ‘교수법’은 ‘기술’이나 ‘테크닉’ 이전에 ‘잘’ 가르치기 위해 근간이 되는 ‘법’이라고 이해해야 하며 나아가 가르치는 사람의 ‘가르치는’ 일에 대한 재능 유무와 상관없이 효과적인 교육성과를 올리기 위한 ‘법’이라고 정의하는 것이 보다 적절할 것이다. 즉, 우리가 하나의 식재료를 가지고 만들 수 있는 요리의 종류는 다양하지만, 그 식재료의 맛과 영양을 최대한 살리기 위해서 그 식재료를 다루는 가장 기본적인 손질법은 존재한다. 바로 그 기본적인 손질법이 외국어에 있어서의 ‘교수법’이라고 이해해야 한다.

이러한 이유로 하나의 교수법이 탄생하기까지는 다양한 이론체계가 배경이 되며, 또 어떤 교육장면에서나 효과적인 결과를 얻을 수 있는 절대적인 교수법은 존재하지 않는다. 즉 교육대상인 학습자와 교육소재에 따라 어떠한 교수법을 적용하여 지도하면 좋을지 교사 자신이 결정해야 한다.

본고에서는 일본어 교육현장에서 적용할 수 있는 교수법의 종류를 소개하고 또 그러한 교수법을 구체적으로 어떤 지도항목에 어떻게 적용할 수 있는지 그 응용방법에 대해 소개하고자 한다.

■ 외국어 교수법의 특징과 응용

1. 문법번역법

19세기 무렵까지 유럽에서 고등교육의 기초였던 라틴어 교육을 위

해 사용되기 시작한 교수법으로, 과거 중·고등학교 시절 영어 또는 기타 제2외국어 수업시간에 가장 많이 도입되었던 교수법이 바로 '문법번역법'이다.

즉, 문법습득과 문헌독해가 교육의 목적이 되며, 따라서 교육 내용도 문법규칙이나 격변화, 단어의 암기 등이 주를 이룬다.

1) 특징

우리가 중·고등학교와 대학교육을 포함한 10년간의 영어학습기간에도 불구하고, 단기간의 해외여행에서조차 자유로이 영어를 구사할 수 없어 참으로 난감할 때가 있다. 문법번역법에 의해 영어교육을 받은 세대들이라면 충분히 공감할 수 있는 이야기일 것이다.

이는 문법번역법 자체가 유럽에서 고전독해를 위해 라틴어와 그리스어를 가르친 것에서 출발했기 때문이다. 이 때문에 말하고 듣는 것에 포인트를 맞추고 있는 현대의 실용적인 외국어 교육에는 부합되지 않는 면이 많은 것도 사실이다. 즉, 학습자의 모어를 사용하여 문법을 해설하는 방법은 독해에서는 효율적일 수 있지만, 듣기 또는 말하기 기능의 육성에는 부적합하다.

하지만, 다수의 학습자를 대상으로 한국인 교수자가 강의를 해야 하는 국내 일본어교육환경에서는 이러한 문법번역법이 효과적으로 사용될 수 있을 것이다. 단, 최근 들어 원어 강의를 도입하고 있는 대학교육현장에서 학습자가 중급 이상의 레벨 정도라면 한국인 교수자가 일본어로 강의를 진행함으로써 학습자의 듣기 기능을 보완하는 수업을 진행하는 것도 변형된 문법번역법의 한 형태로 볼 수 있다.

2) 일본어교육현장으로의 응용

본래 출발이 '독해' 능력의 육성이었던 만큼 강독이나 독해 수업에

적극 활용할 수 있다. 단, 학습자가 자칫 수동적인 자세로 수업에 임할 수 있다는 단점을 보완하기 위해 학습자의 참여도를 높이고, 보다 흥미롭게 접근할 수 있도록 액티비티를 도입한다.

우선, 학습자가 초급 레벨이라면, 짧은 단문의 형태로 된 문장들을 나열해 순서를 재배열하여 자연스러운 흐름에 따른 하나의 스토리를 만들게 하거나, 복문의 구조를 가진 하나의 문을 쪼개어 앞의 절 또는 뒤의 절을 제시하고 나머지를 보기에서 찾게 하는 활동 등을 활용할 수 있다. 학습자의 레벨과 성향에 따라서는 나머지 부분을 직접 작문하게 하는 것도 고려해 볼 수 있다. 아울러 대답을 하는 학습자들에게는 반드시 왜 그렇게 생각하는지를 설명하게 하여 나머지 학습자들에 대한 해설 기회를 마련한다. 단, 이 때는 학습자의 모어를 사용할 수 있도록 하여 학습자의 발표 부담을 경감시킨다.

상급레벨이 되면, 피어 리딩(peer reading)을 통해 일정 길이 이상이 되는 단락에 대해 어휘 해설 및 의미분석 등을 조별로 실시, 발표하게 함으로써 스스로 문제해결을 하게 하는 방법도 유용하다.

예를 들면 다음의 「桃太郎」와 같은 일본의 대중적인 전래동화의 일부가 인쇄된 패널을 조별로 나누어 주고 이를 피어리딩을 통해 내용을 파악하게 한 다음, 스토리의 흐름에 맞춰 칠판에 부착하는 액티비티도 생각해 볼 수 있다.

むかしむかし、あるところに、おじいさんとおばあさんが住んでいました。
おじいさんは山へしばかりに、おばあさんは川へせんたくに行きました。
おばあさんが川でせんたくをしていると、ドンブラコ、ドンブラコと、大きな
　桃が流れてきました。
「　A　」
おばあさんはその大きな桃を家に持ち帰りました。

そして、おじいさんとおばあさんが桃を食べようと桃を切ってみると、なんと
その中には元気な男の赤ちゃんがいました。
「　B　」
子どものいなかったおじいさんとおばあさんは、大喜びです。
おじいさんとおばあさんは、桃から生まれた男の子に桃太郎という名前をつけ
ました。
桃太郎はスクスク育って、やがて強い男の子になりました。

イヌは鬼のおしりにかみつき、サルは鬼のせなかをひっかき、キジはくちばし
で鬼の目をつつきました。
そして桃太郎も、刀をふり回しました。
とうとう鬼の親分が、
「　C　」
と、手をついてあやまりました。
桃太郎とイヌとサルとキジは、鬼から取り上げた宝物をもって元気よく家に帰
りました。
おじいさんとおばあさんは、桃太郎の無事な姿を見て大喜びです。
そして三人は、宝物のおかげでいつまでも幸わせに暮しました。

　학습자들이 각 패널을 이야기 순서에 맞춰 칠판에 부착하는 작업이
완료되면, 위의 A, B, C 안에 들어갈 등장인물들의 대사를 보기에 골
라 넣도록 전체 학습자를 대상으로 퀴즈를 낼 수도 있다.

<보기>
(1) 「これはきっと、神さまからの贈り物にちがいない」
(2) 「まいったぁ、まいったぁ。おれらのまけだ、助けてくれ」
(3) 「おや、これはいいおみやげになるわ」

무엇보다도 한명의 교사가 대다수의 학습자를 지도해야 하는 외국어 교육 현장의 현실을 생각하면 문법번역법이 가장 효율적인 교수법이 될 수도 있다는 점은 부정할 수 없는 사실이므로, 이러한 장점을 최대한 이끌어낼 수 있는 활용방안을 고민해 봐야 할 것이다.

2. 직접법

19세기 중반경 유럽 국가들 사이에 왕래가 잦아지면서 그 때까지의 문법번역법이 '커뮤니케이션'이라는 면에서 한계를 드러내며 '커뮤니케이션'을 염두에 둔 외국어 교육의 필요성이 대두된다. 이러한 필요성이 어학교육 전문가들에 의한 '자연법'의 탄생으로 이어지는데, 즉, 유아가 모어를 배우는 과정을 응용하여 '자연'스럽게 외국어를 가르친다는 원리이다. 탄생 당시에는 그다지 큰 반향을 일으키지 못했지만, 20세기에 들어서면서 '직접법'으로 발전하며, 현재 일본 국내 일본어 교육현장에서의 주요한 교수법으로 자리잡게 된다. '직접법'에서는 학습자의 모어를 사용하지 않고도 실물 또는 동작을 제시함으로써 언어의 의미를 가르칠 수 있다고 주장한다. 또한 실물 또는 동작으로 설명할 수 없는 신출어휘는 기출어휘를 사용하여 지도할 수 있다고 한다.

하지만, 일본 국내라면 거의 모든 학교에서 원어민 교사가 교육을 담당하지만, 해외의 경우, 모든 학교에서 원어민 교사를 채용할 수 있는 것은 아니다. 예를 들어 우리나라의 고등학교 또는 중학교의 경우를 생각해 보자. 커리큘럼 구성 및 주당 시수 등을 고려해 볼 때 외국어 고등학교와 같은 특수 목적고를 제외하고는 일본인 교사를 채용하기는 어려운 상황이다. 그렇다면 한국인 교사가 일본어로 강의하는 원어 강의 형태의 수업을 상정해 볼 수 있는데, 이 경우 학습자의 레벨이 대학 전공자들과 같은 상급 레벨이라면 큰 문제가 없겠지만, 초급

레벨의 학습자라면 단어 하나를 설명할 때도 교사는 실물 또는 그림 카드, 동작 등을 제시하느라 많은 시간을 투자해야 한다. 단지 목표 단어에 해당하는 우리말 단어를 제시하는 것으로 간단히 해결될 수 있는 문제인데 말이다. 또한 일본어를 모어로 하지 않는 교사가 직접법으로 수업을 진행하려면, 교사 자신에게 그만한 일본어 구사 능력이 갖추어져 있어야 한다. 자신의 모어로 일본어를 지도할 때는 매우 유능한 교사라고 할지라도 일본어 구사 능력은 별개의 문제이므로 자칫 교사에 대한 학습자들의 신뢰에 흠집이 생길 수도 있고, 또 교사 자신의 독특한 어투가 학습자에게 무의식중에 전이될 수 있으므로 외국인 교사가 직접법으로 수업을 진행하기 위해서는 원어민 교사 레벨의 일본어 구사 능력을 갖추지 않으면 안된다. 어투 및 인토네이션에 관해서는 원어민 교사도 예외는 아니므로 수업에 임할 때는 일본어 구사에 각별히 신경을 쓰며 진행해야 한다. 하지만, 이러한 과정이 자칫 외국인 교사에게는 또 다른 중압감이 되어 비효율적인 에너지 소모를 가져올 수도 있으므로 신중을 기해야 할 것이다.

이 때문에 1929년 미국에서 실시한 외국어 교육의 실태 보고서인 "Coleman 보고서"에서는 '학교교육에서 회화 능력을 목적으로 하는 교수법은 석합하지 않다'고 하고, 독해를 중심으로 한 시도법을 권장함으로써 이후 제2차 세계대전까지 미국의 외국어교육은 독해 중시의 교육이 지속되었다.

1) 특징

이미 앞에서도 밝힌 바와 같이 '직접법'은 매개어를 사용하지 않고 목표언어만을 사용하여 지도하는 교수법이다. 즉, 일본어 교육현장에서는 일본어만으로 일본어를 가르친다는 의미인데, 이는 문자보다는 '음성'을 중시하고, 일본어 구조에 관한 지식을 문형으로 제시하여 단

계적으로 운용력을 확대해 가며 해당 문형이 운용되는 '장면'을 중시
한다

장점이라면, 일본 국내의 일본어 교육 현장에서 흔히 만날 수 있는
교실형태, 즉, 학습자간의 모어가 달라도 함께 지도할 수 있다는 점을
들 수 있으며, 특히 초급의 경우에는 교사의 준비여하에 달려 있기는
하지만, 어휘 해설 등에 그림, 사진, 실물, 모형, 동작 등을 사용하게
되므로 다채로운 수업이 가능하다. 또한 일본 외의 지역에서 진행되는
수업의 경우, 수업 시간 외에는 해당 외국어를 접할 시간이 매우 한정
되어 있는데, 그 한정된 수업시간이라도 일본어를 접하는 시간을 제공
할 수 있으므로 해당 외국어에 보다 쉽게 적응할 수 있다. 또 이러한
형태의 수업을 진행하다 보면, 학습자들은 자신이 모르는 단어가 제시
되어도 크게 당황하기 보다는 그 뜻을 유추하려는 적극적인 자세가 되
므로 학습자가 스스로 그 의미를 생각하는 능동적인 학습이 가능하며,
이는 교육 종료 후에도 스스로 읽고 싶은 일본어 자료 등을 찾아 공부
하는 자율학습으로 연결될 가능성이 높다. 또한 매개어를 사용할 때
발생할 수 있는 뉘앙스의 차이 등 모어간섭을 덜 받을 수 있으며, 수
업 자체가 일본어 커뮤니케이션 연습이 될 수 있다.

단, 일본어로 일본어를 가르쳐야 하는 만큼 초급 클래스에서는 설명
에 시간이 오래 걸릴 수 있으며, 교사에게 어느 정도의 티칭 스킬이
없으면 학습자의 이해를 이끌어내는데 상당한 어려움이 생길 수 있다.
앞서도 이야기한 바와 같이 모든 어휘에 해당되는 것은 아니지만, 학
습자의 모어로 대역을 제시하면 간단히 이해시킬 수 있는 경우도 그림
이나 사물 및 장면 등을 통해 학습자의 의미 유추를 유도해야 하므로
시간이 오래 걸릴 수 있으며, 지도과정에 따라서는 수업 결과에 대해
학습자들이 불안감을 느낄 수 있다. 즉, 자신이 이해한 내용이 맞는지
에 대한 확신을 가질 수 없는 경우도 있기 때문이다. 아울러 인원이

너무 많으면 수업진행이 어렵다는 것도 직접법의 단점 중 하나로 꼽을 수 있다.

2) 일본어교육현장으로의 응용

주로, 일본 국내에서처럼 한 클래스에 다양한 모어를 구사하는 학습자들에게 수업을 진행하는 경우, 또는 일본 국외에서 일본인 교사가 학습자의 모어를 구사하지 못하는 경우, 즉 한국에서의 일본인 원어민 교사 수업등에 많이 사용된다.

명사의 의미를 해설하는 경우를 예로 들면, '과일'이라는 단어를 학습자에게 지도하고자 할 때는 다양한 종류의 과일 그림이나 사진 또는 실물을 번갈아가며 학습자들에게 제시하여 「くだもの」라는 단어를 반복한다. 한 종류의 과일만을 제시하고, 「くだもの」라고 했을 경우, 학습자들은 「くだもの」를 해당 과일의 이름이라고 오해할 우려가 있으므로, 반드시 다양한 종류의 과일을 동시에 제시하여 그 그룹을 「くだもの」라고 하는 것을 이해하게 한다. 그 후 제시했던 과일을 종류별로 제시하여 그 하나하나의 이름을 일러주고 각각의 이름을 익히게 한다. 단, 한국인 학습자 중 대학생 이상의 성인이 대상이 되는 경우, 그림이나 사진은 자칫 유치하다고 생각할 수 있으므로 각 교실에 갖추어진 시청각 시설을 이용하여 일본의 실제 슈퍼마켓의 과일 코너 등을 찍은 동영상을 제시하면 현장감 있는 수업을 진행할 수 있다.

학습자의 레벨이 중급 이후가 되면 학습자가 직접 참여하는 액티비티를 통해 단어의 의미를 확인할 수 있는데, 팀을 나눠 단어 스피드 퀴즈 등을 진행하는 것도 학습자의 흥미를 끌 수 있다. 단, 게임 중에는 반드시 일본어로만 설명하는 조건으로 하며, 처음부터 학습자들끼리의 진행이 어려울 것 같으면 교사가 먼저 학습자를 대상으로 설명을 진행하는 식으로 예를 보여줘도 좋다.

또한 학습자들에게 조별로 신출단어를 해설하는 동영상을 촬영하게 하는 것도 학습자들의 눈높이에서 흥미를 이끌어낼 수 있는 재미있는 시도이다.

직접법이라고 해도 학습자의 모어를 전혀 사용하지 않으면 앞서 이야기한 학습자의 불안 및 수업내용에 대한 오해를 야기할 수 있으므로 제한적으로 모어를 사용하거나, 학습자의 모어로 제작된 해설서 등을 제공하는 것이 바람직하다. 웹상에 강의노트를 마련하여 학습자들이 언제든지 자율학습을 할 수 있는 기회를 제공하는 것도 하나의 보완책이 될 수 있다. 또한 원어민 교사와 한국인 교사의 팀티칭이라면 일본인 교사 수업에는 철저히 일본어로 사용언어를 제한하고, 한국인 교사 수업에서는 한국어로 수업을 진행하는 것도 효과적인 직접법의 운용이 될 것이다.

3. Audiolingual Method

1940년대부터 1960년대에 걸쳐 각광을 받던 오디오링걸 메소드는 제2차세계대전 중 미국에서 군인들을 대상으로 단기간에 실시했던 외국어 집중교육훈련이 그 계기가 되었다. 다양한 언어교육에 오디오링걸 메소드가 적용되었지만 특히 일본어 교육에서의 성과가 눈부시다.

1) 특징

오디오링걸 메소드에서는 외국어 학습을 새로운 습관의 형성으로 간주하여 의미보다는 문의 구조에 중점을 두며, '드릴'로 대표되는 그 연습방법에서도 알 수 있듯이 철저한 구두연습과 반복연습을 통해 정확한 문법 및 모어화자같은 발음과 빠르기, 무의식적으로 입에서 튀어나올 수 있을 정도의 외국어 습득을 목표로 하고 있다.

하지만, 1960년대 들어 언어습득은 모방과 반복의 결과라고 했던 언어의 습관형성이론이 부정되며 오디오링걸 메소드는 쇠퇴하기 시작한다.

또한, 기계적 연습의 반복은 학습의욕을 저하시킬 뿐만 아니라 실제 커뮤니케이션 장면에서 해당 문형의 사용 가능성도 불투명하여 정확한 문구성 능력을 갖추고 있으면서도, 단순한 의사전달조차 하지 못하는 학습자가 발생하며 그 한계를 드러냈다.

2) 일본어교육현장으로의 응용

정확한 발음과 문법 그리고 무의식적인 발화를 위해 학습심화 5단계를 설정한다. 우선 도입단계에서는 귀로 듣고 이해하며, 그 다음 전개 단계에서는 모델 발음을 모방한다. 그 후 단어와 문을 반복연습하고 문의 일부를 변화시키는 연습을 한다. 마지막으로 확인단계에 들어가는데, 여기서는 질문에 대해 적절한 답을 선택하여 작문하는 연습을 한다.

일반적으로 4단계까지는 기존의 교과서 및 지도현장에서 이루어져 온 드릴 등을 통해 연습을 한 후에 마지막 확인단계에 실제 커뮤니케이션에서 어떠한 형식으로 응용될 수 있는지를 학습자에게 제시함으로써 학습자 자신의 표현으로 자리잡을 수 있도록 꾀한다.

예를 들어, 교과서에서 다음과 같은 변환드릴을 했다고 가정하자.

※ 다음 동사를 예와 같이 바꾸시오

예) 行く → 行きます

1) する →　　　　　　　　2) 会う →

그렇다면, 위의 연습 후에는 응답드릴을 응용한 확인연습 단계를 마

련하도록 한다. 보통체와 공손체가 공존할 수 있는 선생님과 학생간의
대화를 설정하고 변환드릴에서 예로 들었던 동사들을 문맥과 함께 제
시한다.

즉, 단순히 동사의 기본형을 「ます형」으로 바꾸는 기계적인 연습에
서 그치지 말고 동사의 기본형과 「ます형」이 어떠한 상황에서 사용되
는 형식인지를 학습자에게 명시하는 확인 단계를 마련함으로써 학습
자의 실제 커뮤니케이션 상황에 응용할 수 있도록 하는 것이다.

또한, 「ました」의 도입시에는 다음과 같은 변환 드릴 후에 「ます」와
「ました」를 구별할 수 있는 구체적인 상황을 제시함으로써 「ました」
에 대해 학습자들이 명확한 이해를 얻은 후 지도과정이 마무리될 수
있도록 한다.

※다음 동사를 예와 같이 바꾸시오.

예) 行きます → 行きました

1) します →　　　　　　2) 会います →

위에서는 변환드릴의 예만을 제시했으니, 그 외에도 대입드릴, 결합 드릴, 확장드릴, 응답드릴 등 다양한 드릴을 활용할 수 있다. 아울러, 이러한 드릴을 작성할 때 반드시 주의해야 할 점이 있는데, 예를 들어 문장의 형태로 제시하는 경우, 쉬운 것에서 어려운 것으로, 기본적인 것에서 파생적인 것으로, 사용빈도가 높은 것에서 낮은 것으로, 구체 적인 것에서 추상적인 것으로 배열해야 한다. 또한 반복연습이 학습자 에게 지루함을 줄 수 있다는 폐해가 있기는 하지만, 문형 하나에 드릴 은 여러 개를 준비하여 다양한 연습기회를 제공하고, 기계적인 드릴 에 치중한 나머지 학습자에게 非文을 제시하지 않도록 한다. 예를 들

어 「ます형」 도입 시에 상태동사의 예를 포함시켜, 「似ます、住みます」
와 같은 비문(非文)을 만들지 않도록 주의한다. 또한 위의 예에서처럼
제시되는 예제들이 한 장면에서 서로 관련지을 수 있는 것이면 더욱
효과적인 교육성과를 거둘 수 있다.

4. TPR (Total Physical Response)

'전신반응교수법'이라 일컫는 'TPR'은 유아의 모어습득과정을 외국
어 교육에 응용한 교수법으로, 일본어교육에는 1980년대에 도입되었다.
말하기보다 듣기를 먼저 지도하는 청해 우선 교수법으로, 이름 그
대로 학습자는 교사의 지시에 따라 동작으로 반응하면 된다. 말하기
를 강요하지 않으므로 학습자가 발화에 대한 부담감없이 수업에 참가
할 수 있다는 점에서 말하기를 꺼려 하는 학습자들이 증가 추세에 있
는 최근의 교실 실정에 효과적으로 적용할 수 있는 교수법이라 할 수
있다.

1) 특징
TPR은 학습자의 청해지도 장면에서 효과적인 성과를 거둘 수 있다.
즉, 학습자의 발화를 강요하지 않는다는 특징때문에 교사도 학습자의
발화를 유도하기 위해 무리하게 애쓰지 않아도 되므로 자연스럽게 이
야기할 수 있고 이것이 학습자의 청해력 신장으로 연결된다. 또한 발
화에 자신이 없는 학습자라도 지시내용에 따라 동작 등으로만 반응하
면 되므로 수업에 적극적으로 참여할 수 있다. 학습자가 교사의 설명
내용을 이해했다는 싸인을 동작으로 표현하기 때문에, 교사의 강의만
으로 집중력을 장시간 유지하기 어려운 연소자 수업에 적합하며, 또
학습자들이 자신의 몸을 움직이거나, 또 다른 학습자의 변화하는 동작

을 관찰함으로써 수업에 활기를 불어넣을 수 있다.

모든 교수법이 그러하듯이 TPR도 학습자의 레벨에 따라 적용하는 방법이 달라지지만, 입문단계 또는 청해력 연습에만 사용하고, 기타 지도장면에서는 다른 교수법이나 교과서를 병용하는 것도 고려해 볼 수 있다. 학습자들이 동작으로 표현할 수 있는 학습항목이라면 문법설명이나 특별한 지도 스킬이 없이도 운용 가능하다.

단, 모든 학습내용을 동작으로 반응할 수 있는 '지시형'으로 지도하는 것은 불가능하므로, 어떤 항목이 이 교수법에 적절한지 학습항목의 철저한 사전선별작업이 필요하다. 또한, 지도가능한 항목에 제한이 있는 만큼 입문 또는 초급 레벨의 학습자를 대상으로 한 수업에 적합하며, 중급 또는 상급 레벨처럼 학습내용이 복잡해지면 적용이 힘들어진다.

2) 일본어교육현장으로의 응용

앞서 특징에서도 언급한 바와 같이 TPR만 적용하여 수업 전체를 진행하는데는 무리가 있으므로, 다른 교수법을 병행 적용하는 형식을 고려해야 한다.

예를 들이 「~てください」의 도입을 위해 요가 또는 스트레칭 체조 등 교실 내의 공간에서 학습자가 직접 움직이며 따라할 수 있는 비디오를 활용한다.

이는 「~てください」를 도입하고자 하는 해당차시에 처음으로 비디오를 시청하게 하는 방법도 있지만, 학습자들이 자연스럽게 친숙해질 수 있도록 입문 단계에서부터 쉬는 시간이나 수업 중간중간 학습자들의 집중력이 분산될만한 타이밍에 영상을 재생하여 자유롭게 접하도록 하는 것도 좋다.

별다른 설명없이 학습자들에게 영상을 제시하면 그냥 시청만 하는

학습자도 있고 영상에서 흘러나오는 일본어를 몰라도 동작을 따라해 보는 학습자들도 있을 것이다. 별다른 지시없이 일정기간동안 반복적으로 영상을 노출한 다음 학습자들이 어느 정도 영상에 친숙해지면 교사는 화면처럼 직접 따라해 보도록 지시한다. 이 단계도 학습자들이 자연스럽게 따라할 수 있을 때까지 반복한다. 그 후 영상 속의 지시사항을 담은 스크립트를 작성하여 학습자들에게 배부하고 스크립트의 내용과 영상 속의 장면을 매칭하는 과정을 거쳐 구체적인 지시사항에 팔과 다리 등 신체부위를 어떻게 움직여야 하는지를 세밀하게 맞춰본다. 그 후, 그 안에서 반복되는 지시표현인 「～てください」에 주목하게 한다. 때로는 연결동작에서 「～てから」가 등장하면 학습자들에게 그 뜻을 유추하게 하여 이 두 표현을 동시에 습득하게 하는 것도 가능하다.

요가 비디오의 경우, 교과서에 등장하는 일반적인 신체 각 부위의 명칭 외에도 교과서에서는 접할 수 없는 어휘도 자주 등장하므로, 학습자들이 실생활에서 만날 수 있는 다양한 어휘를 자연스럽게 접할 수 있다는 장점으로 작용한다. 이 외에 요리실습 비디오나 종이접기 등 다양한 동영상 등도 활용 가능하다.

이 외에 Silent Way, Community Language Learning, Suggestopedia 등으로 대표되는 새로운 교수법과, 교육현장에서 많이 사용되고 있는 Communicative Approach 등 수많은 교수법이 등장하여 일본어 지도에 활용되고 있다. 이러한 교수법 중 어떤 것을 채택하여 학습효과를 극대화할 수 있을까 라는 것도 매우 중요한 문제지만, 그 보다 더 중요한 것은 교사에게 주어진 교과서이든 교사 자신이 선택한 교과서이든 해당 교과서의 내용에 따라 진행하는 수업만을 고집할 것이 아니라, 지도대상이 되는 학습자들의 성향에 따라 또는 지도시기에 따라

학습자가 흥미를 가지고 과제에 도전하며, 또 그에 따른 성과를 거둘 수 있도록 교사 자신이 끊임없이 고민하고 시도해 보는 연구과정이 필요하다는 사실이다. 교실 내에서 활용할 수 있는 교재 및 교구에 대해서도 고정관념을 버리고, 생활 주변에 존재하는 모든 사물이 교재 및 교구가 될 수 있다는 전제 하에 열린 마음으로, 이미 소개된 교수법들을 활용한다면 학습자와 지도교사의 만족도를 최대한 이끌어 낼 수 있는 양질의 수업이 될 수 있을 것으로 사료된다.

▌참고 문헌

浅倉美波·遠藤藍子·春原憲一郎·松本隆·山本京子 著(2000)『日本語教師必携ハート＆テクニック』アルク

石田敏子 著(1988)『日本語教授法』大修舘書店

今村和宏 著(1996)『わざ―光る授業への道案内』アルク

鎌田修·川口義一·鈴木睦 編著(1996)『日本語教授法ワークショップ』凡人社

川口義一 他 著(1991)『日本語教育チェックブック』バベルプレス

小林ミナ 著(1998)『よくわかる教授法』アルク

小林ミナ(2010)『日本語教育能力検定試験に合格するための教授法37』アルク

姫野昌子 他 著(1998)『ここからはじまる日本語教育』ひつじ書房

平畑奈美 著(2009)『やさしい日本語指導10日本語教授法』凡人社

일본어학과 일본어교육

日本語学·日本語教育

7 일본어 교육(日本語教育)

2007년 개정 교육과정에 따른
『고등학교 일본어Ⅰ』의 어휘 분석

조 남 성*
한밭대학교 교수

I 머리말

본고에서는 2007년 개정 교육과정에 따른 『고등학교 일본어Ⅰ』(이하 『일본어Ⅰ』이라고 한다.) 교과서에서는 어떠한 어휘를, 얼마나 사용하고 있는지 살펴본다. 그리고 『일본어Ⅰ』에서 사용한 어휘의 특징을 알기 위해서 중학교 생활 일본어(이하 『생활 일본어』라고 한다.) 어휘[1], 『日本語能力試驗出題基準』(이하 'JLPT'라고 한다.)의 4급 어휘[2],

---

* 趙南星 : 한밭大學校
1 조(2010)의 「2007년 개정 교육과정에 따른 중학교 일본어 교과서의 어휘 분석」에서 분석한 자료를 참조한다.
2 国際交流基金・日本国際教育協会(2002)의 『日本語能力試驗出題基準』【改訂版】(pp.14-20, 243-253)에서 4급 어휘를 제시하고 있다.

2007년 개정 교육과정의 <기본 어휘표> <의사소통 기본 표현>[3] 등과
비교해 본다. 이는 앞으로 고등학생용 교재를 작성할 때, 어휘 선정에
도움이 되었으면 한다.

II 조사 개요

1. 2007년 개정 교육과정의 『일본어 I 』

교육인적자원부(2007) 『외국어과 교육과정(II) [별책14]』에 일본어
I (pp.286-296)과 일본어 II (pp.297-327)의 교육과정이 제시되어 있다.
일본어 I 의 언어적 내용 - 언어 재료 - 어휘에서는 '【별표 II】에 제시
된 기본 어휘를 중심으로 500 낱말 내외를 사용한다.' (p.290)라고 기
술하고 있다. 【별표 II】의 <기본 어휘표>에 제시한 어휘는 1023개이
며[4], 그 중에서 외래어는 65개이다. 일본어 II 는 900개, 『생활 일본어』는
300개 내외 낱말을 사용하게 되어 있다.[5]

---

3   교육인적자원부(2007) 『외국어과 교육과정(II)【별책14】』에 <기본 어휘표>
    (pp.315-327)와 <의사소통 기본 표현>(pp.308-314)이 제시되어 있다.
4   <기본 어휘표>(p.315)에는 다음과 같은 사항 등이 제시되어 있다.
    ◦ 이 표에 제시된 기본 어휘의 사용을 권장한다.
    ◦ 동사에서 파생하는 명사형은 제시하지 않았으나 기본 어휘로 간주한다(예 : く
      もり, はれ, ……).
    ◦ 인명, 지명, 국가명 등의 고유 명사와 수사, 요일, 날짜 등은 제시하지 않았으나
      기본 어휘로 간주한다.
    ◦ 조사와 조동사에는 '~'로, 조어 성분(접두어, 접미어, 조수사 등)에는 '-'으로 표
      시하였다.
    ◦ 학습용 한자는 (   )로, 의미 구별을 위한 한자는 [   ]로, 일본의 상용한자 중
      표기를 권장하는 한자는 <   >로 표시하였다.
    ◦ 인사말과 축약 표현은 의사소통 기본 표현에 제시하였다.
    한편, 교육과정별 기본 어휘수는 제4차 754개, 제5차 846개, 제6차 771개, 제7차
    833개이다.
5   교육인적자원부(2007) 『외국어과 교육과정(II) [별책14]』(p.301)의 언어적 내용 -

그리고 한자 표기의 경우는 언어 재료의 발음 및 문자(p.290)에서 '④ 표기용 한자는 일본의 상용한자 내에서 사용하고, 학습용 한자는 <기본 어휘표>에 제시한 한자로 한다. 단, 인명이나 지명 등의 고유 명사에 사용하는 한자는 예외로 취급한다.'라고 제시되어 있다.

2. 『일본어 I』

<표 1>은 '『일본어 I』'을 나타내고 있다. <표 1>에서 보면 6종의 고등 학교 일본어 교과서는 모두 『고등학교 일본어 I』로 교과서명이 동일하 다. 교과서 저자는 모두 4~5명으로 일본어 모어화자가 1명씩 참가하고 있다. 단원수는 모두 10과이며 쪽수는 평균 217쪽(209~238쪽)이다. 이 하, 6종의 『일본어 I』은 <표 1>에서와 같이 A, B, C … F로 나타낸다.

〈표 1〉『일본어 I』

	교과서명	출판사	저자수(명)	단원수(과)	쪽수(쪽)
A	고등학교 일본어 I	(주)교학사	한미경 외 3	10	238
B	고등학교 일본어 I	(주)다락원	윤강구 외 3	10	216
C	고등학교 일본어 I	(주)미래엔	김숙자 외 3	10	224
D	고등학교 일본어 I	(주)지학사	김옥임 외 3	10	208
E	고등학교 일본어 I	(주)천재교과서	임영철 외 4	10	209
F	고등학교 일본어 I	(주)천재교육	최충희 외 4	10	209

주) 발행연도 : 6종의 『일본어 I』은 교육과학기술부 검정으로 모두 2012년 3월에 발행된 것이다.

언어 재료 - 어휘에서는 '[별표 II]에 제시된 기본 어휘를 중심으로 900 낱말 내외 를 사용한다.', 교육인적자원부(2007)『중학교 재량 활동[별책16]』(p.40)의 언어적 내용 - 언어 재료 - 어휘에서는 '고등학교 보통 교과 일본어 교육과정 [별표 II]에 제시된 기본 어휘 중 300 낱말 내외를 사용한다.(p.40)'라고 기술하고 있다.

3. 조사 자료

조사 자료는 2007년 개정 교육과정에 따라서 2012년 3월에 발간된 6종의 『일본어 I』 '어휘 목록, 단어 찾아보기, 어휘 색인' 등에서 제시한 어휘이다. <표 2>는 '6종의 『일본어 I』 어휘'를 나타내고 있다. <표 2>에서 보면 6종의 일본어 교과서에서 사용한 어휘는 평균 560개(506~605개)로 전체 3362개(6종) 낱말을 사용하고 있다.

〈표 2〉 6종의 『일본어 I』 어휘

6종의 『일본어 I』	A	B	C	D	E	F
사용 어휘(총 3362개) (개)	565	605	554	506	561	571

이는 『생활 일본어』(8종)의 1.6배(560개/355개[6])에 해당하며, 교육과정에서 사용을 권장하는 낱말수 비율(1.7배, 500개/300개)과 거의 비슷하다. 그리고 교육과정별 가장 적으며[7], JLPT에서 제시하고 있는 4급 어휘[8](728개, 실제 4급 어휘는 이를 포함한 800개)의 70.0%(560/800

6 　조(2010) 「2007년 개정 교육과정에 따른 중학교 일본어 교과서의 어휘 분석」의 '3.조사 자료'(pp.451~452) 참조, 총 2840개 낱말을 사용하고 있다(p.450). 제7차 교육과정에 따른 『중학교 생활 일본어 こんにちは』[교육인적자원부(2004 : 113~116)]는 371개 낱말을 사용하고 있다.

7 　제7차 교육과정에 따른 12종의 『일본어 I』 사용 어휘는 평균 605개(443~955개)이다. [강중희(2006)의 『제7차 교육과정 고등학교 일본어 교과서 저자 어휘에 관한 연구』 p.14]
제6차 교육과정에 따른 10종의 『일본어 I』 사용 어휘는 평균 636개(432~763개)이다. [黃善株(2002)의 『高等學校 日本語 敎科書 動詞 語彙 比較 硏究』 p.7]

8 　国際交流基金의 日本語能力試驗(JLPT)에 관한 설명을 보면 다음과 같다.
日本語能力試験のレベルは5段階(N1、N2、N3、N4、N5)です。できるだけきめ細かく日本語能力を測るために、試験問題はレベルによって違います。2009年までの試験(旧試験)では、レベルは4段階(1級、2級、3級、4級)でした。新試験では旧試験の2級と3級の間に、新しくN3というレベルができました。レベルが増えたので、受験者はより自分に合ったレベルを選んで受験できるようになりました。(http://www.jlpt.jp/about/points.html 2011.11.10)

개)에 해당한다.

4. 조사 자료의 분석 방법

　6종의 『일본어Ⅰ』에서 공통으로 사용한 어휘, 그리고 활용이 있는 용언, 즉 동사·형용사·형용동사[9]와, 부사, 외래어, 인사 표현 등을 중심으로 살펴보고, 『생활 일본어』(조, 2010)에서 사용한 어휘, 의사소통 기본 표현의 표현과 비교해 본다. 어휘뿐만 아니라 표현까지 분석하는 것은 모든 교과서의 어휘 색인에 이들 표현(대부분 인사 표현)이 제시되어 있기 때문이다. 한자는 <기본 어휘표>에 제시된 어휘의 ( ) 안에 표시한 학습용 한자를 대상으로 한다. 따라서 각 교과서 사용 어휘에서의 한자 사용 분석은 이들 학습용 한자로 표시한 어휘를 대상으로 한다[주4)를 참조].

Ⅲ 『일본어Ⅰ』의 어휘 분석 및 고찰

1. 교육과정 기본 어휘와 『일본어Ⅰ』의 사용 어휘

　<표 3>은 '교육과정 기본 어휘와 『일본어Ⅰ』의 사용 어휘'를 나타내고 있다. <표 3>에서 보면 6종의 『일본어Ⅰ』은 <기본 어휘표>의 어

　위의 사항에서 보면 4단계의 4급은 5단계의 N5라고 생각된다.
　新しい「日本語能力試験」ガイドブック에서 보면 N5는 現行試験의 4級とほぼ同じレベルである(p.63) (http://www.jlpt.jp/reference/pdf/guidebook1.pdf 2011.11.10)라고 기술되어 있다.
9　교육과정의 <기본 어휘표>에서는 형용동사의 경우 기본형으로 어간만(예:げんき, すき, だいじょうぶ)을 제시하고 있으나 일부 교과서는 어미(げんきだ, すきだ, だいじょうぶだ)까지 제시하고 있어서 그 표기가 일정하지 않다.

휘 1023개 중에서 743개(72.6%) 낱말을 사용하고 있으며, <기본 어휘
표>에 없는 542개 낱말을 사용하고 있다. 각 교과서는 교육과정의 기
본 어휘를 평균 71.7%(69.4~80.6%)를 사용하고 있다. E, F, D, A, C,
B교과서 순서로 기본 어휘의 사용율(반영율)이 높다.

〈표 3〉 교육과정 기본 어휘와 『일본어 I 』의 사용 어휘

2007년 개정 교육과정	『일본어 I 』 에서의 사용 여부	개별어수 1565개	교과서별 사용어수						총 사용어수 3362개
			A 565	B 605	C 554	D 506	E 561	F 571	
<기본 어휘표> 에 있는 것	사용	743개 (72.6%)	392 (69.4)	410 (67.8)	378 (68.2)	363 (71.7)	452 (80.6)	414 (72.5)	2409개 (71.7%)
1023개	미사용	280개 (27.4%)	-	-	-	-	-	-	
<기본 어휘표> 에 없는 것	사용	542개	173 (30.6)	195 (32.2)	176 (31.8)	143 (28.3)	109 (19.4)	157 (27.5)	953개 (28.3%)

2. 『일본어 I 』의 학습용 한자

<표 4>는 '『일본어 I 』의 학습용 한자 '를 나타내고 있다. <표 4>에
서 보면 각 교과서는 JLPT에서 제시한 4급 한자보다 2, 3급 한자를 많
이 사용하고 있는 것을 알 수 있다. 이는 교육과정의 <기본 어휘표>에
서 제시하고 있는 학습용 한자(319자)를 사용하고 있는 낱말(434개)을
사용하고 있기 때문이다. A교과서는 4급 한자를 가장 많이(32.0%) 사
용하고 2급 한자를 가장 적게(23.0%) 사용하고 있으나, 모든 교과서는
4급 한자 26.9~32.0%(28.5%=321/1125), 3급 한자 44.3~47.2%(45.6%
=513/1125), 2급 한자 23.0~28.3%(25.9%=291/1125) 범위에서 사용하
고 있다. JLPT(4급 어휘 800개, 한자 100자)를 기준으로 생각하면, 학
습자는 한자 학습에 어려움이 예상된다.

〈표 4〉『일본어Ⅰ』의 학습용 한자

		한자 개(%)	교(교육과정 <기본 어휘표>) : 434(학습용 한자를 사용한 개별어수)-319(학습용 개별 한자수) A교과서 : 171-169, B : 202-186, C : 178-185, D : 183-180, E : 224-212, F : 211-193
J L P T 4 급 한 자	교	68(21.3)	間見高校今金南男女年 大東名母木聞半白本父 北分山三上生書西先小 水時食十語円五午外友 右雨月人子長前電左中 車天川出七土国下何行 火学後休来毎気読
	A	54(32.0)	間見高校今年大名母聞 半本父分三上生書先小 水時食語円五午友右雨 月人一日入子前電左中 出七土下何行火話学後 来毎気読
	B	55(29.6)	間見高校今金年大名母 聞本父分上生書西先小 水時食語午外右友月雨 人一日入長前電左中車 天出土国下何行火話学 後休来気読
	C	52(28.1)	間見高校年大名母聞半 父分山三上生書先時食 語円五外友右雨月日入 子前電左中車天出七土 国下何行火話学後休来 気読
	D	51(28.3)	間見高校九今年大名母 聞本父分山上生書先小 水時食語円右雨月人一 日入子前電左中車七土 下何行火話学後休来気 読
	E	57(26.9)	間見高校今男女年大名 母聞半日本父分上生書 先小水時食語円午友右 雨月人一日入子長前電 左中車天出国下何行火 話学後休来気読
	F	52(27.0)	間見高校九今年大名母 聞白本父分山上生書先 水時食語円午友右雨月 人日入子長前電左中車 天出下行火話学後休来 気読
3 급 한 자	교	147(46.1)	家歌過去建界計考古 立妹買勉明目間文物味 室心安夜野魚言業英映 赤切店正弟題早朝鳥族 台通図売風夏漢海兄花 館口近急起茶多答堂待 方病不体事仕使思社私 屋用牛運元員院有肉銀 足終仕走週重持止知紙 話帰広強悪教楽歩画発 貸度道冬同動旅力料理 色夕世少送手習始試新 音意一日入姉者自字作 地集会借着写秋春親医 真転青飲駅験黒
	A	76(45.0)	家歌開去古館口近茶貸 少手習始新野業映英屋 写医図兄形花帰強教楽 待度動旅料理立妹買勉 元音姉者自作赤切店 歩画真転飲駅 明文物味方事仕思私世 弟題朝鳥族地知会車着
	B	85(45.7)	家歌開去口近多茶 色世少送手習始試室安 族足終週重地持知会着 堂待度立妹買勉明目文 夜野言業屋元員院銀音 写親売漢兄花帰強教楽 物味方病体事仕思社私 意姉字作赤切店正弟題 歩真飲駅験
	C	82(44.3)	家歌開犬古館起茶待度 試新室心夜野言業映英 持紙借着写図夏漢海兄 冬動旅料理買勉明文物 屋運元院銀音字自作 花帰広強楽歩画真転飲 方病体使私少送手習始 切店弟題早朝族走週地 駅験
	D	85(47.2)	家歌建館近起多茶堂待 試室安夜野言業映屋用 持止会借着写親医図夏 度動旅料理妹買勉明物 及運元有音姉字者自 漢兄花帰広強教楽歩毎 味事使私色夕少送手始 作赤切店弟題朝族足走 画真転飲駅

		한자 개(%)	교(교육과정 <기본 어휘표>) : 434(학습용 한자를 사용한 개별어수)-319(학습용 개별 한자수) A교과서 : 171-169, B : 202-186, C : 178-185, D : 183-180, E : 224-212, F : 211-193
3급 한자	E	95(44.8)	家歌開去建犬近起多堂 待度道冬旅料理買勉明 目文物方病体事使思社 私色世少送手習新室安 野業映英屋用元員院銀 音姉字者自作赤切店正 弟題朝族終走週地持止 知会着写親医夏漢海兄 花帰強悪教楽歩画発真 転青飲駅黒
	F	90(46.6)	家歌開建計館口起多茶 堂待貸度冬動同旅料理 立妹買勉明目問文物病 事思私少送手試新室心 野言業映英屋運元員院 有音姉字自切店弟題族 終走週地知紙集会借着 写春親図夏漢海兄花帰 強教楽歩画真転飲駅験
2급 한자	교	104(32.6)	角降客決景曲公空果具 球君記短宅島都頭登冷 練利忘枚美返配番部散 産暑昔雪成星洗所束守 授宿信失案顔約若予然 泳園遠由遊泣耳引昨全 定町祭祖卒座両乗指伝 次窓晴内村祝号太痛便 平閉声寒合向玄形呼好 化和活回寝数礼薬覚説 辞鉄関静
	A	39(23.0)	降客曲公球君内練枚番 部産暑洗所束宿信案顔 約泳園遠由昨祭卒乗次 窓号寒漢好化活薬鉄
	B	46(24.7)	降客公球君頭練忘番部 産洗所束守授宿案顔約 予泳園遊引定祭卒乗伝 内号痛声寒向形呼好化 活回寝説辞鉄
	C	51(27.6)	角降曲公球君頭登練練 利忘配番部散産暑所授 宿信案泳園由遊昨全祭 卒座乗伝窓内号痛便閉 声寒好化和活寝数薬鉄 静
	D	44(24.5)	景公果球君頭登利忘番 部産暑昔洗守授宿新失 予然園昨全定祭卒座乗 伝号痛便閉声合好活寝 礼薬辞静
	E	60(28.3)	降客景曲公果具球頭登 練利忘番部暑昔雪成所 束守授宿信案顔約予然 泳園由遊引昨全定祭両 乗伝窓内号痛便平寒合 好化和活寝数薬辞鉄静
	F	51(26.4)	降供公球君短頭登忘美 返配部暑昔雪洗束守授 宿案顔約予泳園全定祭 卒座乗次窓内閉寒合向 好化活回寝数薬説辞鉄 静

3.『일본어 I』의 품사별 어휘수

<표 5>는 '『일본어 I』의 품사별 어휘수'를 나타내고 있다. <표 5>에서 보면 모든『일본어 I』교과서는 명사(55.7~63.7%)를 가장 많이 사용하고 있다. 품사별 어휘수가 큰 차이를 보이고 있는 것을 보면, 명사 교과서C(353개) - 교과서D(283개), 동사 B(83) - D(56), 형용사 E(40)

- C(17), 형용동사 F(19) - A(8), 부사 D(31) - A(20), 연체사 B(7) - E(4), 접속사 D(7) - E(3), 감동사 B(15) - C/F(11), 조동사 E(10) - D(6), 조사 B(35) - C/D(22), 접두어 A/D(3) - C/F(1), 접미어 B(19) - C(13), 관용구와 연어 F(27) - E(14)이다. 품사별 교육과정 기본 어휘 사용율(2% 이상에서)을 보면, 동사가 60.0%(=126/210)로 가장 낮고, 조사가 86.8%(=33/38)로 가장 높다.

<표 5> 『일본어 I』의 품사별 어휘수

품사	2007년 개정 교육과정 <기본 어휘표>의 어휘 사용 여부				교과서별 어휘수와 그 비율 개(%)					
	<기본어휘표>의 어휘	『일본어 I』에서 사용	『일본어 I』에서 미사용	저자 사용 어휘	A	B	C	D	E	F
총 어휘수	1023 (100%)	743 (100%)	280 (100%)	542 (100%)	565 (100%)	605 (100%)	554 (100%)	506 (100%)	561 (100%)	571 (100%)
명사	517 (50.5)	394 (53.0)	121 (43.2)	444 (81.9)	350 (61.9)	337 (55.7)	353 (63.7)	283 (55.9)	322 (57.4)	332 (58.1)
동사	210 (20.5)	126 (17.0)	83 (29.3)	11 (2.0)	58 (10.3)	83 (13.7)	58 (10.5)	56 (11.1)	75 (13.4)	69 (12.1)
형용사	77 (7.5)	57 (7.7)	23 (8.2)	5 (0.9)	24 (4.2)	28 (4.6)	17 (3.1)	25 (4.9)	40 (7.1)	22 (3.9)
형용동사	32 (3.1)	25 (3.4)	7 (2.5)	2 (0.4)	8 (1.4)	11 (1.8)	15 (2.7)	14 (2.8)	14 (2.5)	19 (3.3)
부사	53 (5.2)	38 (5.1)	15 (5.4)	9 (2.7)	20 (3.5)	28 (4.6)	21 (3.8)	31 (6.1)	23 (4.1)	27 (4.7)
연체사	9 (0.9)	3 (0.4)	6 (2.1)	1 (0.2)	6 (1.1)	7 (1.2)	5 (0.9)	5 (1.0)	4 (0.7)	5 (0.9)
접속사	11 (1.1)	8 (1.1)	3 (1.1)	1 (0.2)	5 (0.9)	6 (1.0)	5 (0.9)	7 (1.4)	3 (0.5)	6 (1.1)
감동사	14 (1.4)	13 (1.7)	1 (0.4)	7 (1.3)	12 (2.1)	15 (2.5)	11 (2.0)	12 (2.4)	12 (2.1)	11 (1.9)

품사	2007년 개정 교육과정 <기본 어휘표>의 어휘 사용 여부				교과서별 어휘수와 그 비율					개(%)
	<기본 어휘표>의 어휘	『일본어 I』에서 사용	『일본어 I』에서 미사용	저자 사용 어휘	A	B	C	D	E	F
조동사	14 (1.4)	11 (1.5)	3 (1.1)	1 (0.2)	9 (1.6)	9 (1.5)	9 (1.6)	6 (1.2)	10 (1.8)	7 (1.2)
조사	38 (3.7)	33 (4.4)	5 (1.8)	9 (1.7)	28 (5.0)	35 (5.8)	22 (4.0)	22 (4.3)	28 (5.0)	29 (5.1)
접두어	3 (0.3)	3 (0.4)	-	-	3 (0.5)	2 (0.3)	1 (0.2)	3 (0.6)	2 (0.4)	1 (0.2)
접미어	42 (4.1)	30 (4.0)	12 (4.3)	2 (0.4)	18 (3.2)	19 (3.1)	13 (2.3)	15 (3.0)	14 (2.5)	16 (2.8)
관용구와 연어	3 (0.3)	1 (0.1)	2 (0.7)	50 (9.2)	24 (4.2)	25 (4.1)	24 (4.3)	25 (4.9)	14 (2.5)	27 (4.7)

　한편 품사별 명사, 동사, 형용사, 형용동사, 부사 등의 순서로 사용율이 높다. 품사별 명사 <표 12>(외래어), 동사 <표 9>, 형용사 <표 10>. 형용동사 <표 11>에서 그 사용 내역을 알 수 있어서, 여기서는 부사 사용 내역을 일례로서 보면 <표 6>('『일본어 I』의 부사 사용수')과 같다. <표 6>에서 보면 교육과정 <기본 어휘표>에서 제시한 어휘 중에서 빈칸으로 되어 있는 おかげさまで, おかげで, ずいぶん, ぜったい, できるだけ, とくに, なんで, ぺこぺこ, やっぱり(9개)는 해당 교과서에서는 사용하고 있으나 <기본 어휘표>에 없는 것이다. 그리고 <기본 어휘표>에서 제시하고 있으나 해당 교과서에서 사용하고 있지 않은 것은 빈칸으로 되어 있는데, 모든 교과서에서 사용하고 있지 않은 것은 きっと, けっして, しっかり, すっかり, ずっと, だいたい[大体], たとえば, たぶん, だんだん, ちょうど, どうして, なかなか, なぜ, はっきり, ほとんど(15개)이다.

〈표 6〉 『일본어 I』의 부사 사용수

	교육과정 <기본어휘표>에서 제시한 어휘	교과서별 부사 사용수					
		A	B	C	D	E	F
1	あまり		あまり	あまり	あまり		あまり
2	いっしょうけんめい	いっしょうけんめい			いっしょうけんめい		
3	いろいろ	いろいろ	いろいろ		いろいろ	いろいろ	いろいろ
4			おかげさまで	おかげさま	おかげさまで	おかげさまで	おかげさまで
5							おかげで
6	かならず						かならず
7	きっと						
8	けっして						
9	しっかり						
10	しばらく						
11	じゅうぶん(十分)						
12	しょうしょう(少々)					しょうしょう(少々)	しょうしょう(少々)
13				ずいぶん	ずいぶん		
14	すぐ	すぐ	すぐ				
15	すこし(少し)	すこし(少し)	すこし 少し	すこし(少し)	すこし(少し)	すこし(少し)	すこし(少し)
16	すっかり						
17	ずっと						
18			ぜったい 絶対		ぜったい		
19	ぜひ		ぜひ	ぜひ			ぜひ
20	ぜんぜん(全然)			ぜんぜん	ぜんぜん		
21	そう	そう	そう	そう	そう	そう	そう
22	そろそろ				そろそろ		そろそろ
23	だいたい(大体)						
24	たいてい(大抵)					たいてい	
25	だいぶ					だいぶ	だいぶ
26	たくさん	たくさん	たくさん		たくさん		
27	たとえば						
28	たぶん						

	교육과정 <기본어휘표>에서 제시한 어휘	교과서별 부사 사용수					
		A	B	C	D	E	F
29	だんだん						
30	ちょうど						
31	ちょっと	ちょっと	ちょっと	ちょっと	ちょっと	ちょっと	ちょっと
32							できるだけ
33	どう	どう	どう	どう	どう	どう	どう
34	どうして						
35	どうぞ	どうぞ	どうぞ	どうぞ	どうぞ	どうぞ	どうぞ
36	どうも	どうも	どうも	どうも	どうも	どうも	どうも
37	ときどき(時々)		ときどき 時々	ときどき (時々)	ときどき (時々)		
38					とくに		
39	とても	とても	とても	とても	とても	とても	とても
40	なかなか						
41	なぜ						
42	なるほど				なるほど	なるほど	
43					なんで		
44	はじめて[初めて]		はじめて 初めて		はじめて		はじめて
45	はっきり						
46	びっくり		びっくり				
47			ぺこぺこ				
48	ほとんど						
49	まず	まず			まず		まず
50	また	また	また	また	また	また	また
51	まだ	まだ	まだ	まだ	まだ	まだ	まだ
52	まだまだ	まだまだ	まだまだ	まだまだ	まだまだ		
53	まっすぐ	まっすぐ	まっすぐ	まっすぐ		まっすぐ	
54	もう	もう	もう	もう	もう	もう	もう
55	もし						
56	もちろん	もちろん	もちろん	もちろん	もちろん	もちろん	もちろん
57	もっと		もっと	もっと			もっと
58					やっと		

교육과정 <기본어휘표>에서 제시한 어휘	교과서별 부사 사용수					
	A	B	C	D	E	F
59 やはり/やっぱり				やっぱり	やっぱり	
60 ゆっくり		ゆっくり		ゆっくり	ゆっくり	ゆっくり
61 よく	よく	よく		よく	よく	よく
62 よろしいyよろしく	よろしいy よろしく	よろしく	よろしく	よろしく	よろしいy よろしく	よろしく

4. 『일본어Ⅰ』에서 공통으로 사용한 어휘

<표 7>은 '『일본어Ⅰ』에서 공통으로 사용한 어휘'를 나타내고 있다. <표 7>에서 보면 6종의 교과서에서 공통으로 사용한 개별어는 164개이며 총 사용어는 984개(29.3%)이다. 4종 이상의 교과서에서 공통으로 사용한 어휘는 58.3%(1961/3362개), 3종 이하의 교과서에서 공통으로 사용한 어휘는 41.7%(1401/3362개)이다. 1종의 교과서에서만 사용한 어휘는 545개(16.2%, 545/3362개)로, 각 교과서는 타 교과서에서 사용하지 않은 어휘를 평균 91개(16.3%, 91/560개) 사용하고 있다. 6종의 교과서는 각각 다양한(서로 다른) 어휘를 많이 사용하고 있는 것을 알 수 있다.

〈표 7〉 『일본어Ⅰ』에서 공통으로 사용한 어휘

『일본어Ⅰ』의 종류	6종	5종	4종	3종	2종	1종
공통 사용어 (개)	164	105	113	146	209	545
총 사용어 3362개 (%)	984 (29.3)	525 (15.6)	452 (13.4)	438 (13.0)	418 (12.4)	545 (16.2)

5. 6종의 『일본어Ⅰ』에서 공통으로 사용한 어휘

<표 8>은 '6종의 『일본어Ⅰ』에서 공통으로 사용한 어휘' 164개를 나타내고 있다. <표 8>에서 보면 <의사소통 기본 표현>은 7.3% (12/164개)이고 어휘는 152개이나 'ㄱ, -'표의 낱말(조사, 조동사, 조어 성분 등)은 19.7%(30/152개)이다. 그리고 <기본 어휘표>에서 제시하지 않은 어휘는 9.2%(14/152개, <표 8>에서 ×표)이다. 공통 사용어(164 개)를 품사별로 보면, 명사 74개, 동사 19, 형용사 3, 형용동사 6, 부사 11, 연체사 3, 접속사 1, 감동사 6, 조동사 4, 조사 14, 접두어 1, 접미 어 8, 관용구와 연어 9이다.

『일본어Ⅰ』(6종)에서 공통으로 사용한 164개 낱말을 『생활 일본어』 (8종)[조(2010 : 454~460)]와 비교하면, 중학교 8종 교과서에서 공통 으로 사용한 어휘는 74개이나, 이 중에서 77.0%(57/74개)(<표 8>에서 8로 표시)는 『일본어Ⅰ』에 있다. 그리고 7종 66.7%(40/60개), 6종 28.6%(12/42), 5종 32.8%(19/58개), 4종 18.8%(16/85개) 등이다. 1종의 교과서에서도 사용하지 않은 어휘는 1개[こうこう(高校)]이다. 한편 이 는 JLPT의 4급 어휘 중에서 78.7%(129/164개)는 같고, 21.3%(35/164 개)(<표 8>에서 ·표)는 다르나, 후자는 대부분 조사(ㅡか, ㅡが, ㅡで…), 조동사(ㅡう/よう, ㅡた…), 고유명사(うどん, かんこく(韓国)…) 등이다. [주4) 참조]

〈표 8〉 6종의 『일본어 I』에서 공통으로 사용한 어휘

6종의 『일본어 I』에서 공통으로 사용한 개별어 164개(총 사용어 984개)

(1) <표 8>~<표 13>에서 낱말 오른쪽의 1, 2, 3 … 7, 8은 8종의 『생활 일본어』에서 몇 종류에서 사용한 것인가를 나타낸다. 예를 들면 1은 1종류의 교과서에서 사용한 것이다.

(2) <표 8>에서 낱말 오른쪽의 '표'는 2007년 개정 교육과정의 <의사소통 기본 표현>에 제시한 것을 나타낸다.

(3) <표 8>~<표 11>에서 낱말 왼쪽의 '•'표는 JLPT에서 제시한 4급 어휘 이의의 것이다.

(4) <표 8>~<표 11>에서 낱말 왼쪽의 '×'표는 2007년 개정 교육과정의 <기본 어휘표>에 제시하지 않은 것을 나타낸다.

あ/ああ/あっ8, あう(会う)3, あした/あす(明日)8, あそこ4, あと(後)2, あに(兄)8, あね(姉)7, あの8, あめ(雨)2, ありがとう(ございます)8표, ある[有る]7, いい/よい8, いいえ8, いく(行く)8, いくら6, いただく(いただきます)8표, ×いち(一)7, いっしょ(に)6, いま(今)7, いる3, •~う/よう7, うえ(上)7, うた(歌)5, •うどん5, え/ええ/え(え)っ4, えき(駅)7, -えん(円)7, お-8, おおきい(大きい)3, おかあさん(お母さん)8, おじゃまします6표, おとうさん(お父さん)7, おなか4, おにいさん(お兄さん)5, おねえさん(お姉さん)5, おはよう/おはようございます8표, おめでとう(ございます)8표, おんがく(音楽)3, •~か8, •~が8, かう(買う)2, かえる(帰る)7, かく(書く)6, かぞく(家族)7, -がつ(月)5, がっこう(学校)7, ~から8, •×かんこく(韓国)7, かんじ(漢字)1, •がんばる5, きく(聞く)6, •きもの(着物)5, ×きゅう/く(九)7, きょう(今日)7, きれい(だ)5, ~くらい/ぐらい2, くる(来る)7, •-くん(君)8, げんき(元気)だ7, -ご(語)5, ×ご(五)7, こうえん(公園)4, •こうこう(高校)0, ここ7, こちら/こっち8, •こと(事)5, この7, これ8, こんにちは8표, こんばんは8표, •サッカー8, -さま/さん8, さようなら8표, -さん8, し/よん(四)4, -じ(時)4, じかん(時間)4, しゃしん(写真)3, ×じゅう(十)7, しゅくだい(宿題)1, じょうずだ(上手だ)7, すきだ(好きだ)8, すこし(少し)4, •すし6, すみません8표, する8, せんせい(先生)8, そう8, その4, それ7, •~た8, •~たい5, だいじょうぶだ7, たのしい(楽しい)5, たべる(食べる)7, だれ3, ちち(父)8, ちょっと8, •~で8, では/じゃ5, でも4, テレビ7, でんわ(電話)6, •~と8, どう6, どうぞ8, どうも7, どこ8, どちら/どっち7, とても6, ともだち(友達)7, ×どようび(土曜日)4, なか(中)8, なに/なん(何)7, なまえ(名前)3, ×~に(二)7, •~に8, ×にちようび(日曜日)4, •×にほん(日本)7, ×にん(人)4, •~ね8, •~ねんせい(年生)5, •~の8, のむ(飲む)5, のる(乗る)1, •~は8, はい8, バイバイ7표, はじめまして8표, ×はち(八)7, はなす(話す)5, •はなび(花火)6, はは(母)8, ひだり(左)5, ×ひゃく(百)7, •ぶかつ(部活)7, ×ふたつ(二つ)7, •~へ8, べんきょう(勉強)4, ほう(方)4, ほんとう(に)7, •~ます8, また6, まだ4, まつ(待つ)2, •まつり(祭り)6, みぎ(右)5, みる(見る)8, •~も8, もう8, もちろん2, もの(物)1, •~や1, -や(屋)3, •やきゅう(野球)8, •~よ8, よむ(読む)7, よろしく8표, •ラーメン8, ×ろく(六)7, •わ8, わかる(分かる)5, わたし8/わたくし(私), •~を8 <164개>

주) 조(2010)의 <표 4>(p.454)에는 あに(兄), <표 7>(p.456)에는 -ご(語)가 누락되어 있다.

6. 『일본어Ⅰ』에서 사용한 동사

<표 9>는 '『일본어Ⅰ』에서 사용한 동사'를 나타내고 있다. <표 9>에서 보면 동사는 개별어 137개(24.5%, 137/560개)로 총 399개를 사용하고 있다[10]. 6종의 교과서에서 사용한 동사는 あう(会う), ある(有る), いく(行く), いる, かう(買う), かえる(帰る), かく(書く), がんばる, きく(聞く), くる(来る), する, たべる(食べる), のむ(飲む), のる(乗る), はなす(話す), まつ(待つ), みる(見る), よむ(読む), わかる(分かる)의 19개로, 이 13.9%(19/137개) 동사가 28.9%(114/399개)를 차지하고 있다. 5종 교과서에서 사용한 동사는 11개, 4종 25개, 3종 15개, 2종 24개, 1종 37개이다. 이들은 모두 <기본 어휘표>에서 사용하고 있으나 1종의 37개 중에서 おもいだす(思い出す), かなう, ききとる(聞き取る), しまう, たりる(足りる), とれる, わける의 7개 낱말은 <기본 어휘표>에 제시되고 있지 않은 것이며, JLPT의 4급 어휘에도 제시되어 있지 않다.

한편 『일본어Ⅰ』(137개 동사)에서는 대부분 『생활 일본어』에서 사용한 동사를 사용하고 있으나, ひらく, うつ[打つ], むすぶ, もえる, なさる, いれる, かえる<変える>, こたえる, ひろう, まわる의 10개는 사용하고 있지 않다. 그리고 『일본어Ⅰ』에서는 『생활 일본어』에서 사용하지 않은 ふる(降る), あらう(洗う), およぐ(泳ぐ), しる(知る), まもる(守る), しらべる(調べる), すぎる(過ぎる), つたえる(伝える), おる(居る), こむ, しぬ<死ぬ>, しまる(閉まる), しめる(閉める), つかれる(疲れる), でかける(出かける), てつだう(手伝う), とまる(止まる), ならぶ(並ぶ), なれる, にる(似る), もらう, わらう(笑う), あげる, あつまる(集まる), うる(売る), えらぶ(選ぶ), おもいだす(思い出す), かえす(返す),

---

10   JLPT의 4급 어휘(800개)에서 동사는 110개로 13.8%이며, <기본 어휘표>(1023개)에서 동사는 210개로 20.5%이다(<표 5>).

かなう, ききとる(聞き取る), けす, さがす, さそう, さわる, しかる, しまう, たのしむ(楽しむ), たりる(足りる), つづく, とぶ[飛ぶ], とれる, ならう(習う), ほめる, むかえる(迎える), もどる(戻る), よぶ(呼ぶ), わける, わたる<48개>를 사용하고 있다.

<표 9> 『일본어 I』에서 사용한 동사

동사<개별 사용어 137개> : 총 사용어 399개　　　　　　　　(교과서 종류)→	종
あう(会う)3, ある(有る)7, いく(行く)8, いる3, かう(買う)2, かえる(帰る)3, かく(書く)6, ・がんばる1, きく(聞く)6, くる(来る)7, する8, たべる(食べる)7, のむ(飲む)5, のる(乗る)1, はなす(話す)5, まつ(待つ)2, みる(見る)8, よむ(読む)7, わかる(分かる)5 <19개>	6
あける(開ける)2, あるく(歩く)2, おきる(起きる)3, ・おくる(送る)3, おしえる(教える)2, つくる(作る)1, なる5, ・ねがう(願う)7, ねる(寝る)5, ふる(降る), とる(撮る)4 <11개>	5
あげる(上げる)3, あそぶ(遊ぶ)3, あらう(洗う), いう(言う)3, うたう(歌う)1, ・おもう(思う)1, *およぐ(泳ぐ), おわる(終わる)2, かかる1, きる(着る)1, ・くださる5, しる(知る), だす(出す)1, ちがう(違う)2, ・つかう(使う)3, ・つく(付く)1, つける2, できる(出来る)4, はいる(入る)2, はしる(走る)1, ひく(引く)1, ・まもる(守る), やすむ(休む)4, やる3, わすれる(忘れる)2 <25개>	4
・あがる(上がる)2, ・おどる(踊る)2, かりる(借りる)3, ・くれる3, ・しらべる(調べる), ・すぎる(過ぎる), すわる(座る)2, たつ(立つ)1, つく(着く)1, ・*つたえる(伝える), でる(出る)2, のぼる(登る)1, ・はじめる(始める)5, まがる(曲がる)3, もつ(持つ)1 <15개>	3
・いらっしゃる1, おく(置く)1, ・おる(居る), かける1, かす(貸す)1, ・かつ(勝つ)1, ・こむ, しぬ<死ぬ>, しまる(閉まる), しめる(閉める), ・すてる(捨てる)2, つかれる(疲れる), でかける(出かける), ・てつだう(手伝う), とまる(止まる), ならぶ(並ぶ), ・なれる, ・にる(似る), はじまる(始まる)1, ふく, みせる(見せる)1, ・もうす1, ・もらう, ・わらう(笑う) <24개>	2
あげる, ・あつまる(集まる), うる(売る), ・えらぶ(選ぶ), ・おくれる(遅れる)2, ・×おもいだす(思い出す), おりる(降りる)1, かえす(返す), ・×かなう, ・かんがえる(考える)1, ・×ききとる(聞き取る), きる(切る)2, くださる(ください)5, けす, さがす, さそう, ・さわる, ・しかる, ・×しまう, すく(空く)1, ・たのしむ(楽しむ), ・×たりる(足りる), ・つづく, とぶ[飛ぶ], ・とめる(止める)3, とる(取る)4,・×とれる, ならう(習う), ・にあう1, ・ほめる, ・みえる(見える)1, みがく1, ・むかえる(迎える), ・もどる(戻る), よぶ(呼ぶ), ・わける, わたる <37개>	1
*『생활 일본어』에서는 사용하고 있으나 『일본어 I』에서는 사용하고 있지 않은 어휘 <10개> ひらく4, うつ[打つ]3, むすぶ3, もえる2, なさる2, いれる1, かえる<変える>1, こたえる1, ひろう1, まわる1	0

7. 『일본어Ⅰ』에서 사용한 형용사

<표 10>은 '『일본어Ⅰ』에서 사용한 형용사'를 나타내고 있다. <표 10>에서 보면 형용사는 개별어 62개(11.1%, 62/560개)로 총 156개를 사용하고 있다[11]. 6종의 교과서에서 사용한 형용사는 いい✓よい, おおきい✓(大きい), たのしい✓(楽しい)의 3개로, 이 4.8%(3/62개) 형용사가 11.5%(18/156개)를 차지하고 있다. 5종 교과서에서 사용한 형용사는 9개, 4종 7개, 3종 7개, 2종 12개, 1종 20개이다. 이들은 대부분 <기본 어휘표>에서 사용하고 있으나 1종의 20개 중에서 かなしい✓(悲しい), しおからい, にがい의 3개 낱말은 <기본 어휘표>에 제시되고 있지 않은 것이며, JLPT의 4급 어휘에도 제시되어 있지 않다.

한편 『일본어Ⅰ』(62개 형용사)에서는 대부분 『생활 일본어』에서 사용한 형용사를 사용하고 있으나, すくない, すずしい, きいろい의 3개는 사용하고 있지 않다. 그리고 『일본어Ⅰ』에서는 『생활 일본어』에서 사용하지 않은 いけない, ながい✓(長い), ほしい, あかるい✓(明るい), あたらしい✓(新しい), あまい✓(甘い), きたない, ひろい✓(広い), あつい✓(熱い), うつくしい✓(美しい), うるさい, おもい✓(重い), かなしい✓(悲しい), かるい✓(軽い), こわい✓(怖い), しおからい, すっぱい, にがい, みじかい✓(短い), めずらしい, やさしい✓(優しい), わるい✓(悪い)(22개)를 사용하고 있다.

---

11 JLPT의 4급 어휘(800개)에서 형용사는 62개로 7.8%이며, <기본 어휘표>(1023개)에서 형용사는 77개로 7.5%이다(<표 5>).

〈표 10〉 『일본어 I 』에서 사용한 형용사

형용사<개별 사용수 62개> : 총 사용수 156개 (교과서 종류)→	종
いい∨よい∖8, おおきい∖(大きい)3, たのしい∖(楽しい)5, <3개>	6
あつい∖(暑い)2, いたい∖(痛い)1, おいしい∖8, おもしろい∖5, かわいい∖3, さむい∖(寒い)3, •すごい∖7, ない∖5, むずかしい<難しい>2 <9개>	5
あかい∖(赤い)3, •うれしい∖3, おおい∖(多い)1, •すばらしい∖1, たかい∖(高い)4 ちかい∖(近い)3, はやい∖(早い, はやく)6 <7개>	4
•いけない, からい∖(辛い)1, ちいさい∖(小さい)2, ながい∖(長い), はやい∖(速い)6, ほしい, やすい∖(安い)1 <7개>	3
あかるい∖(明るい), あたたかい∖1, あたらしい∖(新しい), あぶない∖1, あまい∖(甘い), •うまい∖1, おそい∖3, きたない, しろい∖(白い)1, ひろい∖(広い), ふるい∖(古い)1, やさしい∖(易しい)2 <12개>	2
あおい∖(青い)1, あつい∖(熱い), いそがしい∖(忙しい)1, •うつくしい∖(美しい), うるさい, おもい∖(重い), •×かなしい∖(悲しい), かるい∖(軽い), くろい∖(黒い)1, •こわい∖(怖い), •×しおからい, •すっぱい, つよい∖(強い)1, とおい∖(遠い)1, •×にがい, みじかい∖(短い), •めずらしい, •やさしい∖(優しい), •よい, わるい∖(悪い) <20개>	1
*『생활 일본어』에서는 사용하고 있으나 『일본어 I 』에서는 사용하고 있지 않은 어휘 <3개> すくない2, すずしい2, きいろい1	0
*B교과서는 はやく를 색인에 제시하고 있어서 부い에 포함했으며, F교과서는 1종에서 보인 よい를 いい와 분리해서 제시하고 있어서, 여기서도 달리 제시했다. 따라서 이들(2개)은 <표 5>에서 <기본 어휘표>에서 사용하지 않은 것으로 되어 있다.	

8. 『일본어 I 』에서 사용한 형용동사

<표 11>은 '『일본어 I 』에서 사용한 형용동사'를 나타내고 있다. <표 11>에서 보면 형용동사는 개별어 27개(4.8%, 27/560개)로 총 81개를 사용하고 있다[12]. 6종 교과서에서 사용한 형용동사는 きれい∖(だ), げんき(元気)だ, じょうずだ(上手だ), すきだ(好きだ), だいじょうぶ, ほんとうの 6개로, 이 22.2%(6/27개) 형용동사가 44.4%(36/81개)를 차지하고 있다. 5종 교과서에서 사용한 형용동사는 1개, 4종은 1개, 3종

---

[12]   JLPT의 4급 어휘(800개)에서 형용동사는 20개로 2.5%이며, <기본 어휘표>(1023개)에서 형용동사는 32개로 3.1%이다(<표 5>).

6개, 2종 5개, 1종 8개이다. いろいろな, ふじ(無事)に 이외의 낱말은 모두 <기본 어휘표>에 제시되어 있다.

한편 『일본어Ⅰ』(27개 형용동사)에서는 『생활 일본어』에서 사용한 형용동사를 모두 사용하고 있다. 그리고 『일본어Ⅰ』에서는 『생활 일본어』에서 사용하지 않은 じょうずだ(上手だ), ほんとう, いや(だ), しんせつ(親切)だ, だめ, いろいろな, おなじ(同じ), かんたん, だいじ(大事), ひまだ, ぶじ(無事)に, まじめ(7개)를 사용하고 있다.

<표 11> 『일본어Ⅰ』에서 사용한 형용동사

형용동사<개별 사용수 27개> : 총 사용수 81개　　　　　(교과서 종류)→	종
きれい(だ)5, げんき(元気)だ7, じょうずだ(上手だ), すきだ(好きだ)2, だいじょうぶだ7, ほんとう　<6개>	6
たいへん<大変>1 <1개>	5
しずかだ(静かだ)3 <1개>	4
いや(だ), けっこうだ3, ・しんせつ(親切)だ, にぎやかだ1, へただ(下手だ)1, べんりだ(便利だ)1 <6개>	3
・すてきだ2, だいすき(大好き)だ4, たいせつ(大切)だ1, ・だめ, ゆうめいだ(有名だ)3 <5개>	2
×いろいろな, おなじ(同じ), ・かんたん, ・ざんねん1, ・だいじ(大事), ひまだ, ・×ぶじ(無事)に, ・まじめ <8개>	1
*『생활 일본어』에서는 사용하고 있으나 『일본어Ⅰ』에서는 사용하고 있지 않은 어휘는 없다.	0

9. 『일본어Ⅰ』에서 사용한 외래어

<표 12>는 '『일본어Ⅰ』에서 사용한 외래어' 154개를 나타내고 있다. 외래어 전체는 285개로 교과서 총 사용어의 8.5%(285/3362개)에 해당한다. 『생활 일본어』의 외래어 사용은 10.8%이다[13]. 고등학교 교과서

---

13   『생활 일본어』에서 사용한 외래어는 306개(10.8%, 306/2840개)이다. 이 중에서

는 중학교 교과서보다 외래어를 적게 사용하고 있는 것을 알 수 있다. 『일본어Ⅰ』(154개 외래어)과 『생활 일본어』(130개 외래어)가 공통으로 사용한 외래어는 66개이다.

6종의 교과서에서 사용한 외래어는 サッカー, テレビ, バイバイ, ラーメン의 4개로, 이 2.6%(4/154개) 외래어가 8.4%(24/285개)를 차지하고 있다. 5종 교과서에서 사용한 외래어는 9개, 4종 10개, 3종 13개, 2종 19개, 그리고 1종은 99개로 34.7%(99/285개)를 차지하고 있다. 154개 낱말 중에서 2007년 개정 교육과정의 <기본 어휘표>에 있는 것은 50개[14](<표 12>에서 *표)이며, JLPT의 4급 어휘에 있는 것은 23개 (<표 12>에서 °표)이다.

<표 12> 『일본어Ⅰ』에서 사용한 외래어

외래어<개별 사용수 154개> : 총 사용수 285개 (교과서 종류)→	종
(1)<표 12>에서 낱말 왼쪽 *표는 <기본 어휘표>에서 제시하고 있는 외래어이다. (2)<표 12>에서 낱말 왼쪽 °표는 JLPT의 4급 어휘에서 제시하고 있는 외래어이다.	종
*サッカー8, *°テレビ7, *バイバイ7, ラーメン8 <4개/*3개>	6
アメリカ5, キムチ1, *ゲーム4, *°コーヒー6, *°テスト3, *トイレ6, *°バス4, *プレゼント8, *メール5 <9개/7개>	5
*アニメ7, *コンサート4, *コンビニ6, *ジュース8, *°スポーツ7, °ゼロ4, ソウル6, *°デパート2, *°パン6, *ボランティア2 <10개/*8개>	4
インサドン, *インターネット, カタカナ, *°カメラ2, *ケーキ6, *コーラ7, *スキー6, スピーチ, *°ドア, *パソコン3, *ハンバーガー5, *ピアノ4, *°ボールペン2 <13/*10개>	3

외래어ⓐ(인명, 지명, 국가명, 한국적·음식·사물·음식 등)는 개별어 74개로 총 104개이며, 외래어ⓑ(외래어ⓐ 이외의 일반적인 외래어)는 개별어 56개로 총 202개이다.(조, 2010 : 460~462)

14 JLPT의 4급 어휘(800개)에서 외래어는 62개로 7.8%이며, <기본 어휘표>(1025개)에서 외래어는 65개로 6.3%이다. 50개 이외의 나머지 15개는 다음과 같다. アドレス, ウォン, コップ, コピー, スカート, スプーン, チャット, トマト, ネクタイ, ハンカチ, ホームページ, ホテル, メートル, ライス, ラジオ

외래어<개별 사용수 154개> : 총 사용수 285개　　　　　(교과서 종류)→	
(1)<표 12>에서 낱말 왼쪽 *표는 <기본 어휘표>에서 제시하고 있는 외래어이다. (2)<표 12>에서 낱말 왼쪽 °표는 JLPT의 4급 어휘에서 제시하고 있는 외래어이다.	종
KTX1, *LDK, *アイスクリーム5, イ・ユラ, ガイドブック, *°カレー5, *°クラス1, *スーパー, *°タクシー1, チェジュド5, テコンドー1, テニス, ドラマ, *°ノート5, *パーティー1, ハンボク1, ブサン<釜山>4, *メニュー4, リサイクル1 <19개/*10개>	2
JR, NHK, OK, アナウンサー, *アルバイト, アルバム, イギリス1, インド1, オンドル, *カード2, カナダ, カメラマン, カラオケ, カレーうどん, カレーライス, キム・ナナ, キム・ユジン, キャラクター, キャンペーン, キョンジュ(慶州)1, キョンボックン2, クラブ, *クリスマス1, クレープ, ケータイ, ゴム, コメント, コンテスト, *コンピュータ1, さくらカメラ, サンドイッテ, *°シャツ2, ジョギング, シルム, シロ, シンクロ, ジンジュ, ストーリー, セマウル, センチ, ソラクサン1, タオル, チアガール, チーズ, チキン, チケット, チマ, チョコレート, *°テーブル1, テマパク, トッポッキ1, トム・クリス, °ニュース1, バイク, パク, バスてい, バドミントン, *バナナ1, ハノクマウル, パリ3, バレー, ハワイ1, ハン・ドンフン, パンや(パン屋), ハンオク, ハングル, パンコン, ビビンバ4, フランスや(屋), *°プール2, ブルガリア, ブルコギ1, プロ, ブログ, プログラマー, ペキン3, ぺこぺこ, °ページ, *°ペット, *°ベッド4, ベル, *ホームステイ1, ホームラン, ポテト, マーク, ミタル・シン, ミュージカル, ミンス1, メダル, メモ, モンゴル, ユラ, リットル, リビング, ろうじんホーム(老人ホーム), ロシア, ロック, ワン・ハオ, ワン・ミン　<99개/*12개, °23개>	1

10. 『일본어 I 』에서 사용한 표현

<표 13>은 '『일본어 I 』에서 사용한 표현'(<의사소통 기본 표현>)을 나타내고 있다. <표 13>에서 보면 표현은 개별 표현 44개로 전체 169 개를 사용하고 있다. 6종의 교과서에서 사용한 표현은 ありがとう(ございます/ございました), いただきます, いらっしゃい/いらしゃいませ, えっ, おじゃましします, おはよう/おはようございます, おめでとう(ございます), こんにちは, こんばんは, さようなら, すみません, どうも, バイバイ, はじめまして, よろしくの 15개로, 이 34.1%(15/44개) 표현이 53.3%(90/169개)를 차지하고 있다. 5종 교과서에서 사용한 표현은 5 개, 4종 4개, 3종 5개, 2종 6개, 1종 9개이다. 이들은 모두 <의사소통 기본 표현>에서 제시하고 있는 표현을 사용하고 있다. 그리고 JLPT 4

급<あいさつ語等表現>(p.43)의 것을 대부분(21/24개) 사용하고 있으나, こちらこそ, しつれいしました, (いいえ)いたしましての 3개 표현은 사용하고 있지 않다.

한편『일본어 I』(44개 표현)에서는 대부분『생활 일본어』에서 사용한 표현를 사용하고 있으나, こちらこそ, おげんきで, おさきに, よかったの 4개는 사용하고 있지 않다. 그리고『일본어 I』에서는『생활 일본어』에서 사용하지 않은 えっ, よろしく, あの/あのう, おかわり(ありませんか), ようこそ, いえいえ, おだいじに, ごくろさま(でした)(8 개)를 사용하고 있다.

〈표 13〉『일본어 I』에서 사용한 표현

표현<개별 사용수 44개> : 총 사용수 169개 　　　　　　(교과서 종류)→	종
<표 13>에서 표현 왼쪽, ◦표는 JLPT 4급 인사 표현에서 제시하고 있는 것을 나타낸다.	
◦ありがとう(ございます/ございました)8, ◦いただきます8, ◦いらっしゃい/いらっしゃいませ6, えっ, おじゃまします6, ◦おはよう/おはようございます8, おめでとう(ございます)8, ◦こんにちは8, ◦こんばんは8, ◦さようなら8, じゃ(あね)8,◦すみません8, バイバイ7, ◦はじめまして8, ◦よろしく <15개>	6
あけましておめでとう(ございます)4, あの/あのう, おかえり/おかえりなさい8, おかげさまで4, ただいま8 <5개>	5
いってらっしゃい8, ◦おげんきで(す)(か)4, ◦ごちそうさま(でした)6, まだまだ3、4개>	4
いってきます8/いってまいります, ええと6, おかわり(ありませんか), がんばってください/がんばってね5/がんばれ, よいおとし(年)を1(おむかえください), ようこそ <6개>	3
おひさしぶりです1/おひさしぶりですね/ひさしぶりですね/ひさしぶり1, ◦おやすみ(なさい)5, きをつけてね3/きをつけてくださいね/おきをつけください/(気をつけてね/気をつけてくださいね/お気をつけください), ごめん7, ◦しつれい/(します)3, ◦では, また1 <6개>	2
いえいえ, おだいじに, ◦おねがいします2, げんきでね3, ごくろさま(でした), ◦ごめんください4, ◦ごめんなさい7, またあした2<8개>	1
*『생활 일본어』에서는 사용하고 있으나『일본어 I』에서는 사용하고 있지 않은 표현 <4개> こちらこそ, おげんきで, おさきに, よかった	0

주) 6종의 교과서에서 사용한 え/ええ/え(え)つ의 안에는 えっ이 5개 있으나 1종의 교과서에는 표제어로 えっ을 따로 제시하고 있다.

Ⅳ 맺음말

본고에서는 2007년 개정 교육과정에 따른 『고등학교 일본어Ⅰ』(6 종) 교과서의 어휘에 대해서 살펴보았다. 그 주요한 결과는 다음과 같다.

(1) 6종의 『일본어Ⅰ』은 <기본 어휘표>의 어휘 1023개 중에서 743 개(72.6%) 낱말을 사용하고 있으며, <기본 어휘표>에 없는 542 개 낱말을 사용하고 있다. 각 교과서는 교육과정의 기본 어휘를 평균 71.7%를 사용하고 있다.

(2) 6종의 『일본어Ⅰ』은 JLPT의 4급 한자를 평균 28.5%, 3급 45.6%, 2급 25.9% 학습용 한자로 사용하고 있어서 한자 학습 에 어려움이 예상된다.

(3) 품사별 명사, 동사, 형용사, 형용동사, 부사 등의 순서로 사용율 이 높고, 품사별 교육과정 기본 어휘 사용율(2% 이상에서)을 보 면, 동사가 60.0%로 가장 낮고, 조사가 86.8%로 가장 높다.

(4) 6종의 『일본어Ⅰ』에서 사용한 어휘(3362개)는 평균 560개이며, 공통으로 사용한 개별어는 164개이며 총 사용수는 984개이다. 164개 낱말 중에서 14개는 <기본 어휘표>에 제시하지 않은 것 이다.

(5) 『일본어Ⅰ』의 동사는 개별어 137개로 총 사용수 399개이다. 6종 의 교과서에서 공통으로 사용한 동사는 あう(会う), ある(有る), いく(行く), いる, かう(買う), かえる(帰る), かく(書く), がんば る, きく(聞く), くる(来る), する, たべる(食べる), のむ(飲む), のる(乗る), はなす(話す), まつ(待つ), みる(見る), よむ(読む), わ かる(分かる)의 19개이다.

(6) 『일본어Ⅰ』의 형용사는 개별어 62개로 총 사용수 156개이다. 6
종의 교과서에서 공통으로 사용한 형용사는 いい/よい, おおき
い(大きい), たのしい(楽しい)의 3개이다.

(7) 『일본어Ⅰ』의 형용동사는 개별어 27개로 총 사용수 81개이다. 6
종의 교과서에서 공통으로 사용한 형용동사는 きれい(だ), げん
き(元気)だ, じょうずだ(上手だ), すきだ(好きだ), だいじょうぶ,
ほんとう의 6개이다.

(8) 『일본어Ⅰ』의 외래어는 개별어 154개로 총 사용수 285개이다. 6
종의 교과서에서 공통으로 사용한 외래어는 サッカー, テレビ,
バイバイ, ラーメン의 4개이다.

(9) 『일본어Ⅰ』의 의사소통 기본 표현은 개별 표현 44개로 총 169개
표현을 사용하고 있다. 6종의 교과서에서 공통으로 사용한 표현
은 ありがとう(ございます/ございました), いただきます, いらっ
しゃい/いらしゃいませ, えっ, おじゃまします, おはよう/おはよ
うございます, おめでとう(ございます), こんにちは, こんばんは,
さようなら, すみません, どうも, バイバイ, はじめまして, よろ
しく의 15개이다.

위의 결과에서 보면, 6종의 『일본어Ⅰ』(평균 560개)에서 공통으로
사용한 개별어가 164개로 각 교과서는 다양한 어휘를 사용하고 있다.
동사[6종의 19(공통어)/137개(개별어)], 형용사(3/62개), 형용동사(6/27
개), 외래어(4/154개)를 보아도 잘 알 수 있다. 이는 기본적으로 사용
(학습)해야 할 어휘에서 차이를 보이고 있는 것으로 생각된다. 그리고
학습용 한자는 난이도가 높고 개수가 많다. 이에 교육과정의 <기본 어
휘표> 내에서는 반드시 사용(학습)해야 할 기본 어휘 및 한자를 적절
하게 지정했으면 한다.

참고 문헌

교육과학기술부(2009)『고등학교 교육과정 해설⑫ 외국어(제2외국어)』, p.232

교육인적자원부(2007)『외국어과 교육과정(Ⅱ) 【별책 14】』, pp.286-327

_____(2007)『중학교 재량 활동 【별책 16】』, pp.39-45

_____(2004)『중학교 생활 일본어 こんにちは』, pp.113-116

강중희(2006)『제7차 교육과정 고등학교 일본어 교과서 저자 어휘에 관한 연구』, 경기대학교 교육대학원 석사학위논문, p.54

조남성(2010)「2007년 개정 교육과정에 따른 중학교 일본어 교과서의 어휘 분석」 『日本學硏究』第29輯, 檀國大學校 日本硏究所, pp.449-467

_____(2010)「2007년 개정 교육과정에 따른 중학교 일본어 교과서의 의사소통 기본 표현의 분석」『日語日文學硏究』第73輯 1卷 [日本語學·日本語敎育學篇] 韓國日語日文學會, pp.453-476

_____(2008)「2007년 개정 교육과정의 일본어 기본어휘의 외래어에 대하여」『일본연구』제37호, 한국외국어대학교 일본연구소, pp.333-358

_____(2003)「제7차 교육과정 고등학교 일본어Ⅰ의 의사소통 기능에 대하여」 『日本語敎育硏究』第5輯, 韓國日語敎育學會, pp.33-59

黃善株(2002)『高等學校 日本語 敎科書 動詞 語彙 比較 硏究』, 建陽大學校 敎育大學院 석사학위논문, p.52

国際交流基金·日本国際教育協会(2002)『日本語能力試験出題基準 【改訂版】』凡人社, pp.14-20, 243-253

상급 화자의 브레이크다운 유형 고찰

-**OPI**인터뷰 발화샘플을 중심으로 -

조 문 희 *
서강대학교 국제문화교육원 교수

I 머리말

브레이크다운(Linguistic Breakdown, 언어적 좌절)이란 OPI에서는 "인터뷰 발화 샘플에서 화자가 적절한 의미산출이 어려울 때 보이는 사인"[1]으로 사용되는 용어이다. 브레이크다운은 화자의 능력이 상한에 달했다고 하는 표시이다. 따라서 이 좌절은 OPI의 레벨 판정에서 하나의 근거가 되기도 한다.

본고는 OPI인터뷰에서 상급 판정을 받은 인터뷰 발화샘플을 대상으로 브레이크다운(이하 좌절) 유형을 분석하였으며, Levinson(1983)의

---

* 趙文熙 : 西江大學校 國際文化敎育院
1   영문매뉴얼 ACTFL(1999) 『Oral Proficiency Interview Tester Training Manual』 P.102.

대화 분석 방법을 이론적 배경으로 한다. 분석 절차로는 OPI의 트레이너나 테스터가 레벨 판정을 위하여 작성하는 '리뷰 양식'을 중심으로, "NO"로 표시된 부분의 대화 내용을 문자화하여 OPI매뉴얼이 제시하고 있는 좌절 유형이 OPI인터뷰 발화샘플에 나타나는 지를 검토한다. 이 연구는 OPI매뉴얼의 좌절 유형을 구체화할 수 있으며, OPI인터뷰에서 판정의 질을 높이거나 상급화자에 대한 교육에도 일부 기여하게 될 것이다. 다음은 본고의 연구과제이다.

(1) OPI 인터뷰 발화샘플에서 OPI매뉴얼의 좌절 유형이 나타나는가?
(2) OPI매뉴얼에서 지적하고 있는 유형 이외의 또 다른 좌절 유형이 나타나는가?
(3) 또 다른 좌절 유형이 나타난다면 그것을 어떻게 처리해야 할 것인가?

II 선행연구 및 이론적 배경

1. 선행연구

최근에 OPI인터뷰를 중심으로 한 상당량의 연구가 발표되고 있다.[2] 마키노 세이치(牧野成一, 1987)을 시작으로 2, 3편씩 발표되다가 1996년부터는 10편 이상이 되고 2009년 까지 10편 내외로 결과물이 나왔으며 2009년을 기점으로 줄어들고 있는 추세이다. 초기의 기본 이론이 중심이 되는 연구에서부터 현재는 '숙달도'[3] 분야나 OPI를 교육에 응

---

2 일본어 OPI연구회에 따르면 2012년 2월 16일 현재 142편의 연구가 보고 되었다. 그 중 "OPIを生かした日本語教科書"가 8편, "OPIに関する解説書及び研究論文" 중 단행본이 13편, 논문이 118편, 그 외 CD롬, 비디오 등이 3편이다.

용하는 분야, 특히 OPI의 토픽을 교육에 적용하는 분야는 상당히 연구
가 진행되어 중상급 교재의 출판으로 이어지고 있다.[4] 다만, 좌절 유형
에 대한 연구는 보이지 않으며 7개의 좌절 유형을 제시한 OPI 테스터
매뉴얼이 유일하다. OPI에 관한 논저 이외에 브레이크다운에 대한 논
문으로 니시나 키쿠노 외(仁科喜久子他, 1994)와 도쿠이 아쓰코(德井厚
子, 1995) 등이 있다. 본고는 Levinson(1983)의 대화 분석 방법을 이론
적 배경으로 한다. Levinson의 대화 분석 방법은 기본적으로 3가지 절
차에 바탕을 두고 있다. 그것은, (a)자료에서 재연되는 모형을 수집하
고, 이에 근거하여 순차적 예견에 대한 가설을 세운다. (b)이러한 순차
적 예견이 실제로 참여자들에 의해 바르게 맞추어진다는 것을 보인다.
(c)그러한 예견의 결과로 몇몇 조직에 관한 문제는 해소되지만, 또 다
른 조직을 필요로 하는 또 다른 문제가 생겨난다는 것을 보인다(번역
본;400). 따라서 본고는 (a)12명의 OPI 인터뷰 발화샘플에서 모형을 수
집하고 이에 근거하여 가설을 세우되, OPI매뉴얼의 언어적 좌절 유형
이 OPI 인터뷰 발화샘플에서 나타난다는 가설을 바탕으로 한다. (b)또
한 이러한 가설이 실제 분석에서 나타나는 지를 확인하고 확인의 결과
가설을 해소함과 동시에 (c)OPI매뉴얼의 언어적 좌절 유형 이외의 유
형이 있는지를 확인 제시하고 또 다른 조직을 고려한다.

2. 이론적 배경(OPI매뉴얼의 언어적 좌절 유형)

OPI 테스터 매뉴얼에서는 좌절의 유형으로, 질 저하, 막힘, 일부 탈

3　鎌田修 他(2009)『プロフィシェンシーと日本語教育』ひつじ書房
4　鎌田修 他(1998)『生きた素材で学ぶ中級から上級への日本語』ジャパンタイムズ
　　山内博之(2000)『ロールプレイで学ぶ中級から上級への日本語会話』アルク
　　荻原稚佳子他3人(2005)『日本語上級話者への道』スリーエーネットワーク
　　荻原稚佳子他3人(2007)『日本語超級話者へのかけはし』スリーエーネットワーク

락, 대치, 회피, 유창성 상실, 비언어적 행동의 7개 유형을 들고 있다. (ACTFL 일본어매뉴얼;46, 112)이하, 매뉴얼이 제시하고 있는 순서대로 제시하면 다음과 같다.[5]

(1) 질 저하(deterioration)

지금까지 대화(문) 내에서 거의 정확했던 어형이나 문법(correct forms)이 부정확해지거나 단어의 배치(word placement)가 부정확하게 되는 좌절 유형이다.

(2) 막힘("dead-ending")

단어(words), 구(phrases), 구조(constructions), 관용구(idioms), 격언 (sayings), 단락(paragraphs), 담화의 완결(discourse blocks)이 언어능력 불충분(lack of language ability)으로 인해 중도에서 끝나버린다.

(3) 일부 탈락(omission)

일정 레벨에서 가능하리라고 생각되는 언어의 특징(features of language) 이 전혀, 또는 거의 일관되게 결여되어 있다.

(4) 차용 대치(substitution)

목표언어 이외 언어의 단어(words)나 어구(phrases)를 의식적 또는 무의식적으로 이용한다.

---

5 일본어매뉴얼은 「このOPIマニュアルの翻訳は英文改訂版(1999)の翻訳です。(이 OPI매뉴얼의 번역은 영문개정판(1999)의 번역입니다.(일본어매뉴얼;5)」에서 알 수 있는 것처럼 영문판 매뉴얼의 번역이다. 언어적 좌절은 일본어매뉴얼(46, 112 쪽), 영문매뉴얼(36, 102쪽)에 두 번 제시되고 있다. 다만 영문매뉴얼에서는 2개소 모두 같은 영어로 작성되고 있으나, 일본어매뉴얼에서는 다른 말로 번역되고 있 다. 이것은 재고되어야 할 것으로 사료된다.

(5) 회피(avoidance)

언어적 곤란이 예측될 때 편한 단계의 언어로 대화량을 늘려 말하는 방법으로 피한다.

(6) 유창성 상실(loss of fluency)

대화 내용에 대한 생각 때문이 아니라 사용하려고 하는 말이 발견되지 않아서(the lack of usable language) 때때로 대화가 중단된다.

(7) 비언어적 행동(non-verbal indicators)

시선을 맞추지 않거나 얼굴을 붉히거나 머리를 만지거나 손가락을 안정감 없이 움직이는 등의 신체 표현을 함으로써 언어로 표현할 수 없는 초조함을 표현한다.

상기 7개 유형 중 비언어적 행동(non-verbal indicators) 유형은 OPI 인터뷰 발화샘플에서는 음성의 문자화 자료를 이용하므로 확인이 어려운 면이 있어, 비언어적 행동을 제외한 6개 유형을 분석 대상으로 한다.

Ⅲ 좌절 유형에 따른 사례 검토

1. 조사 대상

본고에서는 OPI인터뷰에서 상급 판정을 받은 일본어 화자 12명을 대상으로 좌절 유형을 고찰하고자 한다. 대상 자료는 OPI트레이너가 상급으로 판정한 발화샘플 2개와 테스터가 판정한 발화샘플 10개로

도합 12개이다. 모두 성인으로 성별은 남자 4명, 여자 8명으로 대상자
의 이니셜과 남녀 구분을 <표 1>로 보인다.

〈표 1〉 검토 대상자 정보

	01	02	03	04	05	06	07	08	09	10	11	12
이니셜	A	B	C	D	E	F	G	H	I	J	K	L
성별	여	남	남	여	여	여	여	남	여	여	여	남

2. 조사 방법

고찰에 즈음하여 조사 대상인 12개의 샘플을 듣고 "OPI Tester
Interview Review Grid"[6]를 작성한 후, 그 자료에서 Interviewee의 대답
항목 3개(Yes, Partially, No)중 No로 표시된 부분을 좌절로 보고, 그
부분을 문자화하여 좌절의 유형을 추출하였다. 문자화는 질문자(R)
와 응답자(A~L)가 턴하는 부분을 중심으로 기록하였으며, 대답에서
생각하는 시간이 짧을 경우의 표시(~)와 길어질 때의 표시(......), 상
대에게 인토네이션을 상향으로 발음하여 도움을 요청하는 등의 표
시(↗), 응답자의 일시 휴지 표시(、)를 사용하였으며, です, ます,
でした등을 말할 때를 일시 대화가 끝난 것으로 보고 마침표를 사용
하였다.

---

6   <표 2> Review Grid 일부분 참조.

〈표 2〉 Review Grid

OPI Tester Interview Review Grid

Interviewee: _____		Rating: _____		Language of Interview: _____			
Tasks	Level of task N/I/A/S	Topic	Questions	At level Response?			Evidence /Examples
				Yes	Partially	No	
				×			
					×		
						×	

Review Grid 중 'Yes'는 응답에 성공한 경우이며, 'Partially'는 일부 성공, 'No'는 응답에 실패한 경우를 말한다. 따라서 No로 표시된 것은 좌절 상태에서 회복에 실패했다는 의미이므로, 본고는 회복에 실패한 부분을 좌절로 보고 그 유형을 분석하였다.

3. 사례 검토

1) 질 저하

질 저하 현상은 상급에서 최상급으로 상향질문을 할 때 자주 나타나는 유형이다. 지금까지 유지하던 대화의 질이 갑자기 정확성 상실의 조짐을 보인다. (용례 1)은 개인의 말다툼이 요즘음 자주 뉴스에 등장하는 정치가들의 싸움과 같은 프로세스를 갖는지를 질문하였을 때 다르다고 답한 응답자에게, 어떤 점이 다른지를 질문하였을 때 보인 대답이다. 때때로 대화가 중단되면서 유창성 상실과 함께 정확성에서 질 저하를 보이고 있다. 'しようとする'와 같은 의지형 표현이나 'こ·そ' 용법의 다발 및 혼동을 보이면서 결과적으로 의미를 이해할 수 없는 등의 질 저하를 보인다.

(용례 1)

R : 個人のけんかと国の政治家たちのけんかとはプロセスが違うと今おっ
しゃいましたけれども、どんなところが違うかということですね。

I2 : うん~。あ~。私と私の、え~と、妹の関係ではお互いの言葉を理解す
るのは、え~と、しろうと、しようと、理解しようと、何か努力はし
たんですが、その言葉の問題だと思います。言葉自体が、う~ん、そ
の形が私の頭ではこう思っていて、このことばを言ったんですが、こ
の言葉を取れる時に、何か、この言葉の意味が、私、え~と、ほかの
人ではここだっていうと、私がその言葉を受け入れる時には、ここ、
この形、その言葉を、言葉の受け入れる形がちょっと違うって言うん
ですかね。ちょっと……うん……なんか、うん~、コイって言っても
コイを受け入れる、その理解するコイという単語を受け入れる、その
部分が、ちょっと、その人それぞれちょっと違うと思いますが、コイ
を…

2) 막힘("dead-ending")

막힘 유형은 언어능력 불충분으로 단어, 구, 단락, 담화 등의 완결이
중도에서 끝나버리는 유형을 말한다. (용례 2)는 여당이 선거에 실패
한 이유가 무엇인가라는 질문에 프라이드가 없는 정책 때문이라고 답
했고, 그러면 프라이드를 가진 정책을 추진했으면 이겼다고 생각하는
가에 대한 답이다. '미국과 같은 강한 나라에게는 약하게, 북한과 같은
약한 나라에게는' 에서 사용하려고 하는 단어가 막혀서 대화의 중단을
보이고 있다. (용례 3)은 단락 구성은 물론 담화 완결에서 실패를 한
유형으로, 용례에서 보는 바와 같이 담화를 완결 짓지 못하고 중도에
서 끝나버리고 있다. 만약 당신의 자녀가 공부는 하지 않고 컴퓨터만
할 때 어떤 어드바이스를 할 것인가라고 질문한 것에 대한 답변이다.

이런 유형의 좌절은 스피드가 느려지면서 말끝을 흐리는 경우가 많으며 상급에서 요구하는 단락을 대부분 구성하지 못하고 있다. 단락 구성에 실패할 경우 담화 완결에서도 실패를 하는 경우가 자주 보이고 있다.

(용례 2)

R : そうなったら、もし選挙に勝ったかもしれない?

H6 : そして、北朝鮮に対する態度もちょっとアメリカのように、強い国には私は弱いというけど、北朝鮮のようにちょっと、弱い国には、<u>あ、こ↗、きょう、こう↗、こうしょうてき↗きょうこうてき、な…</u>

(용례 3)

R : じゃ、例えばBさんが、何年後、結婚して赤ちゃんが出来てその子がですね、勉強はしないで、ずっとコンピューターだけをする、そういった時にどのようにアドバイスしたらいいでしょうか。

B8 : やっぱり、いっしょに話をしたり、ちょっと、本をいっしょに読んだり、いっしょにやることを、ちょっといっしょにやることが<u>大事だと……</u>

R : じゃ、それは今はいっしょにやらないから中毒になるんだということですか。

B9 : やっぱり一人であるから、ネットに依存するのがちょっと問題だと思います。<u>依存しすぎる…</u>

3) 일부 탈락

일부 탈락이란 "일정 레벨에서 가능하리라고 생각되는 언어의 특징 (features of language)이 전혀, 또는 거의 일관되게 결여되어 있다." 고

보는 좌절 유형이다. 위에서 언급한 언어의 특징(features of language)
이 무엇인가에 따라 분석이 달라질 수 있는 부분이다. 본고에서는 언
어의 특징(features of language)을 'OPI 인터뷰의 판정 시에 요구되는
각 단계마다 필요불가결한 조건'으로 해석하여 사용하고자 한다. 만약
언어적 특징을 조사의 탈락과 같은 단순한 문법적 탈락으로 본다면
'질 저하' 유형의 정확성 상실과 같은 유형이 될 가능성이 있기 때문
이다. 필요불가결한 조건은 상급의 경우 "과거 현재 미래 모든 시제를
사용하여 서술, 묘사가 가능해야 하며, 복잡하게 얽힌 일상적 상황에
서도 이야기를 시작하고 유지하고 끝낼 수 있어야 한다."(일본어 매뉴
얼 ; 109) 고 되어 있다. 또한 상급이 되려면 최상급의 언어 능력을 일
정부분 지니고 있어야 하기 때문에 최상급에서 요구되는 언어의 특징
도 어느 정도 수행이 가능하여야 한다. 최상급은 "논리적 의견 제시와
가설에 답할 수 있고 구체적 화제나 추상적 화제 모두를 다룰 수 있으
며 언어적으로도 익숙하지 않은 상황에 대처할 수 있어야 한다."(일본
어 매뉴얼 ; 19)고 되어 있다. 따라서 본고에서는 분석을 위하여 범위
를 한정하되 상급의 필요불가결한 요소로 시제의 문제, 시작과 유지
끝맺기에서 실패한 유형과, 최상급에서 논리적 의견 제시, 가설에 실
패한 유형을 살펴보고자 한다. (용례 4)는 시제 결여 유형이다. 컴퓨터
를 사용해 보니 어떠했는가를 묻는 질문에 ます형으로 답한다거나, 식
품의 신선함 유지 측면에서 일본사회가 너무 엄격하다고 생각하는지
에 대한 일반적인 것을 묻는 질문에 과거 시제로 답하고 있다. 이것은
상급유형의 필요불가결한 요소인 시제의 결여를 보이고 있는 유형이
다. (용례 5)는 현재의 뉴스에 대한 질문에서 담화를 계속 유지하면서
끝을 내지 않고 끌고 가고 있다. 담화를 시작하고 유지하고 있으나 내
용이 정리되지 못하면서 끝맺음을 못하는, 즉 담화의 시작-유지-완결
면에서 결여를 보이고 있는 유형이다.

(용례 4)

R : あ、そうですか。じゃ、実際、使ってみたらどうだったんですか。

B2: ま、小学生~の時は、ちょっと難しくてあんまりやれなくて、中学生にあがってからは、本格的にパソコンを<u>したりします</u>。

R : あの時は何をしましたか。コンピューターで。

B3: たぶん中学生の時に、インターネットが~、本格的に普及した頃だと思います。ちょっと。それでインターネットサーピング<u>したりします</u>。

(용례 5)

R : 興味をもっているニュースは。

E1: 最近のニュースですか。うん~、うん~、~最近の話題、うん、最近ではないんですけど、前になってしまったんですけど、天安艦の事件↗、あの事件が今にも影響が当たっているんじゃないですか。社会に~、その事件~に、私はちょっと、批判的に~見ている部分があると思います。何、何だったというと、その~その、韓国社会があの、けっこ成長して、聞いた時も発展して민주、民主、民主化もして、어、ま、ごく短い時間に~、ここまで、ぜん進国化してるんですけど、うん、その、ネガティブな面ていうか、<u>あの、私が考えるのは...</u>

(용례 6)은 정치가의 뇌물 사건에 대하여 질문하였으나 자신의 의견에 대하여 일관되게 논리적인 근거 제시가 결여되어 있는 유형이다. 한국과 일본이 같으면 어떻게 같은지, 문제가 있으면 어떤 문제가 있는지, 리스트에 쓰지 않은 것이 왜 문제인지, 뇌물이 왜 좋지 않은 것인지, 한총리는 어떤 면에서 그런 사람이 아닌지 등이 전혀 언급되어 있지 않다는 면에서 근거 제시의 결여를 보이고 있다. (용례 7)은 최상

급 책략인 트리플펀치의 가설에서 실패를 보이는 유형이다. 당신이 공공시설 내에서의 공중도덕에 관한 정책을 정하는 위치에 있다면 어떤 규칙 또는 정책을 만들 것인가에 대하여 응답자는 캠페인을 해야 한다고 답했고, 그러면 현재는 하고 있지 않은 것인가라는 질문에, 개인적으로는 하고 있는 것을 보았으나 (정책적으로는)하고 있지 않다고 답하는 부분이다. 의미를 알 수 없는 단어를 사용하고 있고 사실과는 다른 내용(실제로는 많이 하고 있음)으로 주장하다 보니 논리적 근거를 대는 것이 미흡하여 가설에 실패한 경우이다.

(용례 6)

R ：賄賂政治家、賄賂事件が時々、あるんですけども、それについてはどう思いますか。

B11：それについては日本~と韓国も同じだなと思いますね。

R ：ふ~ん。

B12：ちょっと前に鳩山総理のなんか、はやお、母親から五億円ぐらいもらったんじゃないですか。それはちょっと問題だと思いますよ。

R ：どんなところが。

B13：それを、うけつけ、あ、もらったのはいいんですけど、ちょっと~、名簿に、リストに書かなかったことはちょっと、問題になったんですけど、それはちょっと総理としてはどうなのかなと思い…

R ：ふ~ん。で、よくないという立場ですか、Bさんは？

B14：はい、賄賂はちょっとよくないと思いますけど、ハン総理はそんな人じゃないと思います。

(용례 7)

R ：じゃ、今はやってないんでしょうか。

> D4：今はですね、あんまり、やってないと思います。ほら、個人的にそう
> いった人がいって、あの〜、<u>ふえんだったとか</u>、いう、あの、のは見た、
> <u>ブログとかですね、インターネットでみたことありますけど…</u>。

4) 대치

목표언어 이외의 언어의 단어나 어구를 의식적 또는 무의식적으로 이용하는 좌절 유형이다. '외무고시, IT, 민주화, 선진화' 등의 용례이다. (용례 8)은 일본어 단어가 생각나지 않을 때 한국어로 말하는 대치 유형이다.

> (용례 8) 목표언어 이외의 단어 사용
> R ：最近、大学のニュースとかありますか。
> A8：大学のニュースですか〜。あっ！えと〜、学科は分からないんですけ
> ど、えと、私の学校の先輩〜が、<u>외무고시</u>↗、に合格されたそうで、
> あ！すごいなと思います。

5) 회피

언어적 곤란이 예측될 때 편한 단계의 언어로 대화량을 늘려 말하는 방법으로 피하는 유형이다. 자기 이야기로 축소하여 말하거나 갑자기 동사문으로 대화가 바뀌는 특색을 보인다.

(용례 9)는 편한 단계로 늘려서 말하는 유형이다. 선거에 관한 토픽에서 현 여당이 왜 선거에 졌는지를 이야기한 후 어떻게 하면 여당이 선거에 이겼을까를 묻는 질문에서 다음과 같이 답하고 있다. 토픽에서 벗어난 내용으로 과거 역사를 길게 대화량을 늘려 말하는 방법이나, 객관화해서 설명조의 문장으로 말하다가 갑자기 직접화법으로 말하거나 빈번하게 ました 문장을 다용하고 있는 특색을 보인다. (용례 10)

은 일본이 식품에 대한 관리 기준이 너무 엄격한 가에 대하여 질문하고 있다. 처음에는 식품에 대한 관리의 엄격함에 대하여 말하고 있는 것 같으나 계속되는 내용은 응답자의 개인적인 경험의 엄격함으로 대화가 이어지는 것을 알 수 있다. 그것이 의식적이든 무의식적이든 자신의 이야기로 내용을 축소해서 말하고 있고, 모든 시제의 사용이 가능하여야 하는 상급의 특징에서도 부분적인 실패를 보인다.

(용례 9)

R : どんなところがですか。詳しく。

H4: だから、アメリカとか外国で、ひとつのことを言うと、そのために、あ、国家的にちょっと、損害があってもそれを行なうし、(중략) 昔の歴史でありますけど、その時강화도にその、フランスの人たちが来て、あ、いろいろな文化財をぬすみました。それで、それを返してと、言ったのに、フランスの政府からは、それはあなたに、あげますけど、それはあげるのではなくて、ただ、貸してくれるといいました。それで、韓国の人たちの立場では反対でありました。それはもともと韓国の文化財ですけど、それをフランスでむうりょくで取られたんですね。それで、それを返してくださいと言ったのにフランスの政府からはただ、貸してあげるっていいました。その時、(중략) そのことのために、国家的なプライドをちょっと低くして、それをかしてくれ、借りることになって、それにもちょっと...

(용례 10)

R : それは人間関係だとかだと思うんですけど、食品に対する消費者の、あの～、基準というんでしょうかね。そういうものは、きびしすぎると思いますか。

L2 : はい。そうだと思います。そして、きびしすぎるって、~、さ、それ
　　　はきびしすぎるっていうわけではないんですが、でも、たぶん、
　　　きゅうに、きゅう、急にきびしくなるわけです。例えば、あの、<u>私</u>
　　　<u>は外国人で、日本の習慣とか、あまり、馴れてなかっても、あの、</u>
　　　<u>きびしくなおさせたり、なさせたり、あの~、きびしく、なんか、き</u>
　　　<u>びしく、あの、けいだつしたりすることってありました。</u>

6) 유창성 상실

대화 내용에 대한 생각 때문이 아니라 사용하려고 하는 말이 발견
되지 않아서 대화가 빈번하게 중단되는 유형이다. (용례 11)은 "理解
しようと努力はしたんですが", "言葉を受け入れる形が違う" 등을 말
하는 과정에서 자주 대화가 중단되고 있다.

(용례 11)

R : というのは、個人のけんかと国の政治家たちのけんかとはプロセスが
　　違うと今おっしゃいましたけれども、どんなところが違うかというこ
　　とですね。

I2 : うん~。あ。私と私の、え~と、妹の関係ではお互いの言葉を<u>理解す</u>
　　<u>るのは、え~と、しろうと、しようと、埋解しようと、何か努力はした</u>
　　んですが、その言葉の問題だと思います。言葉自体が、う~ん、その形
　　が私の頭ではこう思っていて、このことばを言ったんですが、この言
　　葉を取れる時に、何か、この言葉の意味が、私、え~と、ほかの人では
　　ここだっていうと、私がその言葉を受け入れる時には、<u>ここ、この</u>
　　<u>形、その言葉を、言葉の受け入れる形が</u>ちょっと違うって言うんです
　　かね。<u>ちょっと……うん……なんか、うん~、コイって言ってもコイを</u>
　　<u>受け入れる、その理解するコイという単語を受け入れる、その部分</u>
　　<u>が、ちょっと、その人それぞれちょっと違うと思いますが、コイを…</u>

7) 그 외

OPI테스터 매뉴얼에서 지적하고 있는 좌절 유형 이외에 다음과 같은 유형도 보인다. 도움을 요청하거나 자신의 의견을 단정하고 싶지 않을 때 상향 인토네이션으로 발음하는 유형, 역질문 유형, 직접 회피, 웃음으로 회피 등의 유형이다.

(1) 상향 인토네이션 유형

단어가 생각나지 않을 때 뒷부분의 인토네이션을 올려 말함으로써 도움을 요청하거나 확인하는 신호를 보내는 경우가 있다. 다음 (용례 12)는 인토네이션을 올려서 질문자에게 도움을 요청하는 스트라테지 유형이다. 외무고시가 일본말로 무엇인지 모를 때 한국말로 외무고시 ↗ 하면서 인토네이션을 위로 올려 도움을 요청하는 유형이다. '불편, IT, 천안함 사건, 업적, 강압적'등의 단어에서 인토네이션의 상향을 보이는데 한자어나 명사에서 주로 나타난다.

(용례 12)

R：最近、大学のニュースとかありますか。

A8：大学のニュースですか~。あっ！えと~、学科は分からないんですけど、えと、私の学校の先輩~が、<u>외무고시↗</u>、に合格されたそうで、あ！すごいなと思います。

R：そうなったら、もし選挙に勝ったかもしれない？

H6：そして、北朝鮮に対する態度もちょっとアメリカのように、強い国には私は弱いというけど、北朝鮮のようにちょっと、弱い国には、あ、<u>こ↗、きょう、こう↗、こうしょうてき↗きょうこうてき、な</u>...

인토네이션 상향의 또 하나의 유형(용례 13)은 단어의 선택이나 자신의 선택에 대하여 단정하고 싶지 않을 때, 또는 부연해서 말할 때 나타났다. 'ねまわしは 일본인의 장점이며 미국과는 달리 즉 다수결↗과는 다르지만 나쁘다고는 생각하지 않는다.'고 말할 때 상향 인토네이션을 하고 있다. 주로 한자어에서 나타나는 경향을 보인다. (용례 14)는 역질문에서 상향 인토네이션을 보이는 유형이다.

(용례 13)

R : はい、はい。ねまわしという文化的なことについてCさんはどう思いますか。

C3 : そうですね。基本的に、ま、大事な日本の長所だと思いますね。あの、ま、アメリカでは違って、たすけつ↗、でも、わるいこととは思わないですね。

(용례 14)

R : 韓国は最近、早期留学とかですね、いろんな留学の問題で話が結構ありますけれども、批判とか意見とかありますか。主に早期留学について。

A1 : 早期留学といいますと↗、~

(2) 직접 회피

OPI매뉴얼에서는 '회피' 유형에서 "다른 단계로 대화량을 늘려 말하여 회피하는 경우"나 "자기 이야기 등으로 축소"하여 말하는 유형이 제시되어 있다. 매뉴얼에서 언급하고 있는 회피 유형 이외에, 직접 모른다고 회피하는 경우도 있다(용례 15). 직접 회피에서 사용한 단어들은 '어려워서, 저도 잘 몰라서, 몰라서, 생각나지 않아서, 해 본적이 없

어서, 싫어해서, 잘 생각해 본 적이 없어서' 등의 표현으로 회피를 하고 있다.

> (용례 15)
> R : そういった傾向が多いということですが。
> A7 : はい、うん、やっぱり、あれは~、<u>フフ</u>、うん、うん~、<u>難しい</u>、うん。
>
> R : はい。じゃ、でしたら、どうすれば選挙にですね、<u>与党側が勝った</u>と思いますか。
> K2 : …… <u>よく考えてみなかったので</u>、…

(3) 웃음으로 회피

(용례 16)은 웃음으로 회피하는 용례이다. 어떻게 하면 선거에 이겼을까를 묻는 질문에 웃음으로 회피하거나, 정치가들의 싸움의 문제해결은 가능한가를 묻는 질문에 역시 웃음으로 회피하고 있다.

> (용례 16)
> R : どうしたらそれができるようになるんでしょうか。
> I4 : う~ん。それは、結構、難しい問題だと思いますが、こころの、心ないですか、の問題で、討論というのは、相手の話を聞いて、それを、え~と、私が収容できるものだったらそれを…… …… <u>フフ~</u>

그 외에서 보여주는 3가지 유형은 스트라테지 유형으로 주로 자신이 말하는 단어나 내용에 자신이 없을 때 나타나는 회피 유형이었다.

Ⅳ 분석 결과

지금까지 좌절 유형에 따른 사례를 검토하였다. OPI매뉴얼의 좌절 유형을 인터뷰 발화샘플 사례에 적용하는 과정에서 매뉴얼의 내용이 불분명하거나 자세한 언급이 없는 부분은 매뉴얼의 다른 언급들을 참조하여 범위를 한정하였다. 즉, '질 저하'는 정확성 상실 유형, '막힘'은 단어, 구, 단락, 담화 구성의 중도 실패 유형, '일부 탈락'은 상급과 최상급의 필요불가결 요소의 결여 유형, '대치'는 목표언어 이외의 단어 어구 사용 유형, '회피'는 편한 단계로 늘려 말하기, 자기 이야기로 축소하기, 설명이 요구되는 문장에서 갑자기 직접화법이나 동사문을 사용하는 유형, '유창성 상실'은 내용이 아니라 말이 발견되지 않아서 빈번한 대화 중단 유형, '그 외'로는 상향인토네이션 유형, 직접 회피 유형, 웃음으로 회피 유형을 다루었다. 전체 대상 인터뷰 샘플의 분석 결과는 다음 <표 3>과 같이 나타났다.

<표 3>인터뷰 샘플별 유형 용례[7]

	A	B	C	D	E	F	G	H	I	J	K	L	계
01	1	10	1	1	4	·	·	3	3	2	·	1	26
02	3	7	·	1	5	2	·	1	1	3	·	5	28
03	1	12	1	1	3	2	1	2	1	1	2	1	28
04	1	·	1	·	6	1	·	1	2	1	·	·	13
05	1	·	2	·	4	2	·	5	4	3	·	6	27
06	3	·	3	1	5	·	·	1	3	2	·	2	20
07	5	1	4	2	2	2	2	5	2	1	1	1	28
계	15	30	12	6	29	9	3	18	16	13	3	16	170

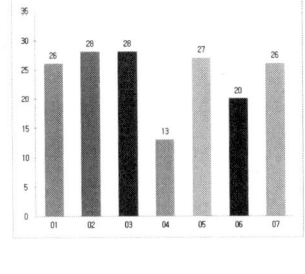

---

7 A~L은 응답자 부호, 01~07은 좌절 유형을 나타낸다.

전체 170개의 좌절 유형 중 '질 저하(01)'가 26, '막힘(02)'이 28, '일부탈락(03)'이 28, '대치(04)'가 13, '회피(05)'가 27, '유창성 상실 (06)'이 20이었으며, 그 외(07)가 28로 나타났다. 대치 유형을 제외하고는 모두 20회 이상으로 나타났으며, 대치 유형이 용례가 적은 것은 상급 단계의 응답자들은 목표언어 이외의 언어로 대치해서 사용하는 비율이 낮은 것을 보여준다. 모든 인터뷰 샘플에 보이는 것은 일부탈락 유형이다. 일부탈락 유형이 '상급과 최상급의 필요불가결한 요소 결여 유형'인 것으로 볼 때, 상기 응답자들이 최상급이 되지 못하는 당연한 귀결이라고 할 수 있을 것이다. 그 외 유형도 모든 응답자에게 나타나는 유형인데, 그 외에서는 상향인토네이션 유형, 직접 회피 유형, 웃음으로 회피 유형을 함께 다루고 있기 때문에 응답자 개개인에게 3가지 유형이 모두 나타난다고는 할 수 없을 것이다. 개개인의 좌절유형의 분석은 본고의 연구과제가 아니므로 다음 기회로 넘기기로 한다.

본고가 서론에서 연구과제로 제시했던 'OPI 인터뷰 발화샘플에서 OPI매뉴얼의 좌절 유형이 나타나는가?'라는 질문에 대한 답으로 모든 유형이 나타난다고 하는 결론을 얻게 되었으며, 'OPI매뉴얼에서 지적하고 있는 유형 이외의 또 다른 좌절 유형이 나타나는가?'라는 질문에 대한 답으로 본고의 '그 외(07)' 유형이 다른 좌절 유형으로 나타나는 것도 알 수 있었다. 3번째 연구과제인 '또 다른 좌절 유형이 나타난다면 그것을 어떻게 처리해야 할 것인가?'하는 문제는 결론에서 제시하기로 한다.

Ⅴ 맺음말

이상으로 OPI매뉴얼의 좌절 유형을 중심으로 Levinson의 대화 분석

방법 절차에 따라 OPI인터뷰 발화샘플을 분석하였다. Levinson의 3가지 절차는 (a)자료에서 재연되는 모형을 수집하여 순차적 예견에 대한 가설 세우기 (b)순차적 예견이 실제로 참여자들에 의해 바르게 맞추어지는지 확인 (c)그러한 예견의 결과로 몇몇 조직에 관한 문제는 해소되지만, 또 다른 조직을 필요로 하는 또 다른 문제가 생겨난다는 것을 확인하는 절차였다. 본고는 OPI매뉴얼의 좌절 유형이 인터뷰에 나타난다는 가설을 확인 해소하였으며, 동시에 OPI매뉴얼에서 제시한 유형이외의 유형이 나타남을 확인 제시하였다. 새로운 유형이 나타난다고 하는 것은 Levinson에 따르면 또 다른 조직을 필요로 하게 된다. 또 다른 조직의 문제를 어떻게 해소할 수 있을지를 본고의 결론으로 제시하고자 한다. OPI매뉴얼의 브레이크다운(언어적 좌절) 유형은 순서대로 6개의 유형을 제시하고 있는데 이것을 크게 조짐 유형과 스트라테지 유형으로 나누어, 조짐 유형으로 '질 저하, 막힘, 일부 탈락, 유창성 상실' 유형을, 스트라테지 유형으로 '대치, 회피' 유형을 배치한후, 각 각 세부 항목을 재배치하여 기술하는 방법이다. 세부 항목 기술에 있어서는 질 저하는 정확성과 관련이 있으면서 스트라테지 등을 사용하여 대화가 이어지는 유형을, 막힘은 정확성과 관련이 있으면서 중도에 포기하는 유형을, 유창성 상실은 유창성과 관련된 좌절 유형을, 일부탈락에서는 OPI인터뷰의 판정척도와 관련된 좌절 유형을, 대치는 목표언어 이외의 언어 사용 유형을, 회피는 토픽의 내용과 관련된 배경지식 부족 좌절유형을 다루되, 본고의 분석 결과에서 나타난 '그 외' 유형을 회피유형의 세부항목에 포함시켜 기술하는 것이다. 다만, 본고가 상급을 대상으로 한 분석이므로 모든 레벨에서 상기 분류가 적용가능할지는 의문으로 남는다. 다른 레벨의 분석을 후고로 둔다. OPI매뉴얼의 브레이크다운 유형이, 분석이 간편하고 수량화가 용이하도록 기술된다면 테스터의 레벨판정의 질을 높이는 데에도 기여할 것이며, 좌

절유형의 숙지는 상급화자를 위한 일본어 교육에도 도움이 될 것으로 사료된다.

┃ 참고 문헌 ──────────────────────────────────●

嶺川由季(2000) 「大学院のゼミの談話におけるコミュニケーション·ブレイクダウンの修復について」『国際協力研究誌』6巻 第1号, pp.105-117. 広島大学国際協力研究科.

德井厚子(1995) 「誤解はどこから生まれるか -留学生と日本人学生のコミュニケーション·ブレークダウンへの対処をめぐって」『信州大学教育学部紀要』86, pp.87-97. 信州大学.

仁科喜久子他4(1994) 「理工系留学生のセミナーでの対話理解過程の分析 -理工系学生のシラバス作成に向けて」『日本語教育』84, pp.40-52. 日本語教育学会.

ACFTL(2012) 『ORAL PROFICIENCY INTERVIEW TESTER TRAINING MANUAL 2012』

ACTFL(1999) 『ACTFL-OPI試験管養成用マニュアル』(1999年改訂版) ACTFL.

ACTFL(1999) 『Oral Proficiency Interview Tester Training Manual』ACTFL.

Levinson,C.S(1983) 『Pragmatics』Cambridge University Press. 이익환역(1992) 『화용론』한신문화사.

부언 논문을 제출하려고하는 단계에서 2012판 새로운 OPI매뉴얼을 입수하였다. 새로운 매뉴얼에는 기존 7개 좌절 유형에서 '침묵' 유형을 첨가하여 8개 유형(신 매뉴얼;23)을 제시하고 있다. 다만, 본고에서 분석한 상급 레벨에서는 침묵 유형이 나타나지 않았으며 대화중에 말끝을 흐리는 용례는 '막힘' 유형으로 커버 가능하였다. 신 매뉴얼에서도 침묵 유형은 "낮은 수준의 화자는 언어적 과제를 해결하기 어려울 경우 작업 시도보다는 묵비권 행사를 선택할 수 있다."고 되어 있어 낮은 레벨 분석에서는 도움이 될 것으로 사료된다. 또한, 새롭게 바뀐 매뉴얼의 기술이 구 매뉴얼보다 단순화되어 있어 앞으로 재고가 요구되는 부분이다.

한국 일한사전 편찬의 역사

한 중 선 *
영동대학교 교수

Ⅰ 머리말

일본어와 일본어 교육에 관심을 가진 사람이라면 누구나 좋은 사전에 대한 꿈을 가지고 있을 것이다. 우리나라에서 근대 최초의 일한사전으로는 1906년 간행한 『日韓會話辭典』을 이야기하고 있다[1]. 그 후 몇 종류의 일한사전이 발행되어 왔으나, 일본어가 제2외국어로 고등학교 교과과정으로 지정된 1973년부터 많은 일한사전이 간행된다.

광복이후부터 1973년 이전에는 일한사전은 『표준일한사전』(1960), 『完璧日韓辭典』(1966) 등 몇 종류에 불과했다. 그러나 1973년부터는

---

* 韓中瑄 : 永同大學校
1   광복 이전의 일한사전에 관해서는 韓中瑄(2011)「韓國日本語辭典에 관한 考察」
『日本語文學』(제50집) 한국일본어문학회, pp.131-148 참조.

일본어 수요가 급증하면서 『最新日韓大辭典』(1973), 『民衆엣센스日韓辭典』(1973) 등이 출간되고, 이어서 여러 출판사에서 일한사전을 간행하게 되어 일한사전이 난립하게 된다. 동일한 사전을 다른 출판사에서 간행하기도 하고, 동일한 사전을 다른 명칭으로 간행하여 명칭만으로는 사전을 구별하기 어려울 정도이다. 이러한 우리나라 일한사전의 출판 상황에서 일한사전의 특징을 살펴보기가 힘들다. 본고는 지금까지 광복이후 우리나라에서 출판된 사전들을 소개하여 우리나라에서 바람직한 일한사전의 방향에 한 걸음이라도 가기 위해 일한사전의 편찬 역사를 개관한다.

Ⅱ 본론

일한사전의 가장 중요한 기능은 일본어 학습을 위한 기능이라 할 수 있다. 사전에 실린 어휘를 이용하여 정확한 의사소통과 정보를 정확히 얻기 위함이라 할 수 있다.

일반적인 일한사전은 일본어 어휘를 우리나라 말로 의미와 어휘의 쓰임을 광범위하게 설명한 것이다. 소위 「단어집」같은 종류는 「일한사전」의 범위에 넣지 않는다. 일본어 관용어, 속담, 부사, 비지니스, 인명, 지명 등 분야별 사전2은 일한사전에 포함된다고 할 수 있다.

2 　분야별 사전에는 다음과 같은 것이 간행되었다.
　　孫洛範(1978)『日韓韓日慣用語辭典』國際大學附設人文社會科學研究所, p.699
　　若松實(1988)『일본속담사전』서문당, p.453
　　intermedia(1994)『日韓副詞辭典』홍신문화사, p.699
　　편집부(2001)『비지니스일한일사전』교학사, p.832, p.1430
　　그린비일본어연구실(1995)『日本人名・地名읽기辭典』도서출판그린비, p.1284
　　편집부(1990)『日韓外來語辭典』進明出版社, p.982
　　편집부(1994)『日本語외래어사전』시사일본어사, p.520
　　편집국(1998)『일본外來語・カタカナ語辭典』民衆書林, p.1534

본고에서는 「일반 일한사전」과 「일본 国語辞典을 번역 편찬한 日韓辭典」으로 나누어 개관하고, 그 외 사전은 일람표로 소개한다.

1. 일반 日韓辭典

1972년 7월 5일 월간경제활동보고에서 박정희 대통령이 일본어를 교과과정에서 독어·불어와 함께 제2외국어로 넣도록 하라는 지시이후 1973년부터 고등학교에서 일본어 교육이 시작된다. 광복이후 일본어가 제2외국어로 지정되기 이전에 출간한 대표적인 사전으로는 『표준일한사전』(1960), 『完璧日韓辭典』(1966) 등이 있다. 1973년부터는 『最新日韓大辭典』(1973), 『民衆엣센스日韓辭典』(1973), 『동아신크라운日韓辭典』(1978) 『금성NewAce日韓中辭典』(1987) 등이 간행된다.

1) 『표준일한사전』(1960) 형설문화사

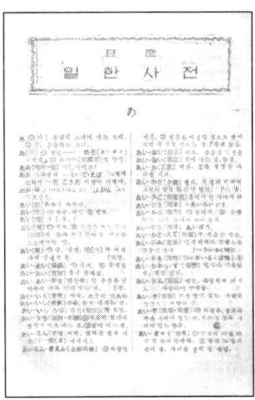

우리나라에서 광복이후 일한사전으로는 처음 간행된 사전이다. 형설문화사 편집부에서 편집하여, 1960년 4월 20일 발행했다. 총면수는 963면이며, 본문은 900면, 나머지는 「외래어편」으로 구성되어 있다. 이 사전의 표제어와 표기법에 관한 내용에 대해 일러두기를 보면 다음과 같다.

일본어의 밑뿌리가 되는 주요어를 되도록 많이 수록하기에 힘썼다. 그 범위는 자연과학·사회과학·인문과학·따위의 각부분 용어로부터 일상생활의 일반어에 이르기까지 빠짐없이 추렸으며, 고전문헌에 자주 나오는 중요어도 넣었다. 큰 낱말·작은 낱말·파생어·예문 따위의 표기는 모두 현재 か

な표기법(별항 참조)에 따라 적었다.

그리고, 「외래어편」에 대해 「외래어는 뒤에 한데 모아 넣고 원어와 국적을 밝히므로 전문사전 인용에 편하도록 친절을 다하였다」라고 하고 있다. 표기법과 배열에서는 표음식을 철저히 하기 위해 「ヂ」「ヅ」는 모두 「じ」「ず」로 표기하였으며, [鼻血]의 경우 「はなぢ」로 표기하지 않고 「はなじ」로 표기하고 있다.

동사의 분류는 四段活用 上一段活用, 上二段活用, 下一段活用, 下二段活用, カ行變格, サ行變格, ナ行變格, ラ行變格으로 분류하고 있어, 아직 현대어 문법에 따르지 않고 있다. 형용사도 「たかし」「ただし」와 같이 표기하고 있어 이후 일한사전의 표기와는 다르다. 「たかし」는 「形容詞第一活用」「ただし」는 「形容詞第二活用」으로 구분하고 있다. 이 사전 이후 1965년 한일국교정상화가 이루어지면서 여러 출판사에서 일한사전 간행을 서두르게 된다.

2) 『完璧日韓辭典』(1966) 徽文出版社

1965년 한일국교정상화가 이루어진 후, 한국외국어대학교 朴成媛 교수가 편찬하여 1966년 徽文出版社에서 간행한 것이다. 이 사전 편찬 목적을 「이제 우리 나라가 日帝의 壓制로부터 풀린지 二十年이 되어, 過去의 日帝治下에 자란 사람이 아닌, 完全히 外國語로서 日語를 대하게 되는 젊은 세대를 위하여 여기에 本格的인 日韓辭典을 편찬하게 되었다.」라고 밝히고 있다.

표제어 일본어 어휘에 한국어 대역만이 아니고 영어 어휘를 달고 있다. 구성은 본문과 부록으로 되어 있다. 부록에는 「日語 表記의 基準」을 시작으로, 「편지 쓰는 법」, 「年中行事一覽」, 「日文法要覽」, 「常用漢字音韻表」, 「읽기 힘든 漢字語」 등을 싣고 있다. 총면수는 1507면이다.

이 사전은 이후 여러 가지 형태로 간행된다.

『完璧日韓콘사이스』(1967)는 『完璧日韓辭典』(1966)에서 현대 일본에서 사용되지 않은 고어, 그리고 일부 외래어를 빼고, 부록에서 「常用漢字音韻表」, 「읽기 힘든 漢字語」를 빼어 활자의 크기를 축소하고 압축판으로 판형을 달리하여 간행한다. 총면수는 904면으로 줄어든다. 그러나 『完璧日韓콘사이스』란 명칭을 다시 『完璧日韓辭典』으로 변경하고 1968년부터 간행한다. 또한 일본 高麗書林에서 『詳解日韓辞典』이란 명칭으로 1972년 발행하기도 한다.

增補版(1973년)에는 「增補 전에도 慣用句가 전혀 無視되고 있지 않았으나 이번에 이를 體系있게 간추려서 附錄으로서 다시 붙인 것이다」라고 하여 「日語慣用句集」이란 부록명칭으로 관용구를 활용할 수 있도록 하였다. 그리고 이어 「常用漢字찾아보기表」를 부록에 첨가하여 출판사가 바뀌어 民瑞出版社에서 간행한다. 이후, 2000년부터는 『完璧日韓辭典』이란 명칭으로 名文堂에서 재발간된다.

3) 『最新日韓大辭典』(1973) 韓辰書舘

일본어를 교과과정에서 독어·불어와 함께 제2외국어로 넣도록 하라는 지시이후 1973년부터 고등학교에서 일본어 교육이 시작된 해 8월에 발행한 사전이다. 韓辰書舘編輯部에서 편찬하고 한국외국어대학교 이윤경 교수가 책임 감수하여 韓辰書舘에서 발행했다.

머리말을 보면, 「여지껏 出刊된 日韓辭典이 없는 것은 아니다. 그러나 몇가지 點들, 좀더 正確히, 좀더 빨리, 그리고 좀더 體系的인 理解와 使用에 滿足을 줄 수 있는 辭典은 없는가 하는 一抹의 아쉬움을 느껴 왔던 것이 事實이다.」라고 하여, 초기 日韓辭典의 부족한 점을 이사전에서는 20여만 단어 어휘 풀이에 있어서 정확하고 객관적인 낱말 사용으로서 개념 표출의 애매성을 피했다고 하고 있다. 본문은 1741면

까지이고 부록에는 年中行事一覽, 日文法槪要, 常用漢字一覽을 수록하
고 있다.

이후, 이 사전은 『最新日韓辭典』으로 명칭이 바뀌고 여러 출판사
에서 간행하게 된다. 1985년 매일영어사, 현문사에서 간행된다, 총
면수는 1357면이다. 1992년에는 다시 유림당서적으로 옮겨 간행
된다.

4) 『民衆엣센스日韓辭典』(1973) 民衆書館

이 사전 편찬은 1963년 시작하여 1968년 민중서관과 간행 계약을
맺고 1973년 11월 15일에 초판이 간행된다. 편자는 일본 天理大學 安
田吉實 교수와 우리나라 國際大學(현 서경대학교) 孫洛範 교수이다.

머리말을 보면, 「우리가 이 사전을 편찬함에 있어서, 초학자의 어학
적 수련이나 일어 사용자의 일상 생활에 불편 부족함이 없는 내용을
한정된 지면에 담기 위해서는 어떠한 어휘(語彙)를 어느 정도 수록할
것이냐 하는 문제를 규정하기가 매우 어려웠다. 그러나 이 문제는 일
본인이 현대 생활에 필요한 어휘(語彙)를 일단 총망라하는 데에 편집
의 주안(主眼)을 두게 함으로써 근원적 해결을 보았다」라고 하고 있어,
수록 어휘 즉 거시적 구조에 대한 어려움이 있었다는 것을 이야기하고
있다. 본문은 1644면까지이고 부록으로 품사개설, 동사활용표, 형용사
활용표, 형용동사활용표, 조동사활용표, 現代かなづかい와 歷史現代か
なづかい의 대조표, 로마자철자법, 외래어표기에 관하여, 지명의 호칭
과 표기법, 경어의 사용법, 국민의 축일·기념일·연중행사, 수량호칭일
람, 명수표, 한자음훈의 길잡이 등으로 구성되어 있다.

이후, 이 사전은 13년이 지나 1988년 개정증보판인 제2판이 民衆書
林에서 간행된다. 개정증보판에는 표제어의 재검토, 상용한자표와 現
代かなづかい에 준거하여 표기법 재정비, 일본어 초보학습자를 위하여

정확한 발음을 표제어마다 로마자로 표기, 표제어의 품사명시, 부록에 「한자의 음훈의 길잡이」를 추가하였다. 총면수는 2490면이다. 1995년 판부터는 「한자의 부수와 획수로 한국음 찾아보기」편을 부록에 첨가하였으며, 총면수는 2525면이 된다.

1988년 개정판을 기본으로 휴대용 소사전인 『民衆新日韓小辭典』을 1988년 간행한다. 총면수는 1041면이다. 1995년 개정판을 기본으로 간행한 『民衆新日韓小辭典』의 총면수는 1054면이다. 이 소사전은 일본 三修社에서 『NEW ボータブル日韓辞典』이란 이름으로 2003년 발행하기도 한다.

이 『民衆엣센스日韓辭典』은, 編者가 李淑子 교수와 箕輪吉次 교수로 바뀌면서 새로운 개정판(제3판)을 2001년 간행한다. 총면수는 2832면이다. 또한 이 제3판을 바탕으로 휴대용 사전으로 『엣센스實用日韓辭典』을 2002년 간행한다. 총면수는 1853면이다.

5) 『동아신크라운日韓辭典』(1978) 동아출판사

동아출판사 편집부에서 1965년 가을부터 일한사전 편찬을 기획하여 고등학교에서 일본어가 제2외국어로 시작된 1973년 초고를 완성하여 1978년 초판을 간행한 것이다. 머리말에는 「우리가 이 사전 편찬과정에서 가장 고심한 것은, 적절한 代置語 찾기와 간명한 설명을 붙이기에 있었으며, 多樣한 뉘앙스의 어감을 例示해 주는 例文 찾기에 있었던 것이요, 가장 주의를 기울인 점은 우리 국어에 混濁을 끼치는 과오를 범해서는 안 된다는 점이다. 따라서, 望外의 기쁨이 있었다면, 아름답고 슬기로운 우리말로서 일찍기 한자어에 밀려나 거의 廢語가 되어버린 순 우리말 중의 많은 어휘들이 되살려졌다는 점일 것이다.」라고 하여, 순 우리말 대역어를 찾아 편찬하였음을 강조하고 있다.

본문은 199면이고, 부록으로 외국지명일람, 품사개설, 동사 활용표,

형용사 활용표, 형용동사 활용표, 조동사 활용표, 현대 かな 표기법과
역사 かな 표기법의 대조표, かな의 성립, 일본어 표기법, 일본어 편지
쓰는 법, 한자 부수 일람, 한자 음훈 총람, 방위·시각표 등으로 구성되
어 있다. 총면수는 2077면이다.

　1990년에는 동아출판사 편집부에서 『東亞프라임日韓辭典』이라는
새로운 사전을 편찬 발행한다. 『동아신크라운日韓辭典』을 발전시켜 새
롭게 편찬하여 발행한 것이다. 부록으로는 일본어의 문법, 일본어의
표기법, 자음 색인으로 구성되어 있다. 총면수는 2496면이다. 이 사전
은 출판사 이름이 「두산동아」로 바뀌고 새로운 개정판으로 간행된다.
이후 인터넷상 웹사전으로 많이 이용되고 있다. 동아출판사 편집 휴대
용 소사전으로 『동아現代日韓辭典』(1979)(1056면), 『동아新日韓小辭典』
(1987) (976면)이 간행되었으며, 두산동아 사전편찬실에서는 『동아메
트로일한사전』(1997)(890면), 『동아메이트일한사전』(2003)(1234면)을
발행한다. 이현기 교수가 1998년 편찬한 『프라임학습일한사전』(1530
면)은 『프라임실용일한사전』으로 명칭 변경하여 출간된다.

　6) 『금성NewAce日韓中辭典』(1987) 금성교과서주식회사
　일본 小學館과 제휴하여 공동 개발한 사전이다. 책임 감수는 한국외
국어대학교 박희태 교수가 담당하였다. 종래의 사전에는 수록되지 않
은 동·식물명을 폭넓게 수록하고 있다. 부록은 일본어 문법요람, 일본
어 표기의 기준, 경어 사용법, 수 세는 말, 일본 인명·현명·지명·강이
름·산이름·섬이름 읽기, 상용한자표(常用漢字表) 및 부표(附表), 인명
용 한자일람, 난음난훈(難音難訓) 일람, 일본 학년별 한자 배당표, 24
절기·잡절·월의·별명·월령표, 방위시각표·간지순의표 등으로 구성되
어 있다. 총면수는 2201면이다. 그리고 새로운 신어 등을 수록하여 휴대
용 「콘사이스」형으로 편찬하여 『Concise日韓辭典』이란 이름으로 1988

년 간행한다. 총면수는 1658면이다. 1998년 간행 사전에는 기존의 부록을 싣지 않았으나, 이후 발행하는 『Concise日韓辞典』에 常用漢字表 (상용한자표)를 부록으로 넣고 있다. 총면수는 1674면으로 증가한다. 또한 『日韓中辞典』에서 『日韓辞典』으로 1989년부터 변경되어 개정 발행된다. 부록으로는 「한자음으로 일본 음훈 알아보기」만 싣고 있다. 총면수는 2202면이다. 이 사전은 다시 운평어문연구소에서 개정판을 편찬하여 1993년 발행한다. 총면수는 2266면이다. 1999년에는 운평어문연구소에서 『DESK日韓辞典』이란 명칭으로 최근 새로 등장한 현대 구어 속어 외래어 등을 적극 수록하고, 부록에 「일본 한자 國字의 音訓 읽기」를 추가하여 기존의 판보다 300여 페이지 더 증보하여 큰 판형으로 발행된다. 총면수는 2550면이다.

2. 일본 國語辭典을 번역 편찬한 日韓辭典

우리나라에서 처음 일본사전을 번역 편찬한 사전은 『鮮譯國語大辭典』(1919년)이다. 광복이후에 사전 편찬에 일본 사전을 기본으로 하여 편찬하였을 것이란 추측이 가능하다. 그러나 어떤 일본 사전을 기본으로 하여 편찬하였다고 기술하고 있는 사전은 많지 않다. 『실용日韓小辭典』(1974)은 일본 국어사전을 기본으로 편찬하였음을 서문에 밝히고 있다. 『基礎日本語學習辭典』(1987), 『新日韓辞典(例解)』(1991)등은 일본 사전을 완역하여 한국어판으로 간행하고 있다.

1) 『실용日韓小辭典』(1974) 五星出版社

일본 「國語辭典」을 모델로 편찬한 사전으로 일본 사전의 삽화 등을 그대로 사용하고 있다. 머리말에 「이 사전은 일본 『角川国語辞典』과 『広辞苑』(岩波書店)을 모델로 사용빈도가 높은 10만여 어휘를 채록하

고 있으며, 어의의 해설보다 그 일본어 낱말에 꼭 해당하거나 근사치
를 가진 우리말을 최대한 색출 기재하고 있고, 그리고 종래 일한사전
들이 소홀히 했던바 있는 동식물명 및 기타 물명을 우리말로 옮기는데
정확을 기하고 있다」라고 사전 편찬 내용을 밝히고 있다. 편자는 朴洋
根이다. 1969년 초판을 발행한『角川国語辞典』(久松潜一·佐藤謙三 編)
을 기본으로 한 것이다. 부록은『角川国語辞典』(久松潜一·佐藤謙三
編)의 부록인「画引き難音難訓索引」을「難音難訓索引」로 해설 번역과
함께 싣고 있다. 총면수는 704면이다. 이후 이 사전은 1985년『표준日
韓辭典』,『새스탠다드日韓辭典』이란 명칭으로 증보하여 學力開發社에
서 간행된다. 부록은「日語 表記의 基準」으로 교체 되었다. 총면수는
963면이다.

2)『基礎日本語學習辭典』(1987) 시사영어사

시사영어사가 1987년 일본 국제교류기금에서 개발한 사전을 한국어
판으로 간행한 것이다. 일본국제교류기금에서는 초급 일본어 학습자를
위해 세계 각국어판으로 간행할 필요를 느끼고 있어 한국어판을 간행
하게 된 것이다. 이 사전은 학생들이 사볼만한 일한사전이 없었고, 초
보자 학습을 돕는 학습사전은 한 권도 나와 있지 않아 고교일본어 학
습과 초보자용을 위한 사전임을 강조하고 있다. 일본어 품사중「動詞」
를 기존의 사전과는 달리 Ⅰ형 동사(5단활용), Ⅱ형 동사(上1단 활용·
下1단 활용), Ⅲ형 동사(カ행 변격 활용·サ행 변격 활용)으로 구분하고
있다.「形容動詞」는 그대로 사용하고 있다. 표제어의 배열순서는 알파
벳순이다. 표제어는 처음에 로마자로 표기하고 이어 일본어 표기를 하
고 있다. 표제어의 용례는 먼저 일본어로 표기하고 이어서 로마자로
표기하고 있다. 부록에는 문·단어 항목으로 나누어 문법 설명을 하고
있다. 총면수는 957면이다.

3) 『新日韓辭典(例解)』(1991) 민중서림

일본 三省堂에서 野元菊雄·南不二男·国松昭(編) 『例解新国語辞典』 (第二版)(1990년刷)를 우리말로 출판한 일한사전이다. 번역자는 金貞淑이다. 『鮮譯國語大辭典』(1919), 『실용日韓小辭典』(1974년)은 일본 사전을 우리나라 학습자를 위해 번역 편찬한 것과는 달리, 이 사전 모든 것을 그대로 완역한 사전이다. 일본 사람들의 모국어를 학습하기 위해 편찬된 사전을 한국어판으로 간행한 것이다. 이『例解国語辞典』(1884년 초판) 「この辞典を使う人のために」첫 문장은 다음과 같이 시작된다.

わたしたちは、日本語で育ち、日本語でものを考え、日本語で会話し、日本語で文書を書き、わたしたちの文化をきずいています。日本語は、長い歴史のなかで、わたしたちの血となり、肉となって、わたしたちの存在そのものになっています。

즉, 일본어를 모국어로 하는 일본 사람들을 위한 사전을 한국어로 번역한 사전이다. 총면수는 본문 1104면, 부록 29면이다. 『例解新国語辞典』은 다시 1990년 第三版이 간행되어, 다시 이 사전 第三版 1991년刷를 번역하여 『新日韓辭典(例解)<改訂版>』을 1993년 간행한다. 총면수는 본문 1102면, 부록 39면이다.

그 외, 『日語用例辭典』(1993)은 일본 文化廳에서 발간한 『外国人のための基本語用例辞典』을 우리말로 대한교과서 출판부에서 편역 출판했다. 그 후 1997년 『日語日作文辭典』이란 명칭으로 한국사전연구사에서 간행된다. 부록에는 「國文索引」을 추가하여 우리말로 어휘·어구의 색인을 작성하여 사전 안의 용례를 찾을 수 있도록 했다. 총면수는 1859면이다.

『日本語擬態語辭典』(2000)은 五味太郎의 『日本語擬態語辞典』(1989년 초판발행)을 이서규 번역으로 연경미디어에서 발행했다. 총면수는

232면이다.

일본 にほんごの会에서 편집한 『日本語を学ぶ人の辞典』(新潮社)을 우리나라 『일본어학습사전』(이봉희 번역)으로 2002년 교학사에서 간행했다. 총면수는 1138면이다.

그리고 일본 『広辞苑』(제6판)을 우리말로 번역한 『고지엔(제6판) 일한사전』이 어문학사에서 2012년에 간행되었다. 총면수는 제1권 1938면, 제2권 1910면이다.

이 외, 우리나라에서 광복이후 많은 일한사전이 간행되었다. 필자가 소장한 사전을 중심으로 앞에서 소개한 것 이외의 사전 일람표를 작성하면 다음과 같다.

사전명칭	연도	출판사	면수	편자·감수
간편한일한사전	1995	세세	768	
國學日韓大辭典	2002	국학자료원	2483	
紀林最新版日韓辭典	1984	기림출판사	764	
꼬마일한사전	1991	을지외국어	208	
뉴드림일한사전	2000	시사일본어사	2616	
뉴에듀케이션日韓辭典	1985	새교육사	1221	
뉴크라운日韓辭典	1986	새교육사	502	
大同版日韓大辭典	1994	大同文化社	2483	權萬赫 監修
三志日韓辭典	1991	三志社	823	全基定 監修
三志日韓小辭典	1991	三志社	592	全基定 監修
새日語辭典(合本版)	1990	민서출판사	1407	
새日韓小辭典	1981	신한출판사	654	鄭寅燮 監修
새日韓小辭典	1984	민서출판사	632	
슈프림日韓辭典	2005	민중서관	2249	
시사엘리트日韓辭典	1993	시사영어사	1880	
시사日韓辭典	1992	시사일본어사	1269	
시사처음일본어사전	2002	시사일본어사	1164	
시사하지메한일일한합본사전	2006	시사일본어사	1478	
新選日韓辭典	1974	三志社	823	全基定 監修

사전명칭	연도	출판사	면수	편자·감수
新撰日韓新辭典	1982	名文堂	1494	鄭寅燮 監修
新撰日韓韓日廣辭典	1993	名文堂	2078	鄭寅燮 監修
新日韓小辭典	1985	東亞圖書	390	
이로하新日韓辭典	1996	大同文化社	2127	
日本百科事典兼用日韓大辭典	1977	學園社	1151	柳 呈 監修
日本百科事典兼用日韓大辭典	1977	學園社	2004	柳 呈 監修
日本百科事典兼用日韓大辭典	1995	와이제이자격증전문(주)	1151	柳 呈 監修
일본어사전	2005	대교출판	205	
日韓大辭典	1978	韓英出版社	1151	柳 呈 監修
日韓大辭典	1981	世一社	1151	柳 呈 監修
日韓韓日大辭典	1976	大榮出版社	2056	鄭寅燮 監修
진명뉴밀레니엄日韓辭典	1999	진명출판사	2209	曺喜澈編
最新日韓辭典	1985	동아서관	764	
커런트日韓小辭典	1982	시사일본어사	633	
콤팩트일한사전	2001	교학사	1454	
표준새日韓辭典	1990	大榮文化社	719	鄭寅燮 監修
標準新日韓辭典	1973	교학사	1235	
표준日韓辭典	1975	신한출판사	656	鄭寅燮 監修
피닉스日韓辭典	1993	범우사	764	
學習日韓辭典	1985	三益社	702	
現代日韓辭典	1999	교학사	2724	池檉·黃美玉編

* 사선 출판 정보 세공을 위해 편의성 동일한 사진이라도 명칭, 출판사, 편형 등이 싱이하면 일람표에 포함시켰다. 版(edition)과 刷(printing)의 명시가 제대로 되어있지 않는 것은 출판 연도를 기입했다.

Ⅲ 맺음말

　이상과 같이 우리나라에서 출판된 일한사전 편찬의 역사적 흐름을 파악하기 위해 개략적으로 소개하였다. 일한사전 편찬의 역사도 어느 정도 연륜은 쌓아 온 셈이라 할 수 있다. 그러나 일한사전의 편찬 의도와 내용, 표기정보, 어의정보, 문법정보, 관련어, 용법과 예문 제시 등

에 관한 종합적인 검토가 필요하지만 본고에서는 일한사전 편찬에 대한 가장 기초적인 사전 출판 현황을 소개하는 것에 머무르고 있다. 지금까지의 일한사전은 일본 모국어를 교육을 위해 편찬된 사전을 그대로 번역하기도 하고 일본 사전을 기반으로 제작된 사전이 많다.

사전 편찬을 위해 어휘의 사용을 광범위하게 조사, 수집, 분석하는 작업 과정이 필요하다. 이러한 작업과정을 바탕으로 우리나라에서도 일본어 교육과 정확한 일본어 정보를 얻을 수 있는 사전이 개발되어야 함은 부정할 수 없는 일이다.

현재 이러한 종이 인쇄 사전이 점차 사라지고, 스마트폰에서 사용되는 일한사전이 등장하고 있다. 이 사전들도 종이 인쇄로 편찬된 사전을 기반으로 하고 있지만, 수정 보완이 편리하여 종이인쇄 사전과는 달리 판(edition)에 대한 개념도 변하고 있다. 인터넷상의 사전과 스마트폰의 일한사전의 이용도 많이 변하고 있다. 이러한 사전은 종이 인쇄 사전과는 달리 일본어 가나를 입력하여 어휘 정보를 찾아야 한다. 이러한 입력방법의 종류가 많아지면서, 단어의 의미와 쓰임의 내용뿐만 아니라 사전 사용의 신속함 등 일한사전의 편찬 방향에 많은 영향을 주고 있다.

▌참고 문헌

이병근(2000) 『한국어 사전의 역사와 방향』 서울:태학사
이재호(2005) 『영한사전비판』 서울:궁리
정재도(1999) 『국어사전 바로잡기』 서울:한글학회 한글재단
홍종선·외(2009) 『국어사전학개론』 서울:제이앤씨
岩波新書編輯部(1992) 『辞書を語る』 東京:岩波書店(岩波新書)
加藤康司(1976) 『辞書の話』 東京:中央公論社(中央新書)
杉本つとむ·監修(1979) 『国語辞書を批判する』 東京:桜楓社

일본어학과 일본어교육

日本語学·日本語教育

7 일본어 교육(日本語教育)

海外著者原文

일본어학과 일본어교육
日本語学・日本語教育

7 일본어 교육(日本語教育)

日本語教育のための対照研究

小林ミナ
早稲田大学大学院日本語教育研究科・教授

1 はじめに

　本稿では，日本語教育における対照研究(contrastive linguistics)について取り
あげる。

　2節で述べるように，対照研究は応用言語学の一領域として，外国語教育への
貢献を目指して発展してきた。しかし，習得研究の発展により，第二言語習得に
見られるさまざまな事象が，必ずしも母語の影響だけでは説明できないことが指
摘されるようになる。それと同時に，「動機づけ」「学習ストラテジー」「学習スタ
イル」といった個人要因について研究が進むに従い，外国語教育における対照研
究の意義や役割は，見直しを余儀なくされてきた。

　母語が同じであっても，学習者によって，学び方，つまずく箇所などが同じと
は言えないことから，第二言語習得に見られるさまざまな事象が，必ずしも母語
の影響だけでは説明できないことは明らかである。しかし，外国語，第二言語を
学ぶ際に，母語の影響がまったくないということも，またあり得ない。

　以上を踏まえて考えるなら，第二言語習得における個人要因の一つとして母語
を位置づけ，そのような観点から対照研究を行っていくべきであろう。その際，

対照研究の枠組みや手法は，従来のものと同じでよいはずはない。一例をあげる
なら，対照研究の前提である「等価な言語要素」をどのように設定するかから，見
直す必要がある。

　本稿の構成は，次の通りである。まず2節では，対照研究と外国語教育の関係
を概観する。3節では，「学習者が頭の中で独自に作りあげている文法」の一端が
垣間見える3つの事例を紹介するとともに，それらの事例が示唆するところを考
察する。それらの議論を踏まえて，4節では，日本語教育における対照研究の新
しい方向性を探りたい。

Ⅱ　対照研究と外国語教育

　対照研究が，外国語教育と緊密な関係にあることは，その発展の経緯を考えれ
ばとくに驚くべきことではない。対照研究は，応用言語学の一領域として，外国
語教育への貢献を目指して発展してきた。対照分析仮説(Contrastive Analysis
Hypothesis)により，学習者の母語と目標言語間の類似点や相違点が記述されるこ
とによって，学習上の困難点を予測したりするのに貴重な手がかりを与えてくれ
るとされてきたからである。その後，誤用分析(Error Analysis)においても，対照
研究の成果を踏まえて，「転移(transfer)」や「干渉(interference)」といった誤用の原
因を解明することが試みられた。

　その一方で，母語と目標言語間の類似点や相違点だけで，必ずしも外国語学習
のすべてが説明できるとは限らないことも指摘されるようになる。つまり，母語
を同じくする学習者であっても，必ずしも同じところでつまずいたり，同じプロ
セスを辿って上達したりするわけではないこと，その逆に，母語が異なる学習者
間，あるいは，母語(Ｌ1)を習得する幼児と目標言語(Ｌ2)の学習者との間に
も，同じ誤用や困難点が見られることなどが報告されたからである。

　その後，母語でも目標言語でもない，学習者独自の発達途上の体系である「中
間言語(interlanguage)」(Selinker 1972)という概念が提唱されることにより，母語
は，中間言語の形成に影響を及ぼす要素の一つとして位置づけられるようにな
る。

　ところで，対照研究においては，異なる言語間の相対応する等価(equivalent)な

言語要素を，考察の対象とする。たとえば，韓国語の「달리는」と日本語の「走る」は，どちらも「足を動かして速く移動する」といった意味を持つ動詞であるという点において，等価な言語要素であると考えることができる。よって，この2語は対照研究の対象になりえる。しかし，韓国語の「달리는」と日本語の「りんご」には，意味的にも品詞的にも共通点は見られない。よって，この2語は通常は対照研究の対象にはなりえない。

　しかし，何を以て「等価」とみなすのかは，それほど簡単なことではない。仮に，「学習者が意味の把握に迷う語群」「学習者が使い分けに迷う語群」といった点に，等価な言語要素を見いだそうとするなら，その語群は，学習者の頭の中から拾いあげるしかないからである。そのためには，「「学習者が頭の中で独自に作りあげている文法」に目を向け，その構造を明らかにする必要があるだろう。

Ⅲ　学習者が頭の中で独自に作りあげている文法

　ここでは，3つの事例を紹介したい。どちらも，日本語教科書や周囲からのインプットなど，学習者が自分の周りのリソースを取り込んで，頭の中に自らの「文法」を構築していることがよくわかる事例である。

1.「中国から来ました」

　著者である小林は，北海道大学で日本語を教えていたことがある。北海道大学は札幌にあるが，札幌は，冬になると多いときは一晩で50センチも雪が積もることがある。そのような真冬日に，1人の中国人留学生と待ち合わせをした。日本語と中国語の通訳が必要になり，その仕事を依頼したからである。天気予報によれば，その日は大雪とのことだったので，会場近くのビルのロビーで，待ち合わせをすることになった。そのビルは，地下鉄の駅から地下道でつながっているので，どんなに大雪が降っても，まったく雪にあわずにロビーまで来ることができる。しかし，待ち合わせ場所にあらわれたその学生は，全身雪に覆われており，まるで猛吹雪の中を，傘もささずに長いこと歩いてきたかのようであった。その姿をみて驚いた私は，彼女の頭や肩に積もった雪を手で払いながら，こう尋

ねた。

「すっごい雪。どこから来たの？」

すると，その留学生から返ってきた答えは，次のようなものであった。

<u>「中国から来ました」</u>

わざわざ説明するまでもなく，この状況で，私は彼女の出身地を知りたかった
わけではない。まったく雪にあわずに済むと思い，地下鉄の駅から地下道でつな
がったビルのロビーで待ち合わせたにも関わらず，彼女が雪だらけであったた
め，「いったいどこを通って来たのだろうか」と不思議に思ったのである。

改めて「地下鉄の駅から来なかったの？」と聞き直したところ，彼女は「用事が
あって友人の家に行っていたので，そこから歩いて来た。もっと近いと思ってい
たのに，地下鉄で２駅分ぐらいの距離があって，30分近くも歩くことになってし
まった。こんなことなら，地下鉄に乗って来れば良かった」といった内容を，流
ちょうな日本語で笑いながら話してくれた。通訳の仕事を頼むような留学生であ
るから，日本語は上級である。しかし，なぜそれほど上手なのに，「中国から来
ました」と答えてしまったのだろうか。

考えられる原因は，日本語教科書である。

初級教科書の第１課では，自己紹介が取り上げられることが多い。次のような
モデル会話があり，学生たちは「パクミンジュン」や「韓国」の箇所を，自分の名前
や国に置き換えて，自己紹介を練習する。

(1) 第１課　初めて会った人と
　　パク：はじめまして。
　　田中：はじめまして。
　　パク：パクミンジュンです。韓国から来ました。どうぞよろしく。
　　田中：田中です。どうぞよろしく。

文型らしきものは，「～です」「～から来ました」だけなので，初めて日本語を学
ぶ人にも，それほど難しくはない。第１課を学ぶのは，新学期が始まったばかり
で学生同士が初対面の時期が多いこともあり，このような自己紹介の会話は，学
生たちにとっても身近で必要性が高いものになる。学んだばかりの文型を使いな
がら，教室の中では，学生たちの自己紹介が展開する。

そして，学生たちは，このモデル会話から「初めて会ったときのあいさつは「は
じめまして」である」「名前をいうときは「～です」を使う」といった文法を汲みと
る。それと同じように，「(地名 / 国名)から来ました。」を，「出身地(出身国)を言
うときの表現である」と理解した可能性がある。しかし，「(地名 / 国名)から来ま
した。」は，実は，出身地(出身国)専用の表現ではない。

　自分の出身地(出身国)を伝えようとするとき，私たちは，次の(2)−(6)のよう
な表現の中から，状況や気持ちに応じて適切なものを選び出して，使い分けをして
いる。

　　(2) 出身はソウルです。
　　(3) ソウル出身です。
　　(4) ソウルから来ました。
　　(5) 生まれも育ちもソウルです。
　　(6) ウルで生まれたんですが，幼稚園に入るときに，父の仕事の都合で釜
　　　　山に引っ越しました。

　では，「(地名 / 国名)から来ました」という(4)の文型で，出身地(出身国)を伝え
ることができるのは，いったいどのような条件が整ったときなのだろうか。

　たとえば，ソウルで生まれた人が，進学や就職などで釜山に移り住んだとす
る。その場合，自己紹介で次のように言うことができる。

　　(7) ソウルから来ました，パクミンジュンです。

　しかし，このパクミンジュン氏が，釜山からさらに大邱に引っ越したとする。
そうすると，自己紹介で(7)のように言うことはできない。なぜなら，(7)のよ
うに言ってしまうと，大邱に来る直前は，ソウルに住んでいたことになるからで
ある。したがって，大邱で自己紹介するときには，たとえば次のように言わなけ
ればならない。

　　(8) 釜山から来ましたパクミンジュンです。出身はソウルで，そのあと釜
　　　　山で3年ほど仕事をしていました。

　以上の例からわかるのは，「(地名／国名)から来ました」というのは，出身地(出身国)を伝える専用の文型ではなく，「移動する前にいた場所」をあらわす文型だということである。日本語で「(地名／国名)から来ました」で出身地(出身国)を述べる場合には，その直前まで出身地(出身国)にいたことが，外せない条件なのである。

　何気ない自己紹介のモデル会話ではあるものの，個々の文型がもつこのような制限に気がつかないと，日本語の「(地名／国名)から来ました」は，常に，出身地(出身国)を伝えることができるといったように，学習者は理解している可能性がある。

　これに関連して興味深いのは，「〜から来ました」にあたる「〜에서 왔습니다」(韓国語)と「从〜来到」(中国語)では，上の(8)のような状況で使えるかどうかが異なる可能性があるという点である。詳細な考察は，今後の課題としたい。

　2.「どうぞよろしくお願いします。」

　次は，電子メールの事例である。

　ある日，ギリシャで日本語を学んでいるという大学生から，著者の，メールアドレスに電子メールが届いた。この大学生とはまったく面識がなく，誰かに紹介されたわけでもないが，メールアドレスは，大学のホームページなどで公開されているので，突然，見知らぬ人からメールが届いても，とくにおかしいわけではない。

　そのメールは，「日本への留学を希望している。ついては，指導教員を引き受けてもらえないか」といった内容の，とても流暢な日本語で書かれたメールであった。しかし，研究テーマが私の専門とはずれているようなので，「申し訳ないが，指導は引き受けられない。もっと適任の先生がいると思うので探してみたらどうか」といった断りの返事を出した。

　その数日後，その大学生から届いた返信が，次のメールである。

　(9) From: xxxxxx@xxx.xxx.xxx.gr

　　　To:　 KobayashiMina@xxx.xxx.xxx.ac.jp

　　　Subject: Re:留学についての問合せ

　小林先生、早速のご返事ありがとうございました。

　ご事情がよくわかりました。ご丁寧な対応に感謝します。

　ほかの先生を探してみます。

　では、よろしくお願いいたします。

　最後の「では、よろしくお願いいたします。」を読み，相手の理解に一抹の不安を覚えた。こちらは指導教員を断ったつもりなのに，それが通じなかったのかと思ったからである。しかし，その上には「ほかの先生を探してみます。」とはっきり書かれているし，実際，それきり何も連絡は来ていない。したがって，こちらの意図はきちんと伝わっていると判断した。

　「ほかの先生を紹介する。」と返事をしたのならともかく，「ほかの先生を探してみたらどうか。」に対して，「では，よろしくお願いいたします。」で終わる返信というのは，どうにもすわりが悪く感じられる。

　「よろしくお願いします。」という表現は，メールの「むすび」としてよく使われる。とくに何かを依頼したメールでなくても用いることができ，非常に使い勝手が良い表現である。そのため，日本語の教科書にも，一般的なビジネスメールの締めの言葉として説明されることがある(たとえば，築他2005等)。たしかに，何かを依頼したメールでなくても用いることができるという指摘は正しいのだが，「よろしくお願いします。」には，「何らかのつながりがこれからも続く」という大きな前提がある。見ず知らずの相手に，指導教員を頼み，それが断わられたという状況においては，この前提を共有することはできない。上のメールのすわりの悪さには，この点が影響している。

　この大学生が，なぜメールの最後を「では，よろしくお願いいたします。」で締めたのか，今からそれを確かめる術はない。しかし，「よろしくお願いします。」が，必ずしも依頼の文面でなくても「むすび」として用いられているという事例に数多く接することで，この大学生が「どのような場合でも，「むすび」として用いて良い」という文法を，自らの中に構築している可能性が示唆される。

　「よろしくお願いします。」のように，実質的な意味が希薄になった，いわゆる「あいさつ」といった類の表現群は，文字通りの意味ではなく，機能の観点から「等価な言語要素」として位置づけられる。これもまた，対照研究が考察するべき対象である。

3.「そうですねー。北京です」

　次も，学習者が自分の周りのリソースを取り込んで，頭の中に自らの「文法」を構築していることがよくわかる事例である。

　会話授業のプレイスメントテストとして，新学期に面接を行っていたときのことである。担当教師(＝著者)が，会話授業の受講希望者を一人ずつ呼び，一対一で日本語で話をする。そのやりとりによって，受講するクラスを決めるためである。

　ある学生とは，次のようなやりとりで始まった。

> (10)　学生：「失礼します」(と言いながら，教室に入ってくる)
> 　　　　教師：「はい，どうぞ。こちらにお座りください」
> 　　　　学生：「あ，すみません」(と軽く会釈して，椅子に腰かける)
> 　　　　教師：「ええと，お名前は？」
> 　　　　学生：「カクと申します。中国からまいりました」
> 　　　　教師：「あ，中国のカク・シューエンさんですね」(と，受講生の名簿を
> 　　　　　　　確認する)
> 　　　　学生：「はい。そうです。よろしくお願いします」

ところが，そのあとに続いたのは，次のようなものであった。

> (11)　教師：「カクさん、ご出身は中国のどちらですか」
> 　　　　学生：「そうですねえー，北京です」

　「北京です」ときちんと答えていることから，こちらの質問は理解できたようである。しかし，自分の出身地を答えるのに，「そうですねえー」という言いよどみは，とても不自然に聞こえる。まるで，自分がどこで生まれたのかうっかり忘れてしまった，あるいは，日によって出身地が変わるかのような印象を与えるからである。

　後日，なぜ新学期の面接で「そうですねえー，北京です」と言ったのか，本人に確認することができた。本人の説明は次のようなものであった。

(12) 自然な日本語を使えるようになるためには，教科書の日本語だけでは
なく，普通の日本人が実際に使っている日本語に，たくさん触れるこ
とが大事だと思う。だから，時間があるときは，日本語のテレビをい
つも見ている。
テレビで，街頭インタビューなどの場面を見ていると，ほとんどの日
本人は，マイクを差し出されてもすぐに答えず，たいてい「そうですね
え」とか「えーと」とか「あのー」などと，まず言って時間をおく。それか
ら，自分の意見を言う。
日本語の授業では，先生に質問されたら，すぐに答えを言わなければ
いけない。でも，実際には，何か質問されたときには，何かことばを
挟んで，一呼吸置いてから答えるのが，本当の日本語なのだと思う。
だから，会話授業の面接でも，ただ「北京です」と答えるのではなく，
その前に「そうですねえー」と言うようにした。　　　　　(小林2007，43)

しかし，日本語の言いよどみには，「えーと」「あのー」など，他のものもある。
そこでさらに，面接の際に，「えーと」や「あのー」ではなく，「そうですねえー」を
使った理由を尋ねた。本人から返ってきたのは，次のような答えであった。

(13) 「そうですねえー」は「です」が入っているから，「あのー」や「ええと」よ
り丁寧である。面接は，先生と話すから，「あのー」や「ええと」では失
礼になるので，「そうですねえー」を使った。　　　　　(小林2007，45)

この学生は，ただやみくもに「そうですねえー」を使っていたわけではない。テ
レビ番組からのインプットを自分なりに分析して，「そうですねえー」を「丁寧に
話すときの言いよどみ」と位置づけていたわけである。これもまた，学習者が自
分の周りのリソースを取り込んで，頭の中に自らの「文法」を構築していることが
よくわかる事例と言える。

Ⅳ 日本語教育における日韓対照研究の新しい方向性

　3節では、「学習者が頭の中で独自に作りあげている文法」の一端が垣間見える３つの事例を紹介した。これらの事例から明らかなのは、日本語を学ぶというのは、教師の文法説明や教科書の文法記述を、ただ丸暗記するだけの受動的・静的な営みではなく、周囲の日本語をリソースとして取りこみながら、頭の中に「日本語のルール(＝文法)」を自ら構築していく、きわめて能動的・動的な営みだということである。

　そのような営みを支援するのが日本語教育であるなら、役に立つ対照研究というのは、学習者がどのような日本語表現と韓国語表現の間で混乱を感じ、どのような日本語表現について意味や用法の把握に迷っているかを突き止め、それらを研究の対象にするべきだろう。そのためには、「学習者が頭の中で独自に作りあげている文法」に目を向け、その内実を探らなければならない。

　学習者の頭の中で起こっていることを知るためには、文完成テストや穴埋めテストといった実験的な手法だけでなく、日常的に見られる、何気ない学習者の発話や誤用などを、丹念に拾いあげることが重要である。そして、これは、現場で実践に携わる者にしかできない作業だと考える。このような視点から、対照研究を深めていくことにより、日本語学習者は、もっと早く、もっともっと楽に、日本語が上手になるはずである。

▍参考文献

井上優(2002)「『言語の対照研究』の役割と意義」『対照研究と日本語教育』国立国語研究所、pp.3-20

石綿敏雄、高田誠(1990)『対照言語学』おうふう

小林ミナ(2007)『外国語として出会う日本語』(もっと知りたい！日本語) 岩波書店

小林春美、佐々木正人(共編)(1997)『こどもたちの言語獲得』大修館書店

築晶子、大木理恵、小松由佳(2005)『日本語Eメールの書き方』The Japan Times

Selinker, L.(1972) Interlanguage, International Review of Applied Linguistics,10, pp.209-231

教授法から学習環境のデザインへ
-ピア・ラーニングの実践から考える

舘岡洋子

早稲田大学

Ⅰ はじめに

　本稿の目的は、「学習環境のデザイン」という考え方を提示することである。日本語学習は学習者自らが主体的に取り組む活動であり、そのためには教師は「教える」というよりもむしろ「学習者が学べるような場をデザインする」のだということを述べる。

　本稿は5つの節からなる。まず、1では全体の構成を説明し、2では「教授法」と対比して「学習環境のデザイン」とは何かを述べる。3と4では、教室という学習環境を学習者同士が学び合う場としてデザインしようと試みた実践例として、「ピア・ラーニング」をとりあげる。「ピア・ラーニング(peer learning)」とは、仲間(peer)同士で協力して学び合う学び方であり、学習のコンセプトでもある。筆者はとくにピア・ラーニングの読む活動を行っており、これを「ピア・リーディング(peer reading)」と名付けている。ピア・ラーニングの実践事例を検討することによって、教室という学習環境をデザインするとはどういうことかを検討する。3では、なぜ筆者がピア・ラーニングをするようになったのか問題意識を述べる。4では、その活動が実践研究のプロセスの中で、スタート時から変化してきている

ことを述べ、それぞれのステージでどのような学習環境が成立していたのかを振り返る。5では、本稿全体を振り返り、再び「学習環境のデザイン」について考察する。

Ⅱ 「教授法」と「学習環境のデザイン」

　学習環境というのは、学習者を取り巻くあらゆる環境を指している。学習者は日本にいれば地域住民として日本語の環境に囲まれている。また、海外にいても教材やインターネットなど、多様な学習環境に囲まれている。学習者にとって、学習の対象となるものが布置されている環境は、全て学習環境といえるだろう。本稿では、その中で特に「教室」という場をとりあげ、教室を学習のために特化した「学習環境」と考える。

　教室という場は教師と学習者で構成されている。今まで日本では、そして、おそらく韓国でも、教師は教える人であり、教える内容はすでに決まっていて、学生はそれを受け取る人であった。しかし、学習者が主体的に学ぶためには、教える─教えられるという関係を見直し、教師がよりよく教えようという教授法のパラダイムから、学習者の学び合いの場づくりという学習環境デザインのパラダイムへと転換する必要がある。

　そこで、教授法と学習環境のデザインをイメージで示すと図1のようになる。左図の教授法においては、教師が学習者に与える─学習者にとって必要なものを、一番よい形で、効率良く、教える。これを教授法とすると、学習環境のデザインでは、教師と学習者の位置関係が逆転し、学習者同士のやりとりの場を教師が下から支えることになる。また、場の中には、教師も加わる。やや単純ではあるが、このようにイメージすると、多くの講義型の授業は左図のようであり、教師は学習者に知識を伝授する人となる。一方、右図では、教師は場をつくり、学び合うのは学習者で、教師はその支援者であり、また場の一参加者であるというイメージになる。

　では、学習環境をデザインするとは、具体的にはどのようなことか。本稿では、ピア・ラーニングの実践事例を検討することによって、教室という学習環境について考察する。

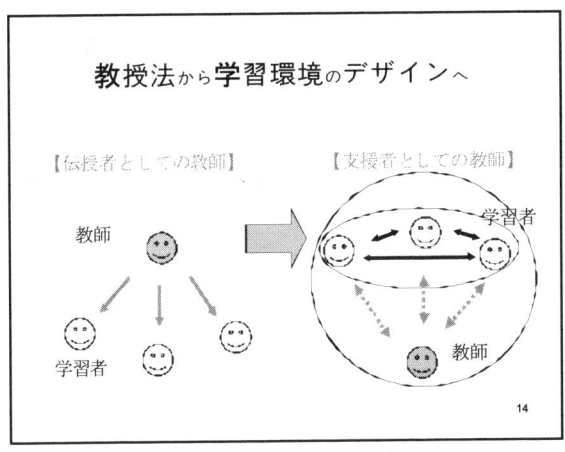

〈図 1〉 教授法と学習環境

Ⅲ　学習環境のデザインとしてのピア・ラーニング
－ピア・ラーニング誕生の 3 つの背景

　冒頭に書いたとおり、ピア・ラーニングのピア(peer)は仲間という意味で、ピ
ア・ラーニングとは協働して学習者同士が学ぶということを指している。その中
で「ピア・リーディング(peer　reading)」とは筆者が命名した協働による読解活動で
ある。仲間の学習者との対話を媒介として、テキスト理解という課題そのものへ
の取り組みを深化させるとともに、自己理解、他者理解を深め、学習者自身が自
律的な学び手となることが目指されている。では、なぜ、協働で学ぶのか。読解
授業からピア・リーディングが生まれた背景を述べる。

1. 背景 1 －読解授業の現場の問題意識から

　第 1 の背景は、現場の問題意識から出発している。読解の授業では、学習者が
何を考えているのか、読みのプロセスでどのようなことが問題になっているの
か、教師は十分に把握することができない。なぜなら、読解の過程は読み手の頭
の外からは、見たり聞いたりすることができないからである。その結果、授業で

は問いに対する答えあわせのようになってしまうことが多く、Mehan(1979)のいうIREパターン(教師による発問initiation−学習者からの反応response−反応への教師の評価evaluation)におちいりがちである。学習者が読んだ「結果」を教師のもっている「正解」の枠組みにはめ込んで、確認するということになってしまう。こうして展開している授業は、教師の発話が多く、学習者同士のやり取りが活性化しにくくなる傾向もある。

　また、読むこと自体は個人作業で、会話の授業のように必ずしもその場に相手を必要とするわけではない。それをクラスで扱うとはどういうことであろうか。一人ひとりの疑問を教室という場で扱うのだとしたら、それは複数の学習者がいる教室という場で行うのが効率的だということであろうか。そもそも、教室に複数の学習者が集まって読む活動をするのはなぜであろうか。教室だからこそできることがあるのではないかと考えてみる必要がある。

　このような読解授業への問題提起から、読みの結果ではなく、一人ひとりの読みのプロセスそのものを、しかもクラスメートと共有するということを授業の中でできないか、と考えた。また、同じテキストを読んで、読み手がそれをどう自らの中に位置づけたかは一人ひとり異なっているわけだから、それを開示し合うことによって互いの重なりと異なりを意識し、互いの考えに見直しを迫ったり気づきを促したりすることができるのではないかとも考えた。

　このように現場で「読解授業」をどのように進めるかというところから出てきたのが、ピア・リーディング誕生の第1の背景である。

2. 背景2−読解過程の研究から

　第2は、第二言語としての日本語の読解過程の調査から筆者が得た示唆が背景となっている。読解活動とは問題解決活動ととらえることができる。読むというプロセスは、自分にとって意味ある問題を発見し、さまざまな能力や知識を用いてそれを解決するプロセスである。仮説(その時点での理解)を設定し、テキスト情報や既有知識などを動員しさまざまな角度からその仮説を検証している。これが「自問自答」という活動である。理解力の高い読み手は自問自答を頻繁に行い、また自問の質もよりグローバルなものであった(舘岡2001参照)。では、この自分自身にむけて行う自問自答を他者と行ってはどうであろうか。つまり、自分であ

あだろうか、こうだろうかと、仮説を立てながら読み進めることを、他者に向け
て問いながら、他者といっしょに読むのである。他者と読むことによって、問い
を立てていろいろな可能性を検討して読み進めるという活動が活性化され、ひと
りで行うよりも理解深化に貢献するのではないだろうか。このように考えたの
が、仲間と読むという行為であった。実際に2人でピア・リーディングをしても
らい、理解過程のプロトコル分析[1]を行ったところ、助け合いながら課題解決を行
い、いっしょに読んだからこその気づきが生まれ、ひとりで読んだときとは異
なった活動がみられた(舘岡2000参照)。

3. 背景3－学習観の転換

　こうして現場の問題意識と読解研究から生まれたピア・リーディングである
が、すこし離れて学習観という観点から眺めてみると、学習観の転換を意味する
ような動きであることがわかる。これが第3の背景である。従来、教室ではあら
かじめ準備された知識が教師によって手際よく伝達され、後に転移可能だという
考えに基づいて、学習者個人の中に効率よく蓄積されることが目指されていた。
しかし、学習というのは本来、学び手自身が行うものではないか、他者(教師)か
ら与えられるものではないのではないか、という問題意識のもとで、参加するこ
とや体験することによって学ぶという考えに転換していったのである。これは、
「知識は状況に依存しており、学習とは学習者自身が知識を構築していく過程で
あり、社会的相互作用を通じて行われるものである」という社会的構成主義の考
え方(久保田2000、ガーゲン2004など)などが背景となっている。日本語教育にお
いても、日本語を教えるということは、学び手に言語構造を中心とした知識を伝
達することだ、という考え方から、学び手が実際にコミュニケーションできるよ
うにしなければならない、という考え方に移っていった。さらに、学び手がコ
ミュニケーションできることに加え、学び手が自らを発見するために日本語を使
い、また日本語を自律的に学ぶことができるように、教師は支援するべきだ、と
いう考えに移ってきた(舘岡2007)。
　それにともなって教師の関心も、「言語のしくみ」から「教え方(教授法)」へ、さ
らに「教え方」から「学習者の学び方とその支援」へ、そして、そのための「場のデ

1　読みの過程を声に出して話してもらい、そのデータを分析する方法

ザイン」へと変遷してきたといえる。そこで、教室における教師と学習者の関係の変化を簡単に図で示すと、冒頭の図1のようなイメージになるのである。教師は左図のように伝達する役割から、右図のように支援する役割に、さらには場のデザインをしつつ教師自身もその場に参加するというように変わってきたといえよう。ピア・ラーニングは、学び手は自ら学びを構成するのであり、教師はその環境をデザインし、学びを支援し、自らもその場に参加するのだという考え方に立脚している(舘岡2007)。教師は新しい「教授法」をもちいて、学び手に「教える」人ではなく、「学習環境」をデザインし、学習者たちの学びを支援する人なのである。

Ⅳ ピア・ラーニングの進化

　ピア・ラーニングは、学習者同士の主体的な学び合いをめざしてはいるが、実際に実施してみると、いろいろな課題がみえてきた。実践から生まれた課題を改善していく中で、筆者のピア・ラーニングも進化してきたのである。そのプロセスを3つのステージに分けて振り返ることで、教室という学習環境のあり方を検討する。

1. 教師主導から学習者主体の学習環境づくりへ— 協働の第1ステージ

　第3節に述べたような問題意識を背景に、2人の学習者が助け合って読んでいくプロセスのプロトコル分析(舘岡2000)や、クラスで推理小説を読み予測していく実践(舘岡2003)、また、読むプロセスを共有するばかりでなく、1つのテキストをいくつかに分割し、互いに異なった部分を読んでそれを突き合わせ統合していくジグソーリーディング(舘岡2005)など、いろいろな実践を試みた。この時点で考えていた課題—背景1に述べたとおり「解読」のようになってしまう「読解授業」を学習者が能動的、主体的に取り組めるような活動にできないかという課題—は、大きく改善された。そこでは、教師に代わって学習者同士である他者が大きな役割を果たすようになったのである。他者と協働して対話によって学ぶことに、どんな意義があるのか実践研究からまとめると以下のとおりである。

1) 仲間との相互作用による学び―認知面・情意面からの検討

(a) リソースの増大

　仲間との相互作用による学びの認知面でのメリットとして、まず第1にリソースの増大があげられる。協働することにより、集団全体としてより豊かなリソースをもつことができ、限られた時間内で利用可能なリソースが増えることになる。

　舘岡(2000)では、テリーとサリーというふたりの学習者が協働で読解を行うことにより、互いにわからない単語の意味や漢字の読み方など宣言的知識[2]を教えあったり、読みのストラテジー、漢語の語義推測のストラテジーなど手続き的知識[3]を提示したりしていることがわかった。これらは、互いに不足していた知識や方略を仲間の学習者から得ている例で、互いの存在は相手にとって人的リソースとなっている。そしてこの学びはいつも一方が他方に教えるということではなく、それぞれが持っているものを発揮しているのであり、双方向的、互恵的であることもわかった。

　また、教師からは決して得られないであろう知識が仲間の学習者から得られることも観察された。具体的には、ふたりの共通の母語である英語で説明しあったり、共通の経験(ふたりがいっしょに受講した授業)での例をあげ、互いのつながりを活用して教えあっていた。つまり、教師から習うのと違って、学習者同士がある特定の背景を共有するからこそ、互いにわかりやすい形でスキャフォールディング[4]をすることができるといえよう。

　教室という場に集まった個々の学習者は、それぞれ異なった文化、背景や経験、知識をもっている。つまり、互いに他の学習者にはないリソースも持っているのである。協働できる仲間が増えることは、リソースの増大を意味するといえるだろう。

(b) 見直しと変容

　第2の意義として、仲間との対話は、互いの理解を深めたり、考え方を変容さ

2　declarative knowledge. 客観的で確定的な知識で、「何か」に関する知識(knowing what)。科学的法則についての知見や社会的規約についての知見などがあげられる。

3　procedural knowledge. ある行動をするために知っている一通りのやり方に関する知識で、「いかに」に関する知識(knowing how)。ピアノの弾き方、車の運転の仕方などがあげられる。

4　梯子をかけるように、できないことができるようになるためのちょっとした援助。Wood.D.,ほか(1976)を参照のこと。

せたり、また、新しいものを生み出したりする可能性がある。第1にあげた、他者との協働によってリソースが増えることを足し算と考えれば、第2にあげる点は、他者とのやりとりによって自分が変わるといった質的変化、つまり、他者を介在させて自分を見直し、変容が促されたり、新しい考えが生まれたりすると考えることができる。

　ピア・リーディングでは、対話によって仲間から質問やコメントを受け、それに答えなければならないという事態が発生する。そこで、自分の考えに見直しが生まれる。質問に答えるために、自分の考えを再び吟味する必要に迫られるのである。また、他者から直接質問を受けない場合でも、そもそも対話という形で他者の理解や意見を聞くこと自体、他者は自己のモニタリング促進の役割も果たしている。

　他者からのフィードバックのプロセスと同時に、対話においては自分の理解や意見を他者にわかるように発信しなければならない。この発信とは具体的には他者への説明行動をさし、その過程での「気づき」と「整理」が大きな意味をもっている。自分ではわかっていたつもりなのに、人に説明しているうちにわかっていなかったことに改めて気づいたり、曖昧だったことがはっきりしたり、新しいアイディアを思いついたりする。また、人に話すことによって混沌としていた頭の中が整理されるということも、日常的によく経験することである。他者への説明行動により、自分の思考が整理され明確化されるのである。

　西林(2005)は、テキスト理解において「わかったつもり」というのは一種の安定状態であり、その状態に入ると理解はそれ以上深化しないと指摘している。「わからない」からこそもっと「わかりたい」と思い読むのであって、わかったつもりになってしまうとそこから先へは進まないというのである[5]。では、どのようにして自らの「わかったつもり」を壊すことができるのであろうか。それが他者の存在だと考える。自分で自分の理解や思いこみに揺さぶりをかけるのは容易なことではない。他者からの問いかけ、自分とは異なった視点の他者の意見が、自己の読みに揺さぶりをかけ、再吟味を促すのである。ここにこそ、教室で他の学習者といっしょに読むことの意義があるのである。

　このように、仲間の学習者との対話は、自己モニターを促進し、自分が今やっ

5　西林は解決の方策として、さまざまなストラテジーを提案しているが、どれも個人の読みに関するものである。

ていることを客観的に眺め自分自身の考えを相対化することができ、自己自身に
よる新しい発見をも促す。これは学習上、大きな意味を持っているのではないだ
ろうか。

(C) 情意面からみたメリット―社会的関係性の構築と学習への動機づけ

　自分以外の人間と協力してものごとを進めるということには、他者との人間関
係が大きくかかわってくる。相手に受け入れられない場合は、援助もしてもらえ
ないのである。協働して学ぶことにより、実際に参加者間には、他者の発言内容
に頷いたり発言を促したりするなど、他者を受け止め、思いやる行動が観察され
た。異なった文化背景をもつ者が互いに協力して学ぶことは、他者との関係をど
のように構築していくかを学ぶことでもある。

　近年、動機づけの研究でも他者とのかかわりが取りあげられている。仲間に教
えたい、認めてもらいたい、共有したいといったことをきっかけに興味をもった
り参加度を高めたりすることは少なくない。内発的動機づけが、最初は外発的に
誘発されることがある。動機づけの研究である自己決定理論(Deci & Ryan, 1985)
では、最初は外発的に動機づけられていた行動であっても、そのような行動がし
だいに自己決定の感覚を伴う行動へと変化していき、最終的に内発的に動機づけ
られた行動として内在化されていく過程が想定されている。どのようにしたら一
人ひとりの学び手の内発的動機づけを教育の場面で高めていくことができるかを
考えるときに、協働による学習は大きな可能性をもっていると考えられる。

2) 相互作用による理解の共構築

　いままで3つの観点から、協働による学びのメリットを述べてきた。分析の観
点として3つにわけて考えたが、現実の協働場面では、上記の3つのことは同時
にそれも学習者間で双方向的に起きている。舘岡(2000)では、テリー[6]とサリーと
いうふたりの英語を母語とする日本語学習者が相互に助け合って読んでいるプロ
セスを検討している。

6　本稿に出てくる学習者名はすべて仮名である。

<テキスト(一部)>

　朝、上野の不忍の池にカモを見に行った。狩猟解禁中は身の危険を知って、関東一円からここに集まってきて、二千羽になるという。寒くなるほどに美味な肉を持ったのがカモの不運で、日本では年に九十万羽がハンターの前で命を落とす。散弾で傷ついたカモも緊急避難でやってくる。世話をしている上の動物園の職員は、毎年の常連も識別できるそうである。朝と夕、餌を積んだライトバンが池畔に来ると、「グッグッグッ」と一斉に低い声を出して、近づいてくるのは壮観だ。

　水面でくるっと逆立ちをして、おしりだけ出して水中の餌をあさるのはマガモ、オナガガモだ。ハシビロガモのように長くて幅広い便利なクチバシを水面につけて、忙しそうに泳ぎ回っているのもいる。水は、濁り、深さもせいぜい二十センチの池だが、ここだけは人間にカモにされない彼らの安全地帯である。(以下略)

市古貞次ほか編『精選国語Ⅰ』(明治書院)より

　舘岡(2000)より テリーとサリー(仮名)のプロトコル
　ゴチックはテキスト音読。下線は筆者による。
　(　　　)内は、相手の発話

サリー：水は濁り(何かな)、深さも せいぜい20センチの池だがここだけは人間にカモにされない彼らの安全地帯である。	
濁りは何？(muddy)ああ、だから、あんまりきれいな水とか立派なではないということですね。(そうですね)浅いし、濁りだし、でも、<u>ここのいい点は人間は狩猟しない。だから、安全。</u>	S：上野は安全であると提示
テリー：狩猟しないとおっしゃると？(狩猟、これ、この狩猟)ああ忘れた。あ、hunting. なるほど.................。	T：質問1(安全の理解のズレに気づく)
サリー：で、せいぜいというの、わかる？	S：語彙質問「せいぜい」

テリー：うん、少なくとも、でしょ。つまり、浅い。

テリー：でもでも、どうしてこのところはカモたち
　　　にとって安全地帯ですか？

サリー：ああ、ちがうかなあ。だまされる、カモは
　　　だまされやすい人いう意味もある。あああ、(つま
　　　り2つの意味が？)
　　　例えば、idiomみたいなね、英語でも言うでしょ
　　　う。なんか、sitting, sitting duckとか。(あああ、
　　　そうだね。)(笑い)
　　　sitting duckといったら、すぐだれかにだまされる
　　　か、だますか
　　　......だから、カモにされる、っていうのは、でもこ
　　　の場合は彼らをmodifyしてるでしょう。説明して
　　　る。だから、カモにされない....そそそ、だから人
　　　間にカモにされる、っていうsitting duckみたいな
　　　表現を実はほんとにduckカモに使っている。
　　　(うん)彼らはカモでしょう？(うーん)だから、あの、
　　　duckはsitting duckにならない、ここで。

テリー：あのう、つまり、この水は安全ですよね(そ
　　　そそそう)。でも、なぜ安全ですか。

サリー：あのう、狩猟禁止だから。でしょう？この
　　　池は。

テリー：え、それは解禁。

サリー：解禁？って何？私間違えた？

テリー：つまり、解禁、例えば、山本先生の午後の
　　　授業であのう、ビッグバンの法律の解禁っていう
　　　ことばでてきたでしょ(はいはいはい)。つまり、禁
　　　止というルールがなくなる。

サリー：あーあ......。でも、でもでもでも。
　　　あのう...あ、わかった、狩猟解禁中の時、上野公
　　　園に来る。
　　　でも、上野では狩猟はできないでしょう。(ああ

T：解答

T：質問2「なぜ安全か」(前
　　に戻る)

S：解答。「カモにされない」
　　の意味がわからないと思った
　　英語でのsitting duckによりカ
　　モの二重の意味を説明

T：質問3「なぜ安全か」

S：解答。「狩猟禁止だから」

T：「禁止ではなく解禁」

S：語彙確認「解禁」(ズレに気づく)

T：共通経験から語彙説明

S：解禁＝狩猟しても良いと理
　　解(自分の理解を修正)。
　　上野は狩猟禁止なので、上
　　野以外のところから集まって

あ、なるほど)
だから、来る……… 私間違えたけど、その「禁」
を見て禁止と思ったんですが、だからこの時期、
狩猟解禁中(ああ、なるほど、つまり安全)他のとこ
ろは危ないからここに来るでしょう？(あああ)だか
ら、ここに直接書いてないけど、でも上野公園の
中で、狩猟できると考えられない(ああああ)でしょ
う？
だから、たぶんできない。(ああああ)

くると理解。

S：常識から考えて上野公園
の中で狩猟できない。

テリー：僕が最初に思ったのは、これは昔話じゃな
いかなと思ってなぜかと言うと(はい)あの、現在、
日本では狩猟、狩猟はあんまりしないですよね(あ
ああああ)。だから、昔話で、それであのそういわれ
るとサリーさんの解釈があってると思うんですが
最初に思ってたのは.そういうこの上野公園は安全
だという…….
安全なところ……ああああそうだね。(そうそうそう)
ああ、わかる、わかる。

T：誤解の理由説明。日本では
狩猟をしないという背景知識
から昔話だと考えた。しかし
修正しSの読みを支持。

自分で納得する過程

サリー：私ももっとわかるようになった。ここ、そ
の「身の危険を知って」(そうそうそう)知ってるとい
うのは、カモ自体でしょう？(うんうんうん)カモが
自分自身で(そうそうそうそう)その危険をわかって
きて、(ああああ、うん)上野公園に行く、ってこと
でしょう(そそそそそ)。

S：理解の深化。カモが自分の
身が危険だとわかって池にや
ってくる、と理解。

テリー：最初に思ったのは、この人はカモを見に
行った。ある筆者はカモを見に行った(ああ、そ
そそそう。)ですから、この狩猟解禁中は自分自身
にとって、カモが来て(笑い。まあ、そうではない
と思ったけど、うん、でもわかる。)読めば読むほ
どその解釈はおかしいってことがわかるんですけ
ど(はい、わかりました)。

T：いろいろな角度から自分の
読みが不適切だったことを
確認(納得の過程)

　ここで興味深いのは、テリーからの質問に答える過程で、サリーはテリーの質問箇所とは異なった点で自分自身の誤解に気づかされ、さらにテキスト理解を深めていくという点である。サリーはテリーの発言をリソースとしながら、テキスト理解をより深めていく。さらに、相手に説明する過程で自分の考えが整理され精緻化されていき、テキストの論点になった部分よりも前のそれまでまったく言及されていなかった部分とも整合性がつき、より一貫性のある理解へと深まっていったのである。つまり、質問されて答える側は援助者であるのに、同時に自らの理解への見直しと気づきを得ている。片方だけがメリットを受けるのではなく、教えた側にも学びがある。このようなプロセスは、ひとりでは生まれず、仲間と読んだからこそ生まれたものだといえる。つまり、参加者の総和を越えたものが生み出され、参加者がともに理解を深めているのである。ここでは、「創発」[7]がおきているといえるだろう。

　テリーとサリーは互いに質問したり説明したりすることによって、仲間の発言を取り込みながら互いに理解を深めている。つまり、それぞれの理解が独立に形成され深められるというよりも、一体となって形成されているのである。テリーがあってこそのサリーの理解であり、またその逆なのである。また、このふたりは読み終わった後に「とても楽しかった。ふたりで取り組んだのでほとんど解決できた」と達成感を示している。それぞれの学習はリソースとしても、モニタリングを促進する点でも、情意面でも、相互に依存しており、認知的にも情意的にも一体なのである。

　次に検討するのは、推理小説の展開を予測しながら行ったピア・リーディングの例である。舘岡(2003)では、ある仮説に対して反対意見が出たことで、それを説得する過程で、最初の仮説がさらに精緻化される例がみられた。図2に示すように、展開を予測する話し合いの中で、突然、ある学習者が意見を切り出した。この新しい意見【①】をめぐってサポート意見【②】や疑問【③】が提出され、それらを考える中で読み手の学習者はさまざまな可能性について検討していると思われる。また、疑問【③】への回答は【④】だけではなく、別の角度からの見方【⑤】も出てくる。相互作用を通して多角的な視点が生まれている。他者の視点を理解したり疑問に思ったりすること、他者に答えることによって①の読

7　総和を超えて新しいものが生み出されること

みがより多角的になり、深化していったと思われる。つまり、反対意見が理解深化におおいに貢献しているのである。この意見①を提出した学習者は、後の読後シートに「みんなで話し合いながらなぜという質問を自分にしてみたら、わかるようになった」と書いている。他者を説得する過程で自己を見直し、さらに確信を深めたと言える。なぜという質問を自分にするということは、自己の認知活動をモニターしているということである。ここでは、他者は自己の読みのモニターを促進する役割を果たし、また議論を展開する動機づけともなっている。熱心に議論するプロセスは、まさに認知面と情意面が一体となって学ばれていることを示している。参加者たちのテキスト理解は、仲間との相互作用を通して共構築されており、ある部分のみを切り取って論じることはできない。むしろ、これらが同時におきていることこそが協働の学びであるといえるであろう。

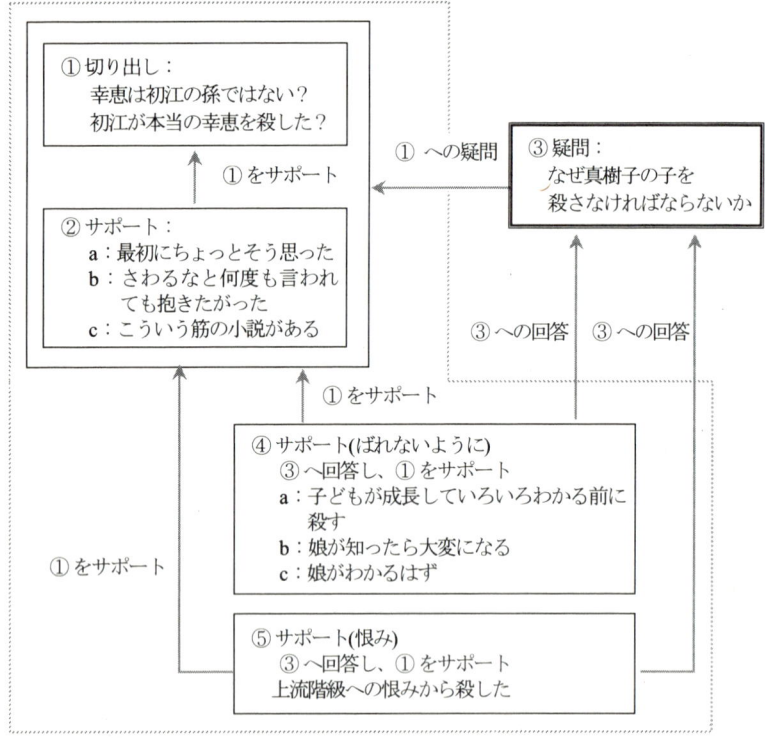

〈図２〉 阿刀田高「来訪者」をテキストとした実践における話し合いの展開

3) 協働の学びの場

　舘岡(2005)では、協働による学びを、図3を用いて次のように説明している。ピア・リーディングでは、中心にいるのは活動主体としての学習者である。学習者は、「学習対象(テキスト)」と「自己」と「他者(仲間の学習者)」それぞれに働きかけている。対象と他者と自己の3者それぞれについて学習者は学ぶと同時に、対象について学ぶ際に他者と対話を行い(ここで成り立っているのが右の三角形)、また対象について学びつつ自己への内省を深め(左側の三角形)、また、他者との対話により、自己への内省を深める(下の三角形)というように3つの三角形が同時に成り立ち、かつ、互いが互いを促進する関係にある。この3者が一体となってこそ、学習者自身の学びが深まっていくのではないかと考える。

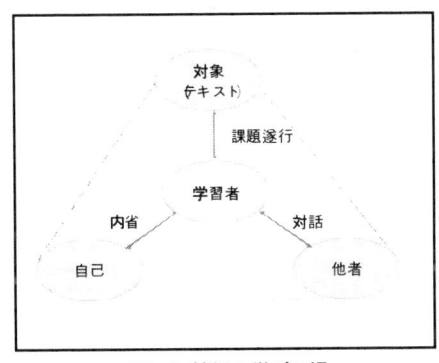

〈図 3〉協働の学びの場

　ピア・ラーニングにより、学習者の発話が活発になり、テキストをめぐる教室内の対話がふえていったことから、学習者同士が協働して学び合うことの可能性が見出されたのである。その後、ピア・ラーニングを実践する中で、さまざまな課題が見えてきたものの、まずは対象と学習者と他者を結ぶ右側の三角形は確実に成立したといえよう。従来の授業が、対象と学習者を結ぶ線のみを強調し、それこそが学習であったと考えられていたのに対し、教室という「場」で他者と学ぶということが意識されるようになったこと、また、教師が与える授業から、学習者が学び合う授業へと転換するする試みであったことがその意義としてあげられるだろう。

2. 内省を深める―協働の第２ステージ

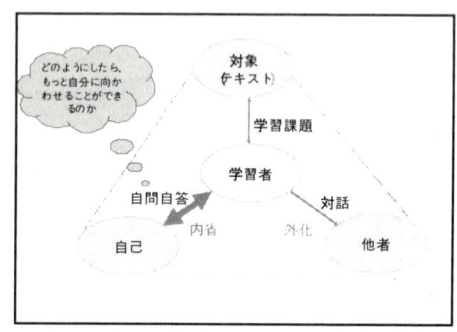

〈図 4〉 協働の学びの場の第２ステージ

　先に述べたように、ピア・リーディングは、テキスト、仲間、および自分自身への理解を深める「場」の提供をめざしていた。しかし、実践をくり返す中で、仲間と学ぶ機会が設けられたからといって、いつもそのままそれぞれの学習者の学びにつながるとはかぎらないことがわかってきた。授業中、仲間との対話が弾み授業は活発にはなったものの、学習者自身が自分の考えを吟味したり深く思考したりすることがなく、どれくらい学ぶことができたのか疑問だという場合が少なくない。また、話し合いをしても互いの論点がバラバラで議論が深まらない、自分の意見は言うものの他の人の意見は聞いていない、設問への正解を急ぐばかりに自分自身の意見を持たない、また、すでに持った意見を再吟味しない、このような事態も起きてきた。つまり、グループで活動することそのものが、そのまま学びにつながるとはかぎらないのである。
　具体的をあげてみよう。推理小説を読んだ時のことである。最後の犯人探しの予測について、さまざまな奇想天外な予想が生まれたものの、その予想の根拠が乏しく説得力があるとはいえない意見もたくさん出てきた。なぜそうなったのかというと、それは、自分自身が理解していることと結びつけて結末を予測をしているのではなく、予測として仲間におもしろいと思ってもらえるものに価値を置いていたからである。ここでは、グループの活動自体が自己目的化してしまっており、なぜ自分はそう考えるのかという内省が行われていなかったのではないだろうか。

　内省というのは、テキストに関して自分が理解したことを内省するというレベルもあれば、自分という人間について内省するというレベルもあろう。さまざまなレベルを含めて、自分自身の現在の状況について再評価を行い新たな解釈をしたり、体験を振り返ったりすることによって、体験に新たな意味を見出そうとする行為を内省ということとする。いままでの日本語の教室では、言語形式としての日本語を知識として学び、それを運用できるようにしてきた。これはあくまでも三角形でいうところの対象との結びつきであり、この線を太くすることをめざしてきた。しかし、それは、テキストを読んでも、日本語の学習課題として「日本語が読める」ということを意味していただけである。もっと言えば、獲得したはずの言語知識を用いて、文型練習の応用として、日本語で書かれた文章が読めるということであった。しかし、本当に「読める」というのはどういうことか。テキストを読むことによって、自分自身と結びつけてテキストのテーマを考え、筆者の考えを探り、クラスメートである他者が同じテキストをどう読んだのかを聞き、さらに考え、今までの自分を振り返り、自分自身の考えを更新していくということではないか。今まで、日本語学習の教室でそのようなことはほとんど行われてこなかった。しかし、前掲のような三角形が成り立つことが学習だと考えるのであれば、対象と学習者を結び付けるだけでなく、また、仲間と話すことで活性化されるだけでなく、自分自身と結びつけて内省を深めていかなければならない。

　ピア・リーディングの第1ステージでは、まず、仲間とのやりとりが活発に行われ、図3の右側の三角形が成り立つようになった。それだけで終わらず、どうしたら、図4のように内省と結びつけられるのだろうか。この改善のプロセスが第2ステージである。

　先の例で、十分内省が行われなかったのはなぜか。それは、テキストを読むことが自分にとって「関係のないこと」だったのではないか、テキストに自分をかかわらせて読むことができなかったのではないだろうか。そこで、第2ステージとしては、内省が促されるようなデザインということを意識するようになった。それには、まずテキストは読み手が自分自身とかかわらせることができるようなものを選ぶこと、また、自分の問題として取り組むことができるような課題を考えることであった。

　このとき筆者の実践に影響を与えていたのが、アカデミックスキルの獲得を目標とした授業における「歴史教科書プロジェクト」の経験である。詳しくは、舘岡

(2002)をご参照いただきたいが、このプロジェクトで、ある韓国人留学生は自分とプロジェクトのテーマを結びつけ、「自分はなぜ日本にいるのか」「ほかの国ではなくなぜ日本なのか」「これから自分は何をするのか」を問うことになり、自分を社会的、歴史的に位置づけることによって、自分のテーマを決めていった。その結果、大きなプロジェクトへと発展させていき、日韓両国でアンケートをし、その結果をエクセルで集計し、それをレポートにまとめ、さらにパワーポイントを使って発表までしたのである。これは、本人も教師も予測しない結果であった。彼女は自分自身とテーマとの関係を問い続けることによって、「結果として」日本語のアカデミックスキルを獲得したのである。ここで筆者が学んだのは、「日本語の学習とは、まず最初に日本語の言語形式を習得し、それができるようになってからレポートが書けるようになるのではない」ということだった。人や本と接触する中で、自分の課題が生まれ、それを追究し、自分が考えたことを他者に伝えようと発信し、他者とやりとりをするそのプロセスにおいて、ことばが獲得されるということだった。このことこそことばの学習の本質だと考える。学習者が学ぶべきことばを教師が準備し、それをある教授法によって学習者に効率よく与えるのではない。学ぶのは学習者自身であり、学ぶ内容を決めるのも学習者自身であり、それは最初からあるのではなく、人と人がつながるための場の中でやりとりによって学ばれるものなのである。

　そこで、ピア・ラーニングの授業も、作文や読解などの日本語課題を遂行することと他者と関係を築く中で、自分や他者への理解を深めていくこととは一体であると考え、そのような場づくりを意識することになった。以下に、在日韓国人作家による「国」をテーマとした作品をテキストとしたときの授業を例に、テキストと自分とかかわらせることを検討する。授業の進行は、以下のとおりである。

① テキストを読み、筆者の主張を理解する。
② 筆者の主張を批判的に検討し、自分なりの意見を持つ。
③ 自己の主張をクラスメートに伝え、クラスメートの主張を理解する。
④ クラスメートとの対話により、自分の考えを深める。
⑤ 対話をふまえ、「自分にとって国とは何か」というテーマで作文を書く。
⑥ お互いの作文を読み合い、コメントする。

＜事例 1＞

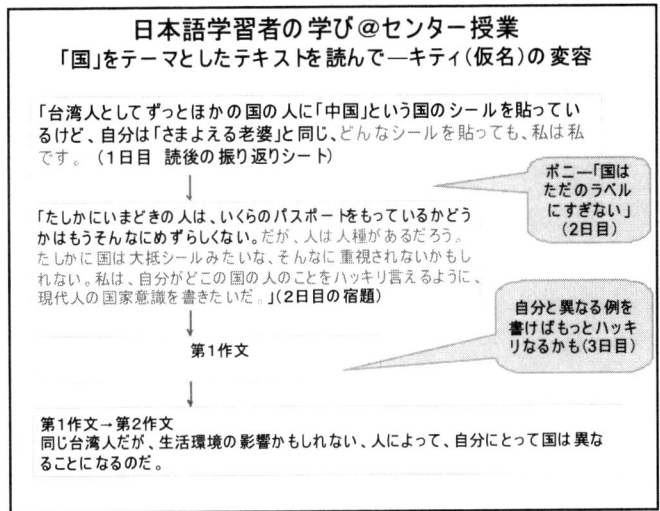

日本語学習者の学び＠センター授業
「国」をテーマとしたテキストを読んで―キティ(仮名)の変容

「台湾人として ずっとほかの国の 人に「中国」という国のシールを貼っているけど、自分は「さまよえる老婆」と同じ、どんなシールを貼っても、私は私です。 (1日目 読後の 振り返りシート)

ポニー「国はただのラベルにすぎない」(2日目)

「たしかにいまどきの人は、いくらのパスポートをもっているかどうかはもうそんなにめずらしくない。だが、人は人種があるだろう。たしかに国は大抵シールみたいな、そんなに重視されないかもしれない。私は、自分がどこの国の人のことをハッキリ言えるように、現代人の国家意識を書きたいだ。」(2日目の宿題)

自分と異なる例を書けばもっとハッキリなるかも(3日目)

第1作文

第1作文→第2作文
同じ台湾人だが、生活環境の影響かもしれない、人によって、自分にとって国は異なることになるのだ。

〈図 5〉 キティの変容

　台湾出身のキティは、授業の冒頭では、テキストの筆者にとっての国とは、以下のようなものだととらえている。本稿では、キティの書いた原文のまま掲載する。

　　「自分(筆者)が在日韓国人としての視点から、国と人はとはもう従来の国民国家のような単純ではない。こんな現代社会が抱えている問題について、社会意識を喚起させたい。でも、自身の無力に悲しく感じる。」

　ここまででは、筆者の主張を理解しようとするにとどまり、十分にキティ自身とかかわらせることができていない。そこで、①や②の問いを設定した。

　①「テキストに登場するような人物があなたの周囲にいますか」
　それに対して、台湾出身のキティは、「同じような人がいます。私の父はマレーシアから来ました。パスポートなら両方も持っている」と答えている。
　また、感想として「台湾人としてずっとほかの国の人に中国という国のシール

を貼っているけど、どんなシールを貼っても私は私です。(後略)と述べ、自分が他の人に中国人だと思われるという経験を振り返って、それを残念に思いつつも「私は私だ」と主張している。台湾人としての強い意識をもっていることがうかがえ、作文にもそのテーマは引き継がれる。

②「あなたにとっての国とはどのようなものか、筆者と同じ点、異なる点はなにか、その理由などを考えてみましょう」

この問いに対し、キティは「私にとっての国とは、私の身分証明だ。筆者と同じ。たとえ私は日本にずっと住んでいても、私はとうとう日本人ではなく、私は自分の国の人だ。いくらパスポートを持っても、自分の国の人だ。」と答えている。また、グループの仲間のボニーが「国はラベルに過ぎない」と発言したことに対し、「自分がどこの国の人かハッキリ言いたい」と考えているようだ。このような問いによって、テキストのテーマを自分と結びつけることができるのではないか。これを出発点として、作文のプランを考えた。キティの作文に対して、「自分とは異なる人の例を書くとよい」というアドバイスがあり、キティは台湾出身でパスポートをたくさん持ちたがっているという友人のエピソードを加え、「人によって環境によって異なる」と書き直している。キティはテキストを読み、国と自分との関係を考え、仲間とのやりとりによって、まず現在の自分を位置づけている。さらに、対話をとおして他の人と自分との違いを検討し、自分の考えを更新しているのである。

<事例 2>

別のグループでは、カナダ系アメリカ人のボニーとドイツ人のイェニは、同じテキストを読んで、国とアイデンティティの関係について議論していた。イェニが考える「アイデンティティ」とボニーが考える「アイデンティティ」が異なることに、イェニが気づいた。「考え方の違いがなぜ起こるのか」という点を話し合う中で、ボニーはアメリカ人である自分とカナダ人である自分を感じることがあると説明し、イェニは、「私はアイデンティティはひとつのものだと考えていたが、ボニーと話しているうちにボニーがそう思っていないことがわかった。ボニーにとっては、一人の人の中に複数のアイデンティティがある。それは私にとって対立的な意見ではなく、私はボニーのような考え方もできる

と思った。」と話すに至った。

　このようにして、他者と教室でいっしょにテキストを読むという活動は、図3にいう対象(＝テキスト)に対峙(向き合い)し、また、他者を理解しようとし、そして自分自身を位置づけるという活動になってきた。テキストのテーマを自分自身の問題としてとらえることにより、対象と他者と自己を結ぶ三位一体が促進されるようになったといえよう。こうして、テキストをめぐる他者との対話を通して、異なりと重なりを意識し、自分自身を社会的あるいは歴史的に位置づけることこそが「教室で読む」ことの意味ではないだろうか。このようにして、3つの三角形が成り立つようになったのが第2のステージである。

　教師は、学習環境をデザインしつつも、実際の授業では、上記の三位一体が実現するように促す役割をもっているといえるだろう。

3. いっしょにつくる―協働の第3ステージ

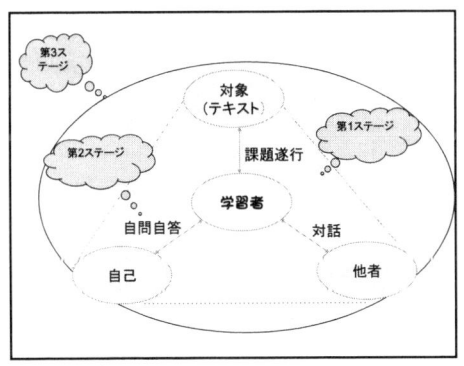

〈図 6〉協働の学びの場の第3ステージ

　どのようなテキストが学習者たちにとって、自らと結びつけることができるのか、それがわかるのは教師ではなく、学習者たちである。第2ステージは学習者自身と結びつけられるような場づくりが重要であった。第2ステージの実践の中で、当然の流れとして、テキスト選択を学習者たちに問うことになっていったのである。また、活動の内容も彼らといっしょにつくっていくことになった。つまり、3つの三角形が成立する場自体を教師と学習者たちがいっしょになってつ

くっていったのである。これが第3ステージである。

1) せめぎあいの中で「いっしょに作る/創る」—実践事例から

　ステージ2までの授業実践では、学習者にテーマの希望を尋ねることはあったが、基本的には、教師がテキストを選定し、授業デザインを行い、授業を実施してきた。しかし、ある時、トムという学習者からこれを読んではどうかとテキストが提案された。それをきっかけに、クラス全体でテキストの選択や授業のあり方について話し合うことになった。この経緯については、「トム・プロジェクト」という名前で、既にいくつかのところに書いている[8]ので、ごく簡単に記す。

　学習者トムは、担当教師のところにニューズウィーク日本版の中から食糧問題に関する記事を持ってきて、これを授業で扱ってはどうか、その問題をクラスのみんなで考えてみたいと提案した。それをきっかけに、そもそもこの授業において、①「いいテキストとはどのようなものか」、②「いい授業とはどういうものか」を話し合うことになった[9]。話し合いで、各自の意見がぶつかり合う中で、なぜトムがその記事を読みたいのかが話題となった。トムによると、インターンシップでアフリカに行った時から、アフリカの食糧問題を自分の問題として考えるようになり、クラスのみんなとその記事を読んで考えてみたいと思ったということであった。この話し合いは、トムによって提案されたテキストを授業で使うかどうかを決定するということ以上の意味があるものであった。

　話し合いの結果、教師と学習者たちの合意のもと、今までのスケジュールを変更して、急遽、「食糧問題」という新たなユニットを作ることになった。クラスの学習者たちの求めに応じて、トムは背景説明をすることになり、またボランティアで李という学生も自国の食糧問題について発表することになった。単語リストを作ったのも、学習者たちであった。つまり、テキストの選択ばかりでなく、授業そのものもいっしょに創っていったのである。

　この話し合いについては、舘岡(2010)に詳しく書かれているが、その中で「教室における学びは、教師が創り、学習者に与えるものではなく、学習者自らが求心力と遠心力のせめぎあいの渦中にあって、他者と協働しながら主体的に創り出すということができるだろう」と述べている。どんな授業をよしとするか、どん

8　舘岡(2010, 2012)を参照してください。
9　授業はクリティカル・リーディングという名前のピア・リーディングによる読解授業。

なテキストをよしとするか、教室には学習者たちと教師たちのさまざまな異なった価値づけが存在し、ややもすると各自の主張はその多様性ゆえに拡散していく。しかし、この遠心的な力だけではなく、教室というコミュニティには共通の目標に向かって協力して進んで行こうとする求心的な力も働く。先に述べた話し合いでは、まさにこの遠心力と求心力のせめぎあいをみてとることができる。学習者たちは与えられたものを決められた仕方で読む、というのではなく、互いによいと思うこと、価値があると思うことを実現するために、自ら主張し他者の主張を聞き、そのせめぎあいの中で、思考し、自らの学びを実現しようとしていたと思われる。

　ここでは、図4に示した三角形の場、協働による学習環境自体が、教師によってというよりも、参加者みんなによって作り出されていた。これが第3ステージである。

2) トム・プロジェクトのもたらしたもの

　教室参加者みんなでいっしょに創った「トム・プロジェクト」は、参加者それぞれに多様な学びをもたらした。

　学習者たちには、主体的な参加を促すことになった。それを支えていたと思われるのが学習者自身の学習観への気づきと変容である。さきに登場したボランティアで授業づくりに立候補した李は、自分がかつては教師から与えてもらうものを受け取るという学習観をもっていたのだということに気づき、授業では学習者にも役割があるのだと考えたために、授業づくりに立候補したと言う。李はこの授業を「ライブのような授業」と評しており、このことばはまさに「いっしょにつくる」ことを表している。いっしょにつくることで、李は学びを受け取る人から、自ら生み出す人へと変化していったのである。

　また、実習生[10]にとっては、学習者にとっての学びの意義を考える機会となった。たとえば、テキストを選ぶとき、課題を考えるとき、なぜそれなのか、ということを問うことの重要性を体験することになった。

　学習者や実習生ばかりでなく、教師にも学びがあった。学習者にとってよかれとデザインしている教師のデザインは、もしそのまま固定化してしまうと、教師

10　本実践は、日本語主専攻の大学院の実習授業の対象となっている。実習生である院生は、チームで教師役を務め、授業をデザインしたり、教壇に立って指示したり、いっしょに学習活動に加わったりしてきた。

が自身の考えを絶対化する可能性もあるということに気づく機会となったのである。「いっしょに創る」ということは、教師が自らが考えるよい授業をめざして周到に準備し、そこに学習者を参加させ、逸脱しないようにコントロールするのではなく、場の動態性の中でその場にゆだねることを意味する。つまり、教師がせっせと作ったものに学習者に参加してもらう／学習者を参加させるのではなく、「創る＝参加する」といった同時性を意味する。そこでは、「創る人＝教師」、「それを使って学ぶ人＝学習者」というような人と役割の固定化と二項対立がなくなり、可変性が生じる。これは、必ずしも教師は不在でよいといっているわけではなく、教師は何の準備もしなくてよいといっているわけでもない。教師は、教室コミュニティへの参加者一人ひとりが、主体的に学ぶことができるような、主体的に参加できるような学習環境の場づくりをする人ではあるのだが、場の一員としての参加者でもあるのである。教師がデザインし、学習者がそれに従って学ぶということではなく、教師と学習者とは教材も授業もいっしょに創ることによって、「参加＝学び」の同時性が実現される場が創出されるのではないだろうか。主体的な学びを実現するという意味において、学習者自身が自ら学ぶ教科書や教材を作る、場をつくる、授業をつくるという可能性について、さらに検討していく必要があると考える。

Ⅴ おわりに―ふたたび「学習環境のデザイン」とは

　本稿の目的は、「学習環境のデザイン」という考え方を提示することであった。もちろん学習の起きる場は、冒頭に述べたように教室だけにかぎったことではなく、学習環境は教室外にも広がっている。主体である学習者を取り巻く学習環境の全体を視野に入れた検討が必要であろう。その中で、本稿では、とくに教室という特別の学習環境について、教授法との対比で学習環境のデザインという考え方を提示した。ここで、「学習環境のデザイン」について、まず、「学習環境は誰が誰のためにデザインするのか」、そして、2つめに「デザインすることと授業とはどのような関係にあるのか」ということについて考えたい。

　まず、1つめの「誰が誰のために」ということについては、教育現場では、教師が学習者のためにデザインすると考えられるかもしれない。しかし、それでは教

授法と同じで、学習者の学びは教師のデザインの内にあることになる。学習者が主体的に学ぶ場を教師がデザインするということ自体が自己矛盾である。実際には、学習者の学びは教師がデザインした範囲に収まらないのである。したがって、教師がある環境を作って学習者に与えるのではなく、第3のステージに示したように、教師と学習者とが二項対立を越えていっしょにデザインし、授業をつくっていくということではないかと考える。

　次に、2つめのデザインと授業との関係について考えてみよう。まず、デザインし、次にそれにもとづいて授業をするのではなく、同時だということである。ことばの教育として従来考えられてきたことは、ある「ニーズを満たす」ための方法、または、ある「問題を解決する」ための方法である。問題Aに対処するために方法Bが用いられ、それによって結果Cが生まれる。ここでは、問題Aと方法Bと結果Cは切り離されており、Aを正しく同定し、Bを適切に使用することで、予測される効果Cが生まれるのである。Bの方法は教授法だったり教材だったりする。ある学習者が読解力が向上しないのは漢字ができないからだという問題Aが同定されれば、そのためにはこれこれの漢字の学習方法や練習問題等が用いられ、それがある成果をあげる。

　しかし、学習環境をデザインし学習者同士がピア・ラーニングをするということは、問題Aと方法Bと結果Cは同時なのである。順序としては、A→B→Cということではなく、それらに先立って、まずテーマについて考えるという協働的な活動がある。活動をする中で、これができない、これがわからないという問題に気づく。活動をしてみないと何が問題なのかわからないし、また、学習者ひとり一人、何が問題かは異なる。つまり、事前に教師が問題がAであろうと想定して準備をし、そのための対処方法としての学習方法Bを提案し、授業の中でそれを使ってみることによって、その解決能力Cが身につく、ということではない。まず、活動してみる。ある方法がいつでも有効なのではなく、いろいろな方法で活動を展開する中で、ある方法においてある問題が解決することを体験する。つまり、ある方法で活動することとある結果が現れることは同時なのである。

　たとえば、テリーとサリーが協働してテキストを読んでいるとき、サリーは、(おそらく最初から腑に落ちなかったのであろうが)最初は通り過ぎていたある部分について、テリーからの別の質問に答えるプロセスで急に、気がつき、ああ、こういうことだったのか、と自ら理解し確認している。これは、問題そのものが

明確ではなかったのに、対話活動の中で、問題と解法と結果が同時に現れた例である。この一連の学びは、あるものについては教師が事前に網を張っておけるものもあろうが、学習者たちの気づきの範囲は教師の予測をはるかに超えている。キティやイェニの気づきも、本人たちが国についてどうとらえているかは教師にはわからないところで、ここでの学びを想定することはできない。

　今まで述べた1つめの教師と学習者が「いっしょにつくる」ということと2つめのデザインと授業が同時であることは、実際には一体のものであることがわかる。活動の中で学ぶということは、その活動を通して問題への解決方法と結果が同時に起き、それが連続的に生起し続けるということであり、その活動のプロセスを教師と学習者がいっしょにつくるのである。

　繰り返しになるが、学習をするのは学習者である。その学習者が自分のことばとして他者にむけて日本語を使い、他者の日本語を理解し、さらにやりとりを続ける、そのような場を教室で実現すること、それがピア・ラーニングが実現しようとしている学習環境である。学習者は、自らその学習環境をつくり、主体的に参加し、自らの学びを生み出していくのである。

　では、「いっしょにつくる」中で教師のすべきことは何か。学習環境のデザインの専門家として学びの場づくりとしてのたたき台を出すことと真摯に学び続ける態度をもち、学びの場づくりのために学習者とともにたたき台を壊し、新たな学びの場をつくり続けることではないかと今の時点では考えている。

▌引用文献

ガーゲン、ケネス／永田素彦・深尾誠訳(2004)『社会構成主義の理論と実践―関係性が現実をつくる』ナカニシヤ出版

池田玲子・舘岡洋子(2007)『ピア・ラーニング入門』ひつじ書房

久保田賢一(2000)『構成主義パラダイムと学習環境デザイン』関西大学出版部

舘岡洋子(2000)「読解過程における学習者間の相互作用―ピア・リーディングの可能性をめぐって」『アメリカ・カナダ大学連合日本研究センター紀要』23, pp.25-50

舘岡洋子(2001)「読解過程における自問自答と問題解決方略」『日本語教育』111号, pp.66-75

舘岡洋子(2002)「日本語でのアカデミック・スキルの養成と自律的学習」『東海大学紀要 留学生教育センター』第22号, pp.1-20

舘岡洋子(2003)「読解授業における協働的学習」『東海大学紀要留学生教育センター』23.

pp.67-83

舘岡洋子(2005)『ひとりで読むことからピア・リーディングへ―日本語学習者の読解過程と
　　対話的協働学習』東海大学出版会

舘岡洋子(2007)「ピア・ラーニングとは」池田玲子・舘岡洋子前掲書 pp.35-69

舘岡洋子(2010)「多様な価値づけのせめぎあいの場としての教室―授業のあり方を語り合う授
　　業と教師の実践研究」『早稲田日本語教育学』第7号, 1－24
　　(http://dspace.wul.waseda.ac.jp/dspace/bitstream/2065/29807/1/WasedaNihongoK
　　yoikugaku_07_Tateoka.pdf)

Deci, Edward L. and Ryan, Richard M.(1985). *Intrinsic motivation and self-determination in human
　　behavior.* New York: Plenum

Mehan, H.(1979) *Learning lessons －Social organization in the classroom.* Harvard University
　　Press.

Wood, D., J.S.Bruner and G.Ross(1976) The role of tutoring in problem solving. *Journal of
　　Child Psychology and Psychiatry.* 17. pp.89-100

일본어학과 일본어교육

日本語学・日本語教育

7 일본어 교육(日本語教育)

저자약력

▋저자약력은 본 책의 게재 순으로 되어 있음

▋川口義一(かわぐち よしかず・가와구치 요시가즈)
- ・早稲田大学大学院日本語教育研究科 教授
- ・早稲田大学政治経済学部経済学科卒業, 早稲田大学大学院文学研究科修士課程, 博士課程修了, 早稲田大学語学教育研究所専任教員を経て2002年より早稲田大学国際学術院大学院日本語教育学研究科, 早稲田大学日本語研究教育センター教授
- ・『ドラマチック日本語コミュニケーション 「演劇で学ぶ日本語」リソースブック』(共著)・2012・ココ出版,『敬語表現教育の方法』(共著)・2006・大修館,『ライブ! 成長する教師のための日本語教育ガイドブック』(共著)2005・ひつじ書房,『日本語教育と音声』(分担執筆)・2008・くろしお出版,『漢字指導アイデアブック』(共編著)・1995・創拓社,『日本語教育チェックブック』(共著)・1992・バベルプレス, 『ケーススタディ日本語教育』(共編著)・1992・桜楓社

▋小林ミナ(こばやし みな・고바야시 미나)
- ・早稲田大学大学院日本語教育研究科 教授, 日本語教育研究センター 所長
- ・名古屋大学大学院文学研究科博士後期課程(日本言語文化専攻)満期退学, 名古屋大学・助手(1993.4-1994.3), 北海道大学・助教授(1994.4-2006.3), 早稲田大学・教授(2006.4-現在)
- ・博士(文学, 名古屋大学)
- ・『外国語として出会う日本語』岩波書店 2007,『よくわかる教授法』アルク 閔光準(訳) 1998,『일본어교수법입문』建国大学出版 2002,「コミュニケーションに役立つ日本語教育文法」2005, 野田尚史(編)『コミュニケーションのための日本語教育文法』くろしお出版,「日常会話にあらわれた「ません」と「ないです」『日本語教育 125』2005,「疑問文と質問に関する語用論的考察—特にそのスコープと焦点について」『言語研究 104』1993

▋田中洋子(たなか ようこ・다나카 요코)
- ・홍익대학교 조교수
- ・오사카(大阪)외국어대학졸업(現大阪大学)、한국외국어대학교대학원(박사)
- ・ソウル외국어고등학교 전임강사 역임

・「韓国人大学生の日本語学習動機づけに関する研究」博士学位論文 2012,「媒介語使用の有用性に関する一考察」『日本言語文化』第9輯 2006,「日本語学習動機と成績との関連－重回帰分析による検討－」『日語日文学研究 第73輯1巻』2010,「IS連想法によるひらがな導入－ゼロ初級者と学習経験者との比較－」『日語日文学研究 第74輯1巻』2010

舘岡洋子(たておか ようこ·다테오카 요코)
・早稲田大学大学院日本語教育研究科 教授
・早稲田大学大学院教育学研究科 博士後期課程 修了 博士(学術)
・アメリカ·カナダ大学連合日本研究センター, 東海大学留学生教育センター助教授, 同教授·文学研究科日本文学専攻(日本語教育学)兼担教授を経て2007年4月より現職
・『読解教材を作る(日本語教育叢書「つくる」)』スリーエーネットワーク 2012, 『ピア·ラーニング入門－創造的な学びのデザインのために』ひつじ書房 2007,『ひとりで読む」ことからピア·リーディングへ－一日本語学習者の読解課程と対話的協働学習』東海大学出版会 2005,「テキストを媒介とした学習コミュニティの生成－二重の対話の場としての教室」『早稲田日本語教育実践研究』1 http://hdl.handle.net/2065/34125 2012, 「協働による学びがはぐくむことばの力－「教室で読む」ということをめぐって」『早稲田日本語教育学』9 http://hdl.handle.net/2065/31743 2011, 「多様な価値づけのせめぎあいの場としての教室－授業のあり方を語り合う授業と教師の実践研究－」『早稲田日本語教育学 7』2010

戸田貴子(とだたかこ·도다 다카코)
・早稲田大学大学院日本語教育研究科 教授
・オーストラリア国立大学文学部言語学科卒業(First Class Honours), 大学院人文科学研究科博士課程言語学博士(Ph.D). オーストラリア国立大学アジア研究学部ジャパン·センター, 筑波大学留学生センターを経て, 2000年, 早稲田大学日本語教育研究センター専任講師. 同センター助教授, 日本語教育研究科助教授を経て, 2006年より現職. 専門は音声学·日本語教育
・『シャドーイングで日本語発音レッスン』スリーエーネットワーク 2012, 「日本語教育における学習者音声の研究と音声教育実践」『日本語教育 142』日本語教育学会 2009, 『日本語教育と音声』くろしお出版 2008,「日本語教育における促音の問題」『音声研究11-1』日本音声学会 2007,『コミュニケーションのための日本語発音レッスン』スリーエーネットワーク(『일본어발음』넥서스, Seoul, 2010) 2004

▌峯崎知子(みねざき ともこ 미네자키 토모코)
- 홍익대학교 조교수
- 한국외국어대학교대학원 일어일문학과 박사과정수료
- 원광대학교 일어교육학과 초빙교수, 한국방송통신대학교 일본학과 객원교수, 시립 인천전문대학 일어과 초빙전임강사
- 『日本語教育Ⅰ』(공저),『고등학교 기초 일본어』(공저) 등 다수,「日本語の申し出場面における言語行動」,「韓国人学習者における話しことばの問題点」,「日本語授受表現の使用場面における言語意識－日本語母語話者と韓国人日本語学習者との意識差を中心に－」등 다수

▌송정식(宋正植)
- 인하공업전문대학 어학교양학부 조교수
- 한국외국어대학교일본어과졸업, 동 대학교 대학원(석사),나고야(名古屋)대학대학원 (석사), 동 대학원(박사)
- 한국외국어대학교 일본어과 조교, 한국외국어대학교, 이화여자대학교, 서울여자대학교, 성신여자대학교, 숭실대학교 강사 역임, 이화여자대학교 통번역대학원 번역학과 전임강사, 한국일어교육학회 총무이사 역임 현 한국일어일문학회 이사, 한국일어교육학회 편집이사
- 『신문어휘의 비교 어휘론적 고찰-아사히 신문 텐세이징고·오피니언 어휘를 통하여-』(박사학위논문),「비교어휘연구의 방법론」『어휘연구 창간호』2003,「한일 양국인의 어휘 선호도 및 사용실태」『일본연구 29』2006,「2자 한자어에 나타난 한자의 결합관계」『일어일문학연구 62』2007,「한일 초등학교 1학년 국어교과서의 어휘 고찰 -품사별 분서를 통하여-」『일본어하연구 34』2012

▌恩塚千代(おんづか ちよ·온즈카 치요)
- 강원대학교 초빙교수
- 오사카부립(大阪府立)대학 졸업, 동 대학원 (석사), 동 대학원 박사과정수료, 한국외국어대학교 대학원 (박사)
- 일본 국내의 전문학교에서 일본어과/일본어교사양성과의 강사등 역임, 한국의 고려대학교 전임강사, 한국외국어대학교 강사 역임.
- 『日本語の音韻認識と表記のメカニズム－韓国語母語話者へのカタカナ語教育の観点から－』인문사 2011,「韓国の教科書における役割語の役割－「生きた日本語」を教えるバーチャルリアリティー」『役割語研究の展開』金水敏編 くろしお出版 2011,「韓国における大学生の外国語学習動機とイメージ－日本語学習者と中国語学習者

間の比較-」『日語日文学研究 76-1』 2011, 「韓国語母語話者における特殊音素の認識-音韻認識と表記：理論と実験からのアプローチ-」『日語日文学研究77-1』 2011, 「日韓両言語学習者間の役割語相互学習-オンライン協働翻訳活動の分析と評価-」『日語日文学研究 82-1』 2012

▌ 윤유숙(尹裕淑)

- 교육부 재외동포교육담당관실 교육연구관
- 상명여대 일어교육과, 문부성국비유학생 일본어, 일본문화과정 수료, 한국외국어대 교육대학원(석사), 동 대학원 (박사)
- 서울 성암여자국제무역고 일본어 교사, 치바(千葉)한국교육원장, 교육부 교육과정 정책과·동북아역사대책팀 등 근무
- 『세계대공황』(번역서) (라비 바트라 지음), 『일본어의 언어표현과 커뮤니케이션 연구』(공저) 제이앤씨 2008

▌ 윤호숙(尹鎬淑)

- 사이버한국외국어대학교 교수
- 한국외국어대학교 졸업, 동 대학원 (석사), 히로시마(広島)대학교 대학원 (박사)
- 현, 한국일본언어문화학회 회장
- 『일본어학의 이해』(공저), 『스모남편과 벤토부인』(공저), 『近代日韓両言語における受身表現の変遷』, 『일본어회화수업에 있어서의 온라인평가·오프라인 평가와 비교 고찰-』, 『네트워크형CALL교재를 이용한 일본어수업의 실천』

▌ 이미숙(李美淑)

- 명지대학교 일어일문학과 교수
- 한국외국어대학 일본어과 졸업, 요코하마(横浜)국립대학 대학원 (석사), 대동문화(大東文化)대학 대학원 (박사)
- 『초급 일본어문법과 학습포인트』(공역) 인문사 2013, 『이중언어와 다중언어의 교육』(공역) 한글파크 2012, 『일본어교사에게 자주하는 질문 100』(번역) 동양문고 2010, 『한일어대조연구』제이앤씨 2005, 「한일 초등학교 국어교과서의 삽화에 나타난 사회문화적 가치관 연구-저/중/고학년의 변화에 주목하여-」 2013

▌ 정상미(鄭相美)

- 신라대학교 일어일문학과 조교수
- 한국외국어대학교 일본어학과 졸업, 동 대학원 (석사), 와세다(早稲田)대학 대학원

(석사), 동 대학원 (박사), 한국외국어대학교 일본연구소 초빙연구원
* 早稲田大学 국제교양학부, 일본어교육연구센터 강사 역임, 경원대학교, 명지대학교, 이화여자대학교, 한국외국어대학교 강사역임, 한국교육방송공사(EBS) "라디오초급 일본어" 교재집필 및 프로그램 진행
* 「文脈における「ナラ(ダッタラ)」の機能に関する」『日語日文学研究49』2004, 「バ の「行為誘導機能」とナラとの関係性」『日語日文学研究61』2007, 「行為誘導機能」 としてのバの言いさし文」『日本学報75』2008, 「효과적인 작문지도를 위한 시안 – 학습자의 오용패턴 분석을 중심으로 -」『日本語教育研究 20』2011, 「일본어교육 관점에서 본「はい」「ええ」「うん」의 담화상의 기능」(공저)『日語日文学 53』2012, 「일본어교육–「문법교육」에서「표현교육」으로」『일본어의 언어표현과 커뮤니케이 션 연구』(공저) 제이앤씨 2008,

조남성(趙南星)
* 한밭대학교 일본어과 교수
* 도호쿠(東北)대학 대학원 (박사)
* 현 한국일본어학회 회장
* 『일본어의 오용 분석』보고사 2006, 『일본어 교재의 오용 분석』보고사 2008, 『가나 한자 외래어와 일본어교육』보고사 2009, 『한국인의 잘못된 일본어 공식 99』(공저) 시사일본어사 2012

조문희(趙文熙)
* 서강대학교 국제문화교육원 전임강사
* 동덕여자대학교 대학원 (박사), 일본어 교육 코디네이디
* 『일본어교육사(상)(하)』제이앤씨 2011, 『일본학 개론』(공저) 지식과 교양 2011, 「일 본문화 태도 교육의 이론과 실제」『일어일문학연구 77-1』2011, 「한국의 일본어 교 수법 변천사」『일본어교육연구 9』2005, 「일본어 교과서 변천사 연구」『일본학보 49』2001

한중선(韓中瑄)
* 영동대학교 일본어과 교수
* 한국외국어대학교 대학원 박사과정 수료, 구루메(久留米)대학 대학원 박사과정 수료
* 「韓國語 女性 三人稱代名詞「그녀」成立過程 考察」『일본연구 54』2012, 「韓國日本 語辭典에 관한 考察」『일본어문학 50』2011

일본어학과 일본어교육
日本語学·日本語教育

7 일본어 교육(日本語教育)

┃ 간행 및 편집위원장 : 한미경(한국외대)

┃ 간행위원 : 고수만(인하대)　　　　김광태(한서대)　　　　김준숙(백석예술대)
　　　　　　　송영빈(이화여대)　　　　윤상실(명지대)　　　　윤호숙(사이버한국외대)
　　　　　　　정상철(한국외대)　　　　정수현(동국대)　　　　최창완(가톨릭대)
　　　　　　　황미옥(인천대)

┃ 편집위원 : 권경애(한국외대)　　　　김동규(한국외대)　　　　박민영(한국외대)
　　　　　　　송정식(인하공전)　　　　오미영(숭실대)　　　　이우제(백석예술대)
　　　　　　　이은미(명지대)　　　　　정상미(신라대)

일본어학과 일본어교육
7 일본어 교육

초판인쇄　2013년 5월 24일
초판발행　2013년 6월　1일

편　　　자　韓美卿
발 행 인　윤 석 현
발 행 처　J&C
책임편집　최인노·김선은·주수련
등록번호　제7-220호

우편주소　⑦ 132-702 서울시 도봉구 창동 624-1 북한산 현대홈시티 102-1106
대표전화　02) 992 / 3253
전　　　송　02) 991 / 1285
홈페이지　http://www.jncbms.co.kr
전자우편　jncbook@hanmail.net

ISBN 978-89-5668-957-9　94730　　　　　정가 20,000원
　　　978-89-5668-950-0　94730 (set)

* 이 책의 내용을 사전 허가 없이 전재하거나 복제할 경우 법적인 제재를 받게 됨을 알려드립니다.
** 잘못된 책은 구입하신 서점이나 본사에서 교환해 드립니다.